U0111779

大展好書　好書大展
品嘗好書　冠群可期

大展好書　好書大展

品嘗好書　冠群可期

武術武道技術 8

雙節棍技戰術修練

王俊龍 編著

大展出版社有限公司

前　言

雙節棍屬奇門兵器，精簡實用而且兇狠無比，具有驚人的攻擊力和摧毀力，是世界上少有的實用格鬥武器。雙節棍攜帶方便，在隱匿的情況下出棍，可瞬間制敵。雙節棍技法上的善變更是讓敵防不勝防，實戰時可破長兵，對付短兵更是輕鬆自如。

雙節棍除了作為防身武器外，雙節棍鍛鍊又具有增強體質、加強人格修養和娛樂表演等功能。系統地進行雙節棍的鍛鍊，能使人形態、機能乃至心理都得到全面鍛鍊和改善。長期堅持鍛鍊，可以培養堅強果敢、勇於進取的良好品質，使人在搏擊人生中充滿自信心。雙節棍的演練能使人在緊張的現代生活中得到積極的放鬆，同時帶給人速度與力的震撼和美的感受。

正因為如此，雙節棍受到世界眾多功夫愛好者的青睞。學習雙節棍的人雖然越來越多，但大多缺乏系統的指導，《雙節棍技戰術修練》的撰寫就是期望能夠為眾多的雙節棍愛好者提供一本全方位的雙節棍教材。在撰寫此書的過程中力爭做到「由淺入深，系統全面」，筆者在深入研究國內外大量優秀技法的基礎上進行了大膽的創編，經過多年的努力，終於為武友們獻上了這一本書。

本書分列多個部分，涵蓋了雙節棍的各個方面。「雙節棍技法」是本書的骨架，望學習者能夠熟練掌握，這是步入雙節棍殿堂所必需的。「雙節棍要言」和「雙節棍戰術」兩部分，雖然篇幅較短，卻是本書的靈魂所在。技法固然重要，但是只學習技法而忽視修養，將一事無成。

另外，只懂技法不懂戰術就不能將雙節棍的威力發揮到極致。

由於筆者寫書經驗不足，加之文墨不濟，本書雖經反覆修改，還是難以盡善盡美，望有識之士多加指正。倘若此書能夠讓人在學習過程中有所收穫，筆者將不勝欣喜。

在本書成稿的過程中，韓玉霞女士給予了極大的幫助，於百忙之中堅持完成了攝影的工作。筆者的武術啟蒙老師——內蒙古美術家協會的王大江先生給予了熱情的鼓勵和支持。本書稿得到了山西科學技術出版社自始至終的肯定，並在定稿過程中提出了寶貴的修改意見，在此一併表示衷心的感謝。

王俊龍

目　錄

第一部分　雙節棍要言

要言之一：養德遠害

▶不要為非作歹，不可把雙節棍當成作惡的工具。

▶不招惹是非，不要在歹人面前顯露雙節棍。

▶不與狂徒較量，除非自己或弱者生命受到威脅。

修練雙節棍之人應該以仁德為本，胸懷坦蕩，養浩然正氣，不做邪惡之事。世上沒有無敵的雙節棍，如果自恃雙節棍練得無人能比，又比較好勇鬥狠，那麼離災禍就不遠了。

要言之二：仁愛生命

▶不使用雙節棍傷害無辜。

▶弱者的生命受到威脅時，要勇於出手相助。

▶不對喪失戰鬥力的惡人再次動用雙節棍。

「仁愛生命」是至高無上的武德！無憐憫之心的人修練雙節棍會「走火入魔」。邪惡事物發展的本身往往存在著詛咒，無端吞噬生命或給生命造成痛苦的人遲早會受到正義的懲罰。

要言之三：虛懷若谷

雙節棍的學問是無止境的，學習雙節棍的任何人都沒有驕傲自滿的資格。要知道天外有天，抱有謙虛的態度容易得到別人的教誨。

要言之四：博採眾長

世間的學問大多有相通之處，擁有廣博的知識，就能更好地體悟雙節棍道。所以，對於修練雙節棍的人來說，廣涉諸藝，培養心性，將世事與雙節棍道同修，是十分重要的。

修練雙節棍應師造化、師古今、師中外，感悟天地之間萬事萬物之道，為我所用。

要言之五：青出於藍

學習雙節棍必須尊重傳統，尊重前人，但過於迷信而不敢越雷池一步也是不可取的。每個練習者在傳承雙節棍的同時，一定不要忘記發展雙節棍，不斷地研習推進，使之發揚光大。

雙節棍的研習者要勇於突破束縛，發現自己，練出自己。

要言之六：勤學苦練

寶劍鋒從磨礪出，學習雙節棍，苦練是通向成功的必由之路。

雙節棍的修練必須經歷一個風雨歷程，所以要求修練者寒暑易節，不可間斷。

要言之七：忘棍忘法

忘棍忘法是雙節棍使用中的較高境界，使用雙節棍而忘掉雙節棍的存在，忘掉所有的招法，剩下的只是直覺和平常心。

忘棍忘法能夠使雙節棍真正成為自己身體的一部分，就好像用你的手拿東西一樣，意到手到，隨心所欲。

要言之八：泛愛萬物

走入大自然，與大自然融為一體，感悟天地，培養泛愛萬物的心性，培養自己春風化雨的品性，提升雙節棍研修的境界。

第二部分　雙節棍基礎知識

一、雙節棍的沿革

1.雙節棍的名稱

雙節棍有很多名稱。現代雙節棍主要有「雙節棍」、「雙截棍」、「二節棍」和「兩節棍」等名稱，也有稱為「二龍棍」和「雙龍棍」的，在某些特定場合可直接簡稱為「棍」；古代有「連梃」、「連枷棒」（也叫「鐵連夾棒」）、「盤龍棍」（分「大盤龍棍」和「小盤龍棍」）、「掃子」（分「大掃子」和「小掃子」）、「梢子棍」（分「大梢子棍」和「小梢子棍」，「小梢子棍」也叫「手梢子棍」或「手梢子」）等名稱。

「雙節棍」、「雙截棍」、「二節棍」、「兩節棍」、「二龍棍」和「雙龍棍」可以互指，一般特指用繩鏈連接兩個相同長度棍節而構成的節棍器械；「雙節棍」、「二節棍」、「兩節棍」有時也泛指所有用繩鏈連接兩個棍節而構成的節棍器械；「連梃」、「連枷棒」、「盤龍棍」、「掃子」和「梢子棍」一般可以互指，指長短式雙節棍，這類雙節棍的特點是一節較短，一節較長。

雙節棍還有「兩節梢棍」等名稱，相信在歷史上各地

的雙節棍有眾多的名稱和樣式，只不過現在無法考證了。

2.雙節棍的起源

(1)觀點一：

雙節棍起源於古代中國中原地區，屬農業文明的產物。

一種說法是雙節棍由特定的歷史人物所創，屬於個人的發明創造。最為普遍的傳說是，雙節棍由宋太祖趙匡胤所創，又稱「盤龍棍」。

另一種說法是雙節棍由其他器械逐漸演化而來，屬於多代人的智慧。這種說法主要認為現代雙節棍源自古時農人打麥場上的「連枷」農具（圖2－1），在《農政全書》中有關於連枷的記載。

連枷優點是：雖然打擊力大，但不震手，這也是現代雙節棍所具有的一個特點。宋范成大的詩：「笑歌聲裡輕播動，一夜連枷響到明。」寫的就是收穫時用連枷連夜打麥的生動場景。勞作之餘，揮舞兩下連枷是完全可能的，也就有了「連枷是現代雙節棍的雛形，打麥場上的農人是雙節棍技擊術的開創者」的說法。

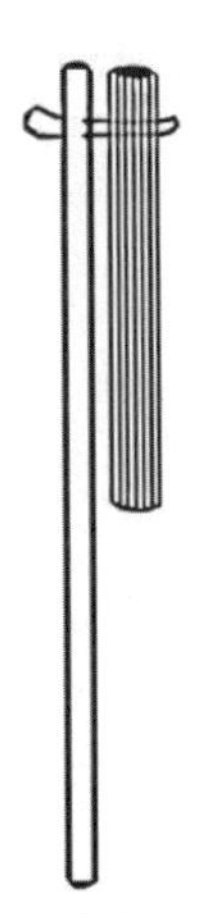

連枷

圖2－1

中國在戰國時期已見使用形如連枷的「連梃」，用於守城作戰。《墨子・備城門》將它列為主要的守城器具之一，要求城上「二步置連梃」。唐代杜佑《通典・兵典》說，「連梃如打禾連枷狀」，作用是「達女牆外上城敵人」。《墨子・備蛾傅》

稱:「梃長二尺，大六寸，索長二尺。」這裡所謂「梃」，當指連梃梢節，「索」即連接梢節和把節的鎖鏈。

(2)觀點二：

雙節棍起源於歐洲或中東地區，由中國西部的古代少數民族傳入中國，屬於草原文明的產物。

連枷棒在中世紀的歐洲和中東地區（如古波斯）比較流行（圖2－2），主要用於騎兵，一些步兵也有使用。騎兵用連枷棒和步兵用連枷棒的主要區別在於：前者把節和梢節都較短，單手握持使用；後者則較長，需雙手使用。歐洲和中東地區的連枷棒常將梢節裹以鐵皮並做出尖刺，有的甚至以鐵製作或代以小鐵錘，具有較強的殺傷力。

中國古代雖然較早就出現了連梃，但在中原地區僅限於守城作戰使用。北宋的《武經總要》記載：「鐵連夾棒，本出西戎，馬上用之，……如農家打麥之枷，以鐵飾之。」（圖2－3）這說明宋代騎兵使用的連枷棒可能是接

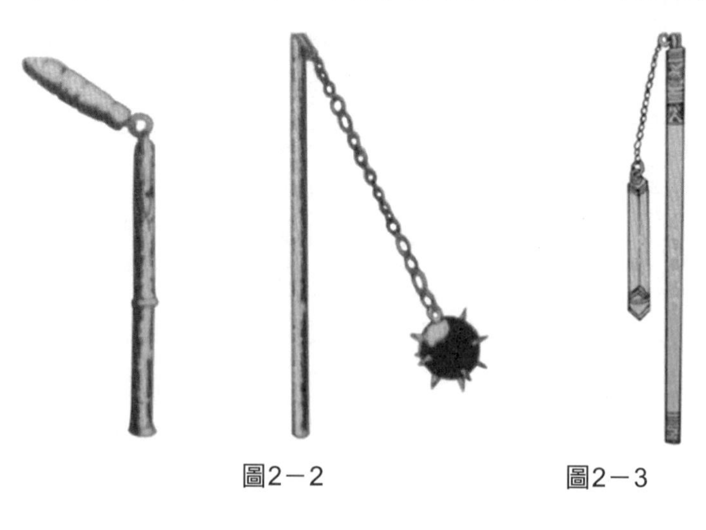

圖2－2　　圖2－3

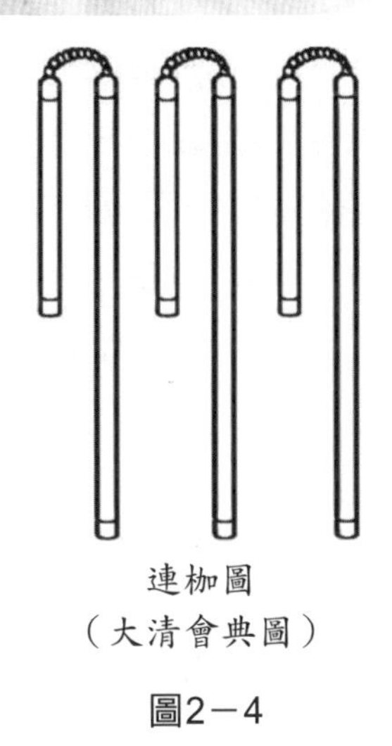
連枷圖
（大清會典圖）

圖2－4

受了西部遊牧民族的影響。據《清會典》記載，連枷棒在清代的漢軍和綠營中仍有使用，形制與《武經總要》所載鐵連夾棒相同（圖2－4）。

3.現代雙節棍的由來

雙節棍在宋朝，總尺寸較長，且一節長一節短。在戰鬥中常用來對付敵軍的騎兵，掃擊敵軍馬腳，破甲兵或硬兵器類，使之喪失戰鬥力。

隨著強盛的古代中國與周圍鄰國經濟、文化的廣泛交流和接觸，雙節棍傳向了鄰國，尤其是傳至菲律賓和日本後，得到了長足的發展，使雙節棍具備了現代的外形。雙節棍在日本和菲律賓能夠得到較大的發展有其特定的歷史原因。

早在幾百年前，這些國家實行「禁武」政策，為防止人民造反，禁止人們攜帶刀劍。在日本沖繩地區的居住者迫於當時統治階級「禁武」政策，暗中風行起「唐手」（「空手道」前身）和雙節棍，至今，雙節棍仍是空手道中重要的器械。

與此相類似，在菲律賓，徒手格鬥得到發展的同時，雙節棍、短棍等實用器械得到了發展，並形成現代獨特的菲律賓棍棒兵械格鬥及徒手技藝。可以看出，兩個地方的雙節棍發展經歷了相同的風雨歷程。

如今，雙節棍流傳到了世界各地，有一個傳奇的人物起到了關鍵作用，那就是李小龍。李小龍（原名李振藩，英文名Bruce Lee，1940-1973），截拳道創始人，著名的武術技擊家，武術思想家，同時也是著名的功夫電影表演家。李小龍當年從其徒「菲律賓棍王」伊魯山度處學得雙節棍術並將其發揚光大，成為截拳道不可缺少的組成部分。李小龍以他精湛的武技，將雙節棍帶上了電影銀幕，征服了世界，對雙節棍的世界性傳播起到了歷史性的作用。在中華的武術器械庫中，雙節棍得到了最廣泛的傳播，一是與雙節棍自身的價值有關，二是與一代武術宗師李小龍有直接關係。

雙節棍發展到今天，完全是先輩努力付出的結果，每一位雙節棍研習者都應該對雙節棍的健康發展做出自己應有的貢獻。

二、雙節棍的形制

1.構造

雙節棍（圖2－5）主要由兩節短棍和連接部分組成。短棍稱為棍節（或棍身，也可簡稱棍），棍節的兩端分別叫內端（或頂端）和外端（或尾端），靠近連接部分的一端叫內端，遠離連接部分的一端叫外端。棍節分為上部、中部和下部

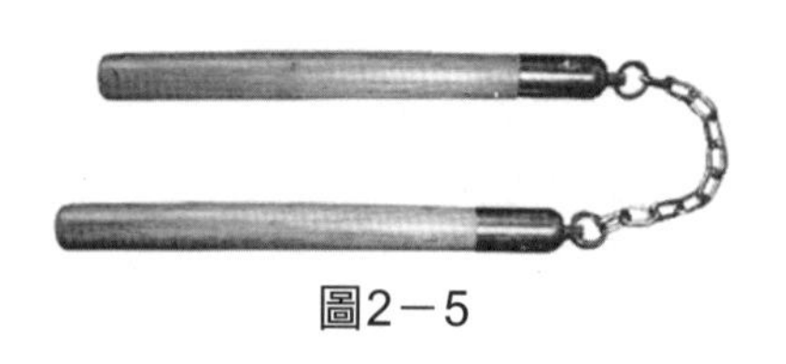

圖2－5

三個部分，靠近內端的部分叫上部，靠近外端的部分叫下部，中間的部分叫中部。有時，內端（或頂端）也可指上部，外端（或尾端）也可指下部。

在教授雙節棍時，有時為了便於說明，需要區分兩個棍節，將兩個棍節分別命名為A棍和B棍，為了與手中握的棍節相區別，有時將不受束縛的那個棍節叫做游離棍。

2.樣式

(1)圓形雙節棍：

圓形雙節棍最為普遍。圓形雙節棍樸實無華，最容易發揮出雙節棍的各種優點。圓形雙節棍經常在靠近尾端處或手常握的地方刻上各種各樣的凹痕（圖2－6），也有在棍身鉚上圓帽鋼釘的，這樣做的主要目的就是加大握棍時的摩擦力，防止棍從手中脫出。刻凹痕、鉚鋼釘同時也增加了棍的美觀，另外，鉚鋼釘可增強殺傷力。

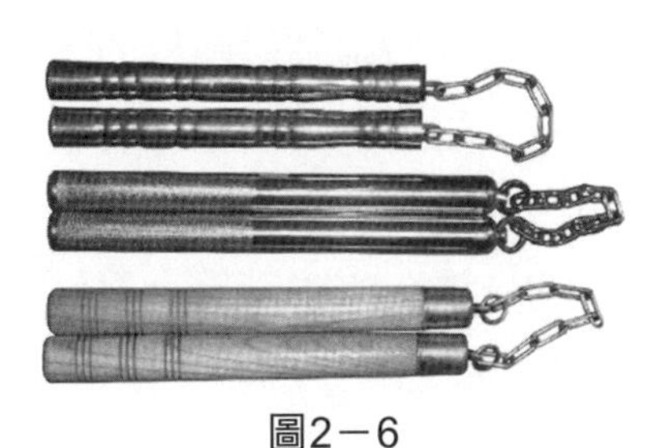

圖2－6

(2)半圓形雙節棍：

半圓形雙節棍（圖2－7）的特點是，兩個棍節合起來就是一個普通圓形雙節棍的棍節。「合二為一」應該是這種雙節棍出現的唯一理由，這種雙節棍便於攜帶，也給人以奇特的感覺，但不利於使用。

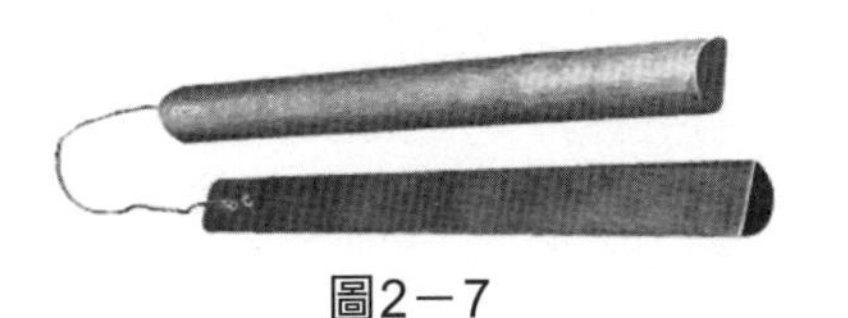

圖2－7

(3) 多楞雙節棍：

楞形雙節棍（圖2－8），楞打擊時接觸面較小，同樣打擊力的情況下，比圓形雙節棍的殺傷效果好，尤其對小腿、前臂和頭蓋等堅硬部位的破壞力極強。

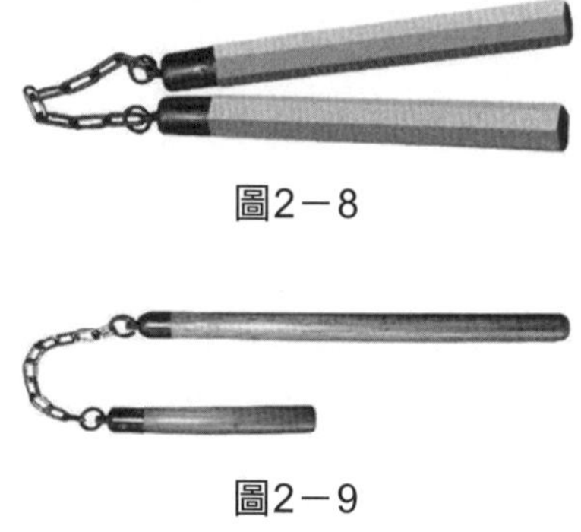

圖2－8

圖2－9

常見的楞形雙節棍為八楞形雙節棍，在日本空手道中流行。

(4) 長短式雙節棍：

這種雙節棍的棍節一長一短（圖2－9），短棍節約為長棍節的二分之一。較長一節用於手持，可稱把節；較短一節上下左右甩動，用以打擊敵人，可稱梢節。這種雙節棍在古代戰場上用的最為普遍，現代練習這種雙節棍的人相對較少，在形制上這種棍最像打麥用的農具連枷。實際上，用作武器的連枷棒可稱為長短式雙節棍。

在古代，這種雙節棍有獨特的技法，在古戰場上對付騎兵有其重要的實戰價值。由於其梢節能夠彎折，所以不易防禦，是有效的打擊兵器。在現代，由於棍節長度上的不對稱，長短式雙節棍不能發揮出普通雙節棍技法上的優勢，造成使用的人很少。單從技法的角度來看，長短式雙節棍與其他類型的雙節棍區別較大。

在本書中主要闡述的不是長短式雙節棍，如果沒有特殊說明，「雙節棍」皆指現代普通的對稱式的雙節棍。

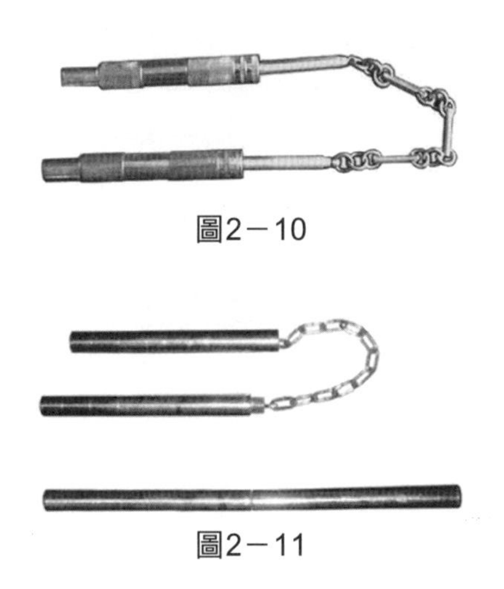

圖2－10

圖2－11

(5) 伸縮式雙節棍：

伸縮式雙節棍（圖2－10）一般為金屬材質的，如鋼製，每個棍節由幾個由粗到細的小棍節構成，能夠自由伸縮以便調節長度，不用時縮為最短以便攜帶。

(6) 多功能雙節棍：

有的雙節棍兩節可以擰到一起形成一根短棍（圖2－11），有的棍端藏有尖槍頭，必要時擰下棍端的小段棍體，即可露出尖槍頭來。

作為短棍使用時，露出尖槍頭即可作為短的尖槍使用；作為雙節棍使用時，一般不宜露出尖槍頭，露出尖槍頭不利於雙節棍特有技術的發揮。

3.尺寸

眾多雙節棍愛好者的實踐表明，最適合自己的雙節棍規格節長應以自己前臂的長度為最佳，鏈應比自己的手略長為最佳。但雙節棍的尺寸也可根據個人的喜好來定，以你自己使用合手為最好。

另外雙節棍的尺寸選擇也和攜帶方便與否、實戰場合等有關。短小的可式雙節棍非常適合外出攜帶及一般的街頭自衛格鬥，而長尺寸的雙節棍適合對付帶兵器的對手。市面上出售一種伸縮式雙節棍，可適應不同雙節棍使用者在不同的場合使用。

4.材質

雙節棍可用木、金屬（如鋼材、鋁合金等）、硬橡膠、泡棉或鋼化水晶等材質製作（圖2－12）。材質的不同能夠滿足不同的需要，如泡棉雙節棍，棍節表面裹上泡棉，適合初學者使用，不易造成自傷；鋼化水晶雙節棍則晶瑩剔透，適合用於表演。

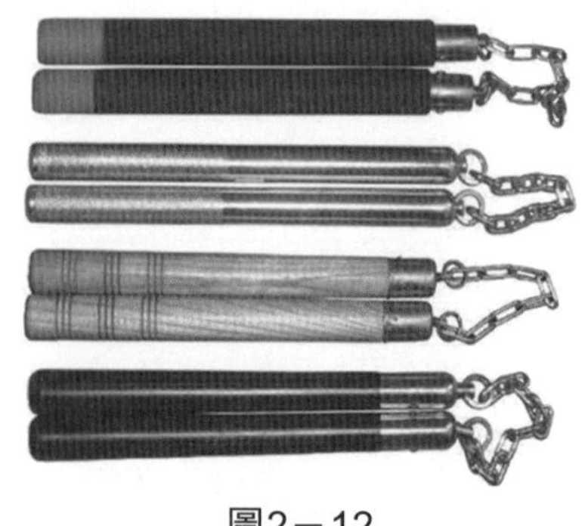

圖2－12

雙節棍的連接鏈部分過去用得最多的是馬尾結成的繩，目前一般以鐵鍊最為常見，其次是尼龍繩，也可以用其他品質較好的繩鏈代替。好的連接部分一般具有耐用、不容易絞纏等特點。

雙節棍的材質將隨著時代的進步得到不斷的豐富，具體用哪種材料好，應因人而異，因用途而異。

5.輕重

雙節棍從輕重的角度可分為輕棍、重棍、實戰棍。輕棍主要給初學者使用，用來演練棍的技法；重棍用來進行力量、速度、耐力等基本素質的訓練；實戰棍是重量相對於使用者適中的雙節棍，這種棍便於使用者技能的發揮。

6.色彩和圖案

雙節棍的顏色多是單一的，也有多色相間的。在演練雙節棍時，不同的顏色具有不同的視覺效果。有時兩個棍節塗上不同的顏色，以區別A棍和B棍。

在棍身上刻或繪上「龍」等圖案，當然也可在棍身上刻或寫出自己的名字或其他文字。這樣在美化雙節棍的同時，也能增加雙節棍的文化氣息。

三、簡易雙節棍製作

目前，市面上很容易就能買到合適的雙節棍，個別地方買不到，可以自製一把簡易的雙節棍，以便技法的學習演練。

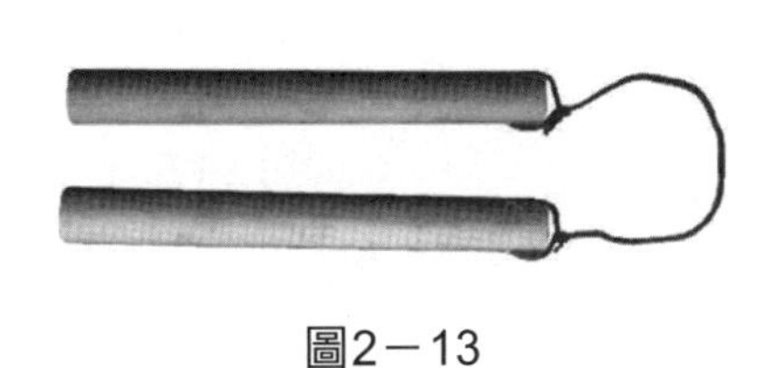

圖2－13

準備兩個木質棍節，在棍節的一端鑽孔，用繩連接兩個棍節（圖2－13）。

四、雙節棍檢查與保養

1.雙節棍的檢查保養目的：

一是防止運棍過程中棍突然出現品質問題而傷及自己或他人，二是使雙節棍經久耐用。

2.雙節棍的檢查主要包括：

棍和繩鏈的連接處是否牢靠，繩鏈是否有斷裂的危險，這主要為了防止棍飛出傷人；棍節上的釘子之類的內嵌物是否凸出，這主要是防止刮傷自己，有時刮傷的同時還帶來其他傷害；雙節棍頂端是否有棱角，這種雙節棍容易掛到肩部等處的衣服而造成意外自傷。

3. 雙節棍的保養主要包括：

一是對檢查出的安全隱患及時處理；二是平時不要用雙節棍擊打硬物，防止棍身損傷；三是經常用潤滑油（一般用植物油）塗抹金屬部分，防止生銹；四是木製雙節棍要防蟲蛀蝕。

五、雙節棍的攜帶

雙節棍的攜帶方式很多，可以插在腰帶內如正插、反插或陰陽插（Z形）等各種方式（圖2－14），可以插在特製的套內，可以藏在內外衣袋內，可以藏在袖子內，甚至還可以掛在脖子上或乾脆直接疊棍拿在手中。雙節棍插在腰帶內最為方便，藏在衣服內次之，掛在脖子上或拿在手中外出過於招搖。

雙節棍套的製作方法多種多樣，但要遵循一定的原則。製作的雙節棍套一定要具有實用性：攜帶牢固，便於出棍；另外還要具有耐用性和美觀等特點。雙節棍套選擇純皮製作為佳，也可用革做材料。

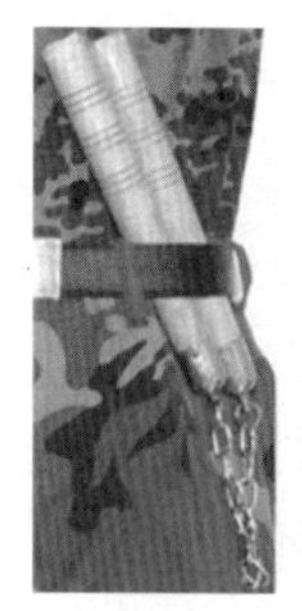

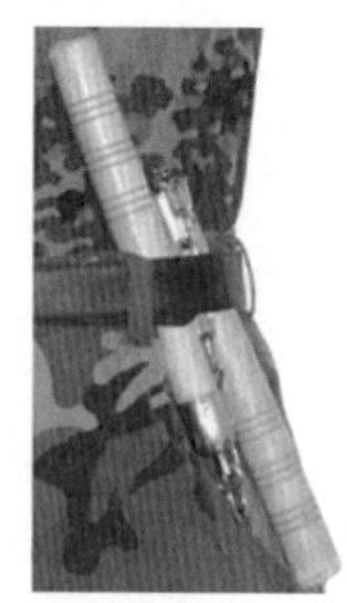
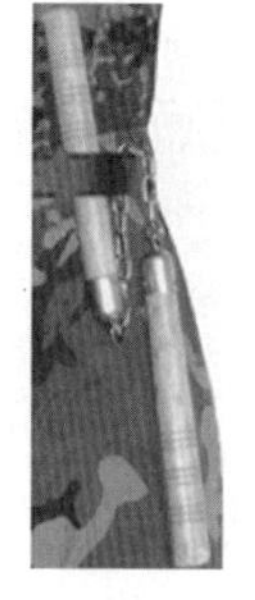
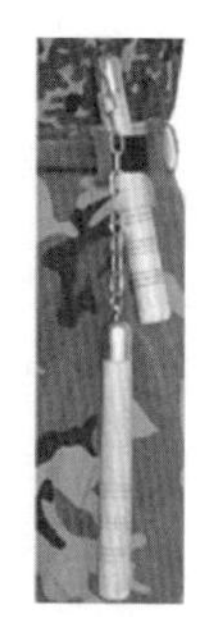

圖2－14

六、雙節棍的風格特點

雙節棍是一種精簡實用的奇門兵器，它實而不華，簡單的構造卻能發揮出非凡的威力，可收可放，柔中帶剛，著力點打擊力大，但不震手。

經過長期系統科學的訓練後，使用起來兇悍凌厲、靈巧善變。實戰中使用雙節棍如虎添翼，似雙臂暴長，或攻或防，莫不隨心所欲，殺傷力驚人。

雙節棍的每一部分都具有潛在的攻防功能，可以揮舞起來，或劈或掃、或撩或崩、或纏或繞、或點或撥、或攔或封……威猛無比；雙節棍亦可重疊在一起或雙手拉棍，進行阻擋或刺戳，如雙節棍的頂端和尾端可用來直戳或反刺，連接鏈部分則可用來封擠或防禦、扼殺、抽打等等，可謂變化多端。

現代的雙節棍大都兩個棍節完全一樣，這種對稱的特點為經常換手換把創造了有利條件，使得雙節棍把法多變。雙節棍的兩個棍節之間在進攻上經常反客為主，這就造成了雙節棍技擊中的極大迷惑性。瞻之在前，忽焉在後，神出鬼沒，變化莫測，不知棍從何處出，又從何處收，真所謂神龍見首不見尾。

雙節棍的訓練手段豐富，技法多樣，但很少帶有門派特點。比如截拳道雙節棍、跆拳道雙節棍、空手道雙節棍以及民間雙節棍在訓練方法上和技法上大同小異，可能不同的只是武學文化和理念。

雙節棍在不用時，兩棍節重疊在一起，可插在腰間或特製的套中，也可藏於衣袋或衣袖內。「攜帶方便」和「便於隱匿」是兩節棍的重要特點，也是雙節棍在現代社會仍具有實戰技擊價值的重要原因之一。很多兵器（如刀、劍）雖然在熱兵器興起後的戰爭年代還發揮過重要的實戰技擊價值，但在現代社會漸漸失去了它往日的風采，主要原因就是不便於攜帶和隱匿。

七、雙節棍禮儀

在中國傳統武術中，非常注重禮儀，在進行訓練或比賽之前都以誠相待，以禮相對。禮儀的得體運用，主要是表達對師友的敬意，培養深厚的友誼。這不僅表示武者對師長、同伴以及他人的尊重，更能顯示出一個武者應該具有的修養。武術中的禮儀同時也滲透著中華文明重禮的傳統美德。

在雙節棍訓練、比賽以及表演中常用的禮儀方式有三種：抱拳、鞠躬和請拳。

請拳更具有武者風範，所以表演時一般選擇請拳；抱拳和鞠躬更具有敬重之意，所以一般訓練或比賽時，使用抱拳和鞠躬比較合適；使用兩把雙節棍時一般不適合抱拳和請拳，可以選擇鞠躬。

1.抱拳

立正姿勢，兩棍節疊在一起，右手握棍，虎口朝向鏈部。雙手取捷徑向胸前抬起，棍尾端朝前下略傾，左手抱

貼於右拳上，右拳眼朝裡。雙手保持姿勢不變，向前推出（圖2－15）。

2.鞠躬禮

立正姿勢，兩棍節疊在一起，右手握棍，虎口朝向鏈部，棍頂端朝前略下傾。雙手保持姿勢不變，彎身行禮（圖2－16）。

3.請拳

立正姿勢，兩棍節疊在一起，右手握棍，虎口朝向鏈部。雙手取捷徑向胸前抬起，棍尾端朝前下略傾，左手立掌，五指併攏，掌心貼於右拳面，左掌指朝向右上方，右拳眼朝裡。雙手保持姿勢不變，向前推出（圖2－17）。

八、學習雙節棍注意事項

雙節棍學習中最重要的是要防止自我傷害和對其他人造成傷害，在雙節棍的選擇、訓練場地的選擇、雙節棍檢

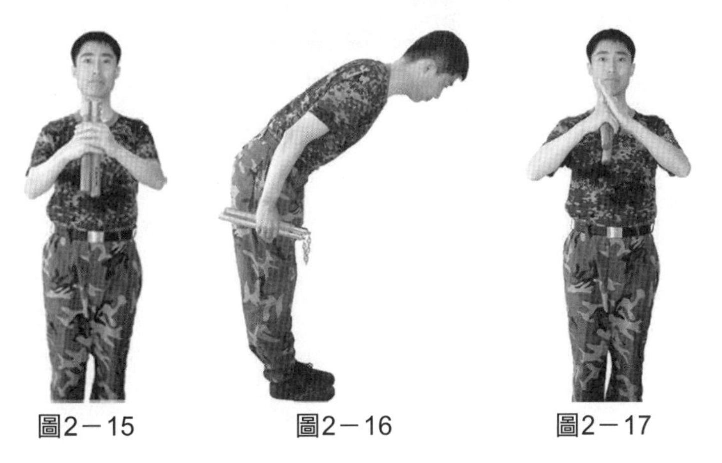

圖2－15　　圖2－16　　圖2－17

查與保養、訓練方法、衣著、集中注意力等方面都要把安全放在第一位來考慮。雙節棍除平時檢查保養外，在每次訓練前必須進行全面檢查，消除安全隱患。

雙節棍要儘量選擇頂端比較光滑的雙節棍（如圖2－18中排在下面的雙節棍），衣著以簡單為好，不要帶斜插口袋。這主要是防止訓練過程中的雙節棍頂端掛到衣服而引起傷害。

初學者要選擇寬敞平坦並且安靜的場所來進行訓練，訓練前要做熱身運動，並充分將身體各關節活動開；訓練時注意力集中，強度和難度要因人而異，技法的訓練要由易到難，由慢到快，棍的選擇由輕到重。不可貪多求快，否則可能會造成肌體損傷或直接造成自我擊傷，甚至給周圍的人造成傷害。

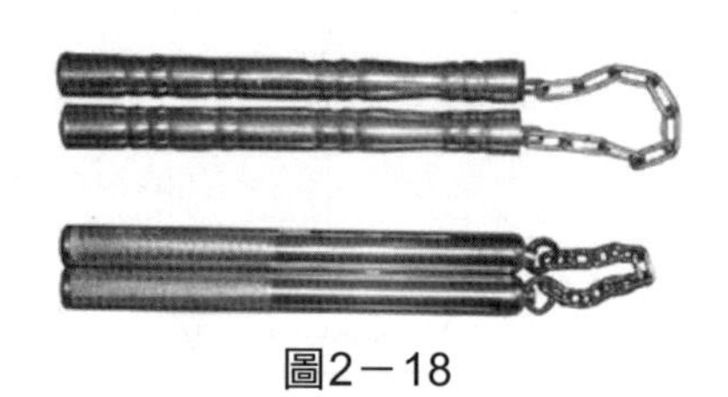

圖2－18

第三部分　基本持棍姿勢

一、握棍

棍的握法分兩種，一種為正把也叫陽把（圖3－1），另一種為反把也叫陰把（圖3－2）。虎口朝向頂端握棍為正把，虎口朝向尾端握棍為反把。棍有三個把位：上把位、中把位、下把位（圖3－3）。

一般，握棍的上部較握棍的中部和下部更容易運棍，靠近內端握棍較為靈活，靠近外端握棍容易放長擊遠。最能體現雙節棍功力的把位是下把位，但是各種把位都要進行鍛鍊，在實戰中，因情況而變，也要因人而宜。如敵我靠得很近的情況下，適合用上把位；如敵握兇器，則可距

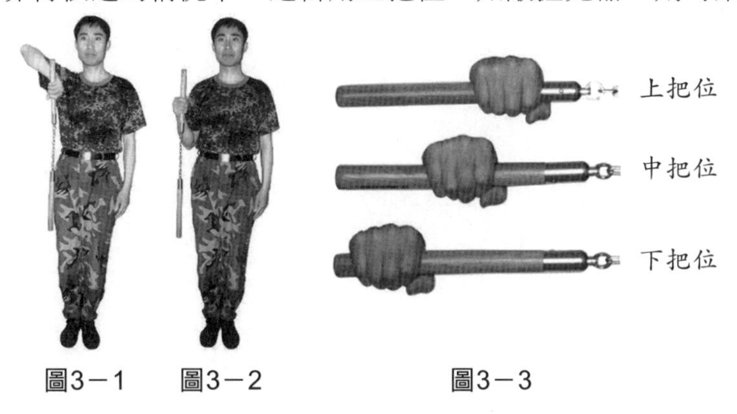

圖3－1　圖3－2　圖3－3

離敵人遠一些並選擇用下把位制敵。

再者，初學者腕力不足，不適合握棍的外端，這樣不但運棍費力，而且容易造成棍從手中脫出。

二、持棍

持棍是雙節棍技法起始或變換過程中的靜態定型，因此學習持棍非常重要。下面給出了持棍的基本姿勢，在學習過程中可以從中變換出一些其他的持棍姿勢，比如與基本姿勢左右對稱的一些姿勢，也可以嘗試變換一下個別姿勢的正反把握法。

1.懸棍

單手持棍，游離棍自然懸垂於體側（圖3－4）。

2.掛棍

棍掛在脖頸上（圖3－5）。

3.拖棍

雙手持棍，拖於體側（圖3－6）。

4.戳棍

雙手持棍，雙棍一前一後，成前戳姿勢（圖3－7）。

5.拔棍

雙手持棍，一手握於腰側，一手陽把拔握於肩前，有如拔刀（圖3－8）。

6.攔棍

一手持棍使棍懸於體前，一手以掌貼於游離棍成攔截姿勢（圖3－9）。

7.裏棍

單手持棍於腦後，游離棍自然懸垂于背部，成裹頸藏頭式（圖3－10）。

8.舉棍

雙手持棍拉直並舉過頭頂（圖3－11）。

9.擂棍（雙鞭式）

雙手持棍成擂鼓姿勢（圖3－12）。

圖3－4　圖3－5　圖3－6　圖3－7

圖3－8　圖3－9　圖3－10

10.探棍（反彈琵琶式）

雙手成龜背掌，虎口架棍，一手持棍上舉，一手持棍前探（圖3－13）。

11.抱棍（懷抱琵琶式）

(1)握式抱棍：雙手持棍，一手握於腰側，一手陰把握棍於肩前，有如懷抱琵琶（圖3－14）。

(2)擎式抱棍：雙手持棍，一手握於腰側，一手以龜背掌陰把擎棍於肩前，有如懷抱琵琶（圖3－15）。

圖3－11 圖3－12 圖3－13

圖3－14 圖3－15 圖3－16

12.翹棍（單鞭式）

(1)前翹棍：雙手持棍成倒臥「L」式，前棍上翹（圖3－16）。

(2)後翹棍：雙手持棍成倒臥「L」式，後棍上翹（圖3－17）。

13.疊棍

(1)正疊棍：雙棍重疊，單手陽把持棍（圖3－18）。

(2)反疊棍：雙棍重疊，單手陰把持棍（圖3－19）。

14.搭棍

(1)順搭棍：單手陽把持棍搭於上臂（圖3－20）。

(2)逆搭棍：單手陰把持棍搭於上臂（圖3－21）。

15.扛棍

(1)左扛棍：單手持棍扛於左肩背（圖3－22）。

(2)右扛棍：單手持棍扛於右肩背（圖3－23）。

16.拉棍

(1)前拉棍：雙手持棍拉直，棍橫於體前（圖3－24）。

(2)後拉棍：雙手持棍拉直，棍橫於體後（圖3－25）。

圖3－17

圖3－18

圖3－19

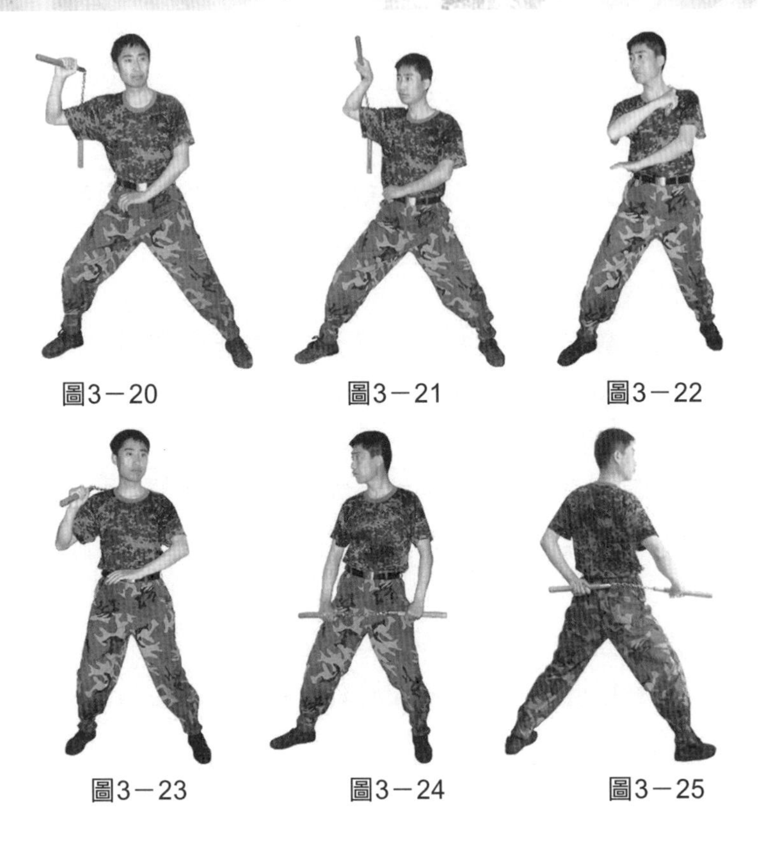
圖3－20 圖3－21 圖3－22

圖3－23 圖3－24 圖3－25

17.引棍

(1)前引棍：雙手持棍成拉弓式於體前（圖3－26）。

(2)後引棍：雙手持棍成拉弓式於體後（圖3－27）。

18.撐棍

(1)十字撐棍：雙手持棍，棍成「十」字形，鏈繃緊（圖3－28）。

(2)八字撐棍：雙手持棍，棍成「八」字形，鏈繃緊（圖3－29）。

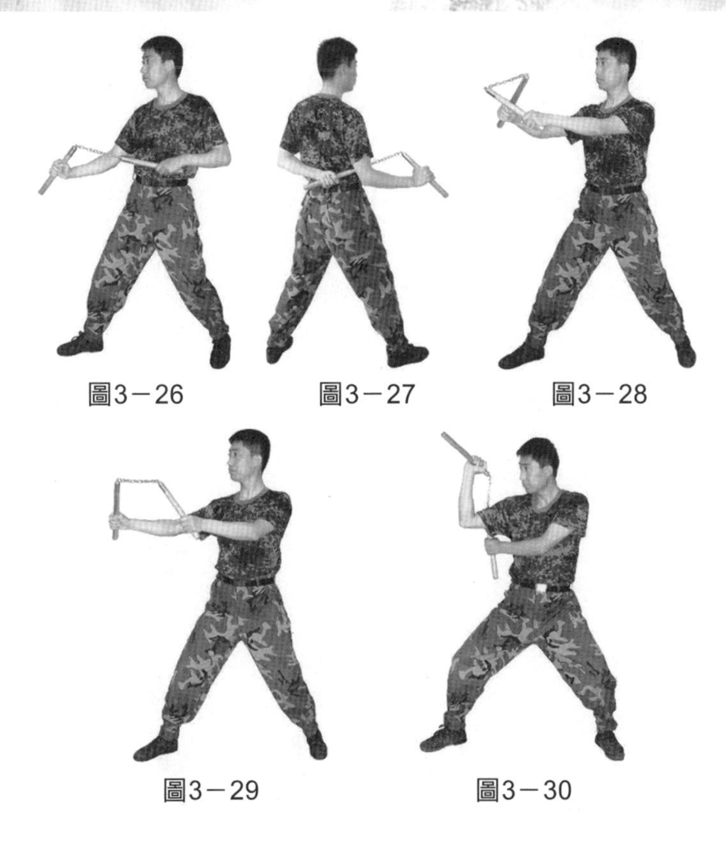

圖3－26　圖3－27　圖3－28

圖3－29　圖3－30

19.挎棍

(1)順挎棍：一手陽把握棍於肩上，一手握棍於腋下，棍鏈半繞於上臂（圖3－30）。

(2)逆挎棍：一手陰把握棍於肩上，一手握棍於腋下，棍鏈半繞於上臂（圖3－31）。

20.背棍（披紅式）

(1)左背棍：左肩右斜雙手握棍，一手持棍在肩上，一手持棍在腋下或腰側（圖3－32）。

(2)右背棍：右肩左斜雙手握棍，一手持棍在肩上，一手持棍在腋下或腰側（圖3－33）。

21.夾棍

(1)前夾棍：單手持棍，另一棍從前面夾於腋下（圖3－34）。

(2)後夾棍：單手持棍，另一棍從後面夾於腋下（圖3－35）。

(3)異夾棍：單手持棍，另一棍夾於異側腋下（圖3－36）。

圖3－31　圖3－32　圖3－33

圖3－34　圖3－35　圖3－36

22.藏棍

(1)背藏棍：雙棍重疊，藏於身後（圖3－37）。

(2)臂藏棍：雙棍重疊，藏於臂下（圖3－38）。

(3)腋藏棍：雙棍重疊，藏於腋下（圖3－39）。

23.推棍

(1)上推棍：雙手持棍拉直，成上推姿勢（圖3－40）。

(2)前推棍：雙手持棍拉直，成前推姿勢（圖3－41）。

(3)下推棍：雙手持棍拉直，成下推姿勢（圖3－42）。

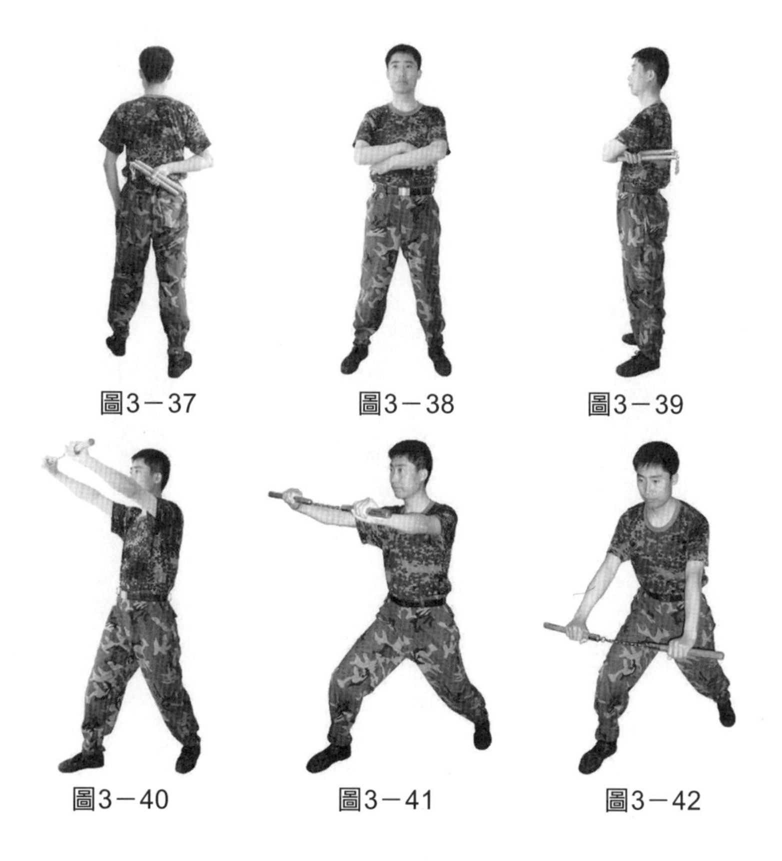

圖3－37　圖3－38　圖3－39

圖3－40　圖3－41　圖3－42

(4) 斜推棍：雙手持棍拉直，成斜推姿勢（圖3－43）。

(5) 側推棍：雙手持棍拉直，成側推姿勢（圖3－44）。

三、持棍姿勢變換

不同持棍姿勢之間的變換練習有助於實戰中應對各種不同的情況。研習者可自行設計持棍姿勢的變換，比如拉棍到戳棍的變換，挎棍到推棍的變換等等。

下面的這個特殊姿勢變換被稱為「蛇捆身」，該變換可用於熱身，長期鍛鍊有助於提高肩臂的柔韌素質。

蛇捆身：前推棍－繞臂－背棍－後拉棍－背棍－繞臂－前推棍，循環往復，使棍繞上身轉動（圖3－45～圖3－51）。

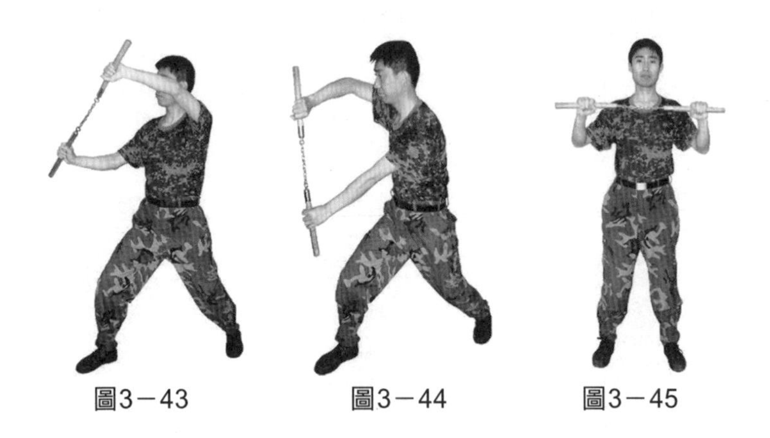

圖3－43　圖3－44　圖3－45

圖3－46

圖3－47

圖3－48

圖3－49

圖3－50

圖3－51

第四部分　雙節棍技術基礎

一、步法

1.前滑步

前腳前移，後腳跟進，成原來姿勢。

2.後滑步

後腳後移，前腳隨著後移，成原來姿勢。

3.進退步

前腳前踏，剛觸及地面立刻撤回原來位置，成原來姿勢。或後腳後踏，剛觸及地面立刻撤回原來位置，成原來姿勢。

4.上步

前腳或後腳向前邁出。

5.撤步

前腳或後腳向後撤退。

6.交叉步

左右開立，左（右）腳右（左）後移，兩腿交叉。

7.旋步

以一腳為中心身體旋轉半周。可連續同一方向旋轉，也可不同方向旋轉。

8.側步

一腳側移，另一腳隨著側移，成原來姿勢。

9.錯步

兩腳跳起，在空中前後交換位置後落地。

二、運行軌跡

雙節棍的運行軌跡一般指攻擊部分的運行路線。雙節棍的運行軌跡複雜多變，但一般包括：圓周軌跡、弧形軌跡、直線軌跡以及這些運動軌跡的組合變換。圓周軌跡包括水平面（圖4－1）、額狀面（圖4－2）、矢狀面（圖4－3）內的圓周運動軌跡以及斜向平面內的圓周運動軌跡；弧形軌跡包括水平面、額狀面、矢狀面內的弧形運動軌跡以及斜向平面內的弧形運動軌跡；直線軌跡包括額狀軸、垂直軸、矢狀軸（圖4－4）的直線運動軌跡以及斜向直線運動軌跡。

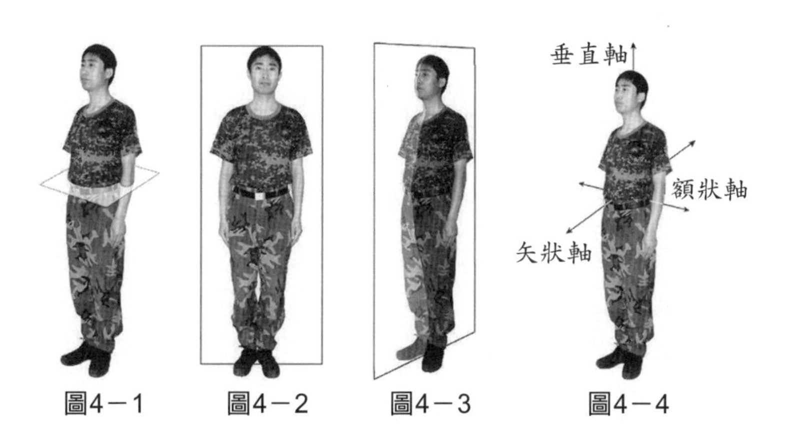

圖4－1　圖4－2　圖4－3　圖4－4

在這裡使用了「水平面」、「額狀面」、「矢狀面」、「額狀軸」、「垂直軸」、「矢狀軸」等解剖學定位術語，主要目的就是說明雙節棍的運行路線幾乎是全方位的。在後面的技法描述中，不再使用這些術語，主要使用「平圓掄動」、「立圓掄動」、「斜圓掄動」、「左掃」、「右掃」、「上撩」、「下劈」、「斜撩」、「斜劈」、「上戳」、「下戳」、「左戳」、「右戳」、「前戳」、「後戳」、「斜戳」、「左擺」、「右擺」、「上擺」、「下擺」、「前擺」、「後擺」、「斜擺」以及「繞弧」等具有技法特點的詞語來描述雙節棍的運行路線，這些描述都對應著前面的三種基本運行軌跡。

技法中，相同的運行軌跡，用不同的字眼來描述，在打擊特點上會有明顯的差別或細微的差別，但在這裡不深究類似「戳」與「挑」等一些字眼的區別，「雙節棍技法」部分側重以簡單明瞭的方式闡述雙節棍的運行軌跡，至於訓練或實戰中是「戳」還是「挑」，想必每個人都能靈活變通。

三、游離棍的加速與減速

雙節棍的游離棍一般都有加速和減速的過程，進攻時一般為加速過程，回棍時或用身體某一部位反彈前一般為減速過程。

游離棍做圓周運動，加速及減速時棍鏈拉力方向與速度方向不垂直，拉力方向與速度方向成銳角時為加速過程

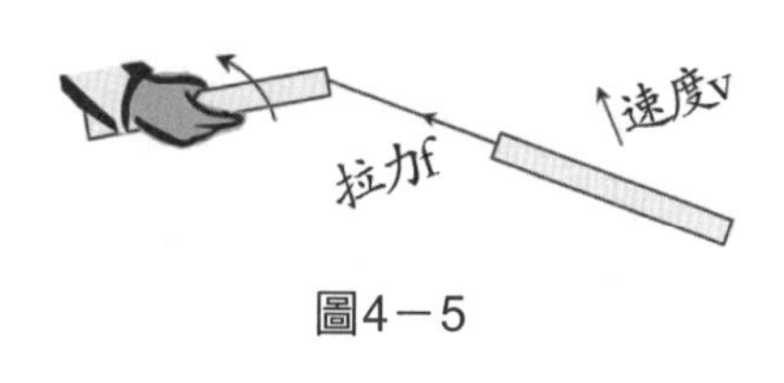

圖4－5

（圖4－5），成鈍角時為減速過程（圖4－6）。一般當速度達到最大時，拉力方向與速度方向垂直。

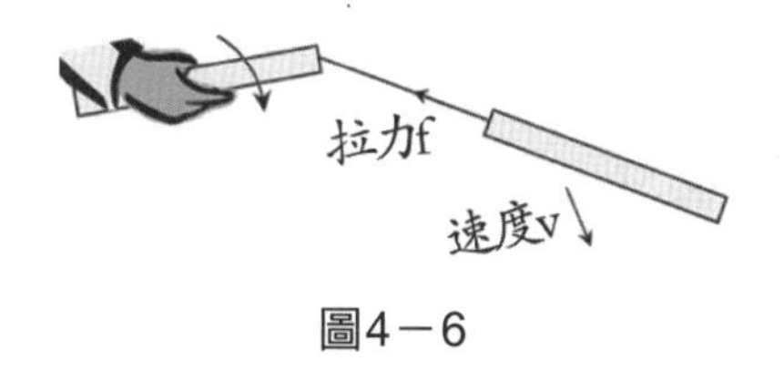

圖4－6

四、自然變換

下面介紹幾種棍在空中自由運行時的常用變換。

1.自然回行

一般經過一個加速、減速、制動、沿原路回行的過程。最常見的自然回行軌跡在矢狀面的投影如圖4－7所示。

2.橫豎變換

平圓與立圓運動的變換一般用繞弧的方式銜接。最常見的橫豎變換在額狀面的投影如圖4－8所示。

3.豎斜變換

立圓與斜圓運動的變換一般用繞弧的方式銜接。最常見的豎斜變換在額狀面的投影如圖4－9所示。

4.橫斜變換

平面與斜圓運動的變換一般用繞弧的方式銜接。最常見的橫斜變換在額狀面的投影如圖4－10所示。

5.「∞」字變換

棍的運行軌跡在額狀面的投影為「∞」字形。見後面基本舞花內容。

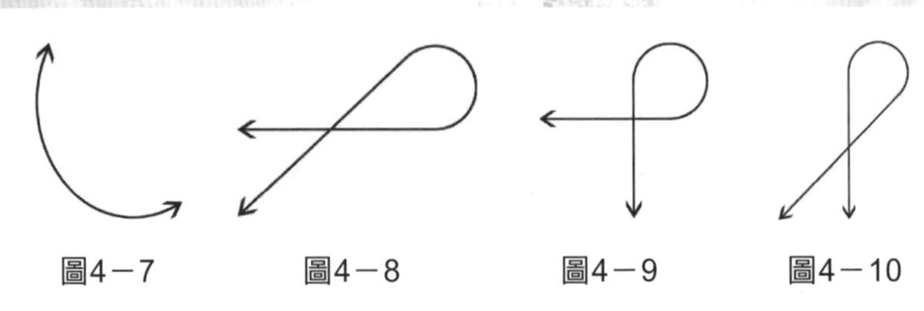

圖4－7　圖4－8　圖4－9　圖4－10

五、反彈

在雙節棍搏擊中，經常要用身體的各部位進行卸力回彈，因此反彈技巧是雙節棍的重要基礎。根據反彈的身體部位不同，反彈技巧分為多種。

1.上臂內外側反彈

上臂內外側反彈如圖4－11、圖4－12所示。

2.上臂左右反彈

上臂左右反彈如圖4－13、圖4－14所示。

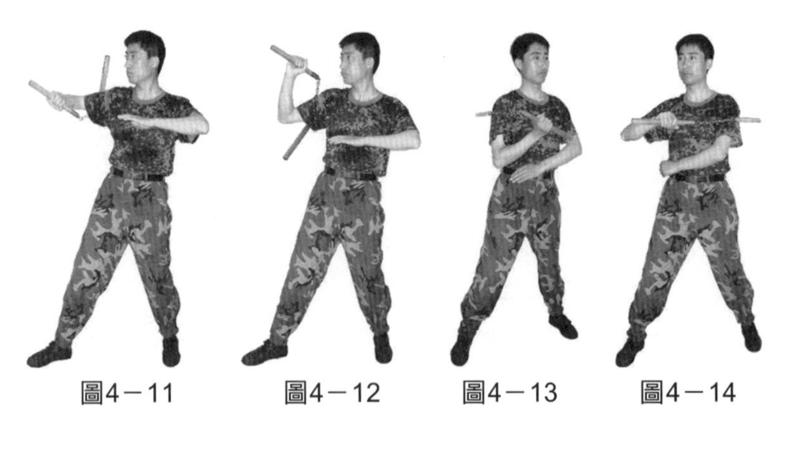

圖4－11　圖4－12　圖4－13　圖4－14

3.腰部反彈

腰部反彈如圖4－15、圖4－16所示。

4.肩背反彈

肩背反彈如圖4－17、圖4－18所示。

5.腋背反彈

腋背反彈如圖4－19、圖4－20所示。

6.手反彈（體前、腋下、脖側）

體前、腋下、脖側手反彈分別如圖4－21、圖4－22、圖4－23所示。

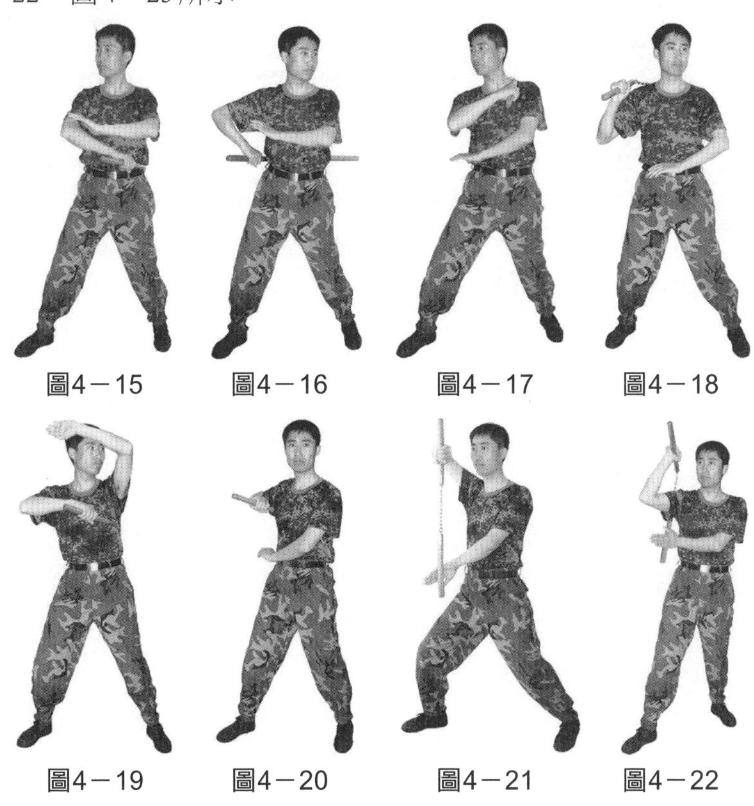

圖4－15 圖4－16 圖4－17 圖4－18

圖4－19 圖4－20 圖4－21 圖4－22

7.大腿內側反彈

大腿內側反彈如圖4－24所示。

8.膝反彈

膝反彈如圖4－25所示。

9.腳反彈

腳反彈如圖4－26所示。

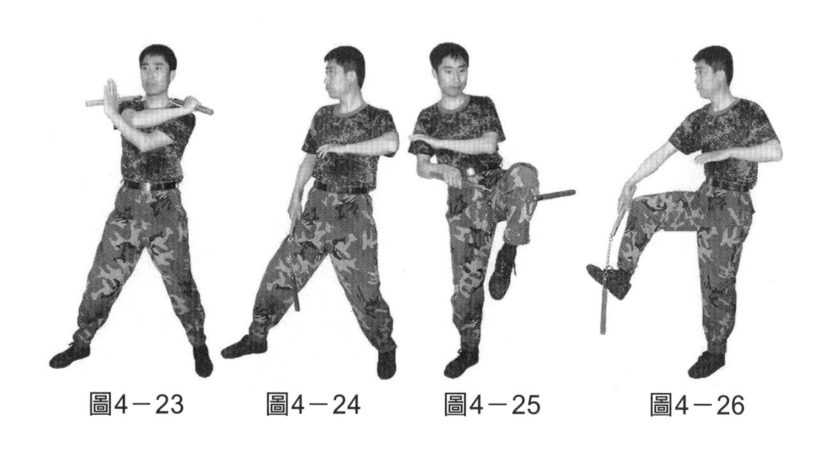

圖4－23　圖4－24　圖4－25　圖4－26

六、接棍換把

雙節棍技法靈活多變，這在很大程度上與接棍換把有關。換把技巧最能體現出雙節棍的技術特色，因此，從一開始就要掌握換把這一技術基礎。

1.體前撩擊接棍

分為俯掌（圖4－27、圖4－28）和攤掌（圖4－29、圖4－30）兩種接法。

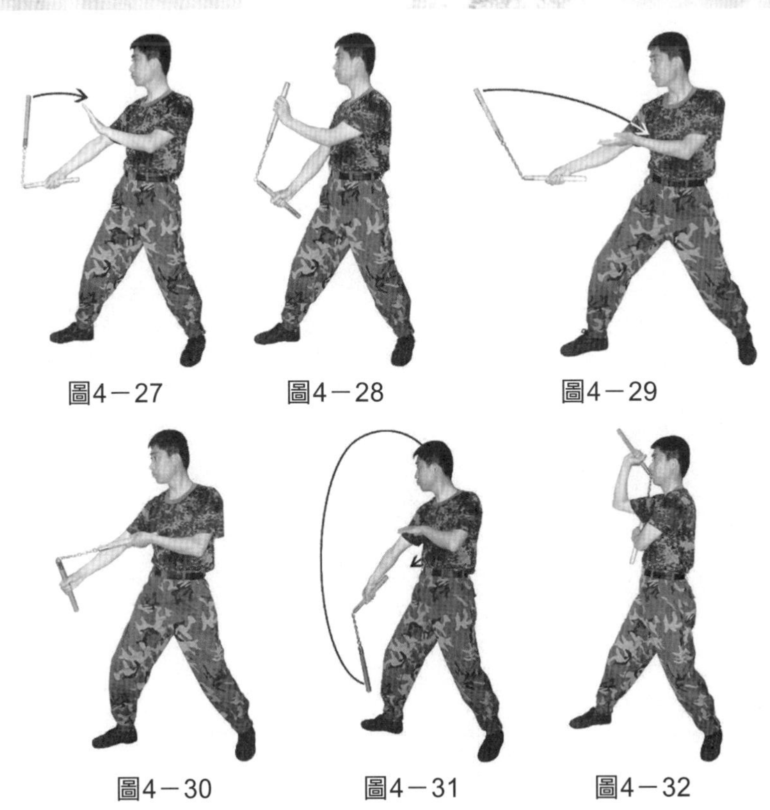

圖4－27 圖4－28 圖4－29

圖4－30 圖4－31 圖4－32

圖4－33

2.挎棍式接棍

挎棍式接棍如圖4－31、圖4－32所示。

3.夾棍式接棍

分為直接夾棍（圖4－33、圖4－34）和轉身夾棍（圖4－35、圖4－36）兩種接法。

4.背棍式接棍（披紅式接棍）

分左腰後接棍（圖4－37、圖4－38）和右腋後接棍（圖4－39、圖4－40）兩種情況。

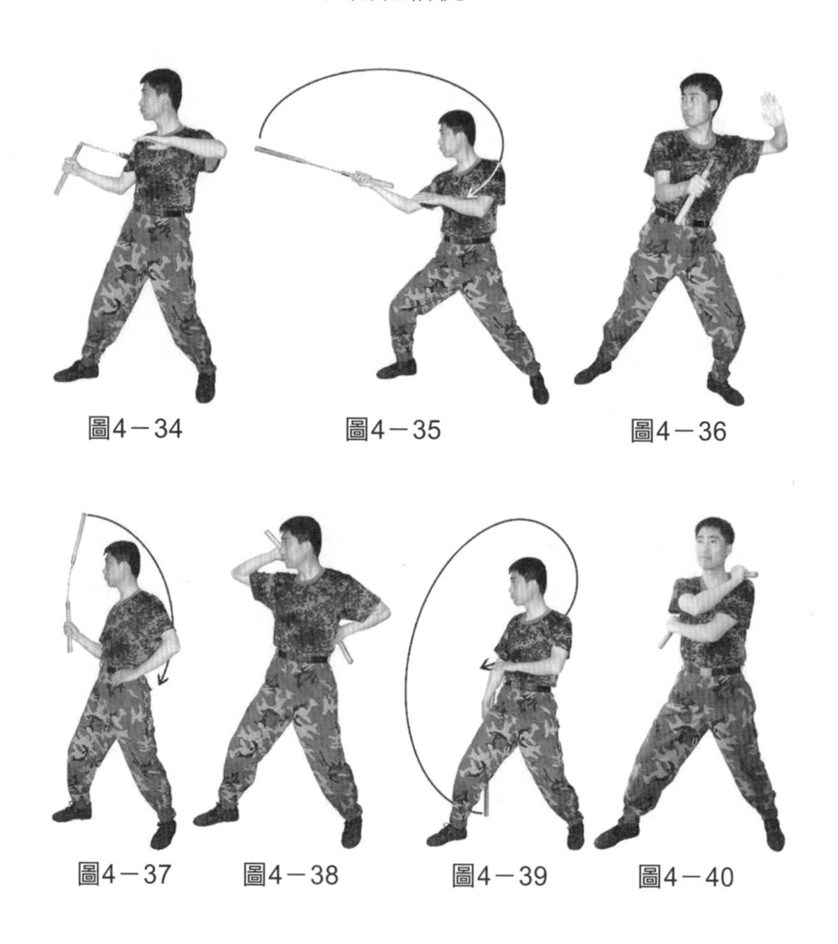

圖4－34 圖4－35 圖4－36

圖4－37 圖4－38 圖4－39 圖4－40

5.體後豎掌接棍

分為橫掄（圖4－41、圖4－42）和豎倫（圖4－43、圖4－44）兩種情況。

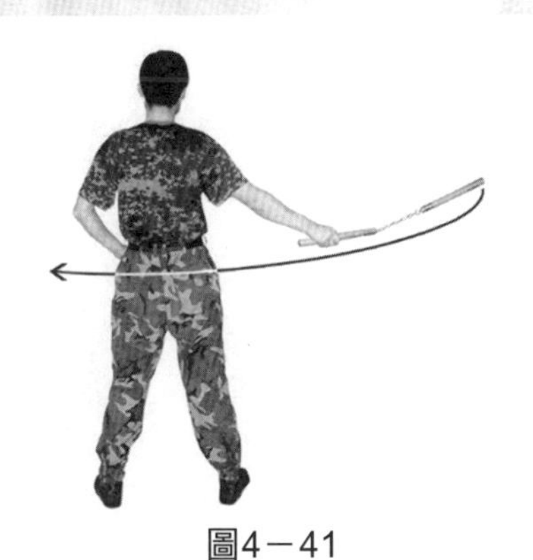

圖4－41

圖4－42

圖4－43

圖4－44

圖4－45

6.腰側接棍

分為用手直接接棍（圖4－45、圖4－46）和腰停棍後按掌接棍（圖4－47、圖4－48）兩種情況。

7.過襠接棍

過襠接棍如圖4－49、圖4－50所示。

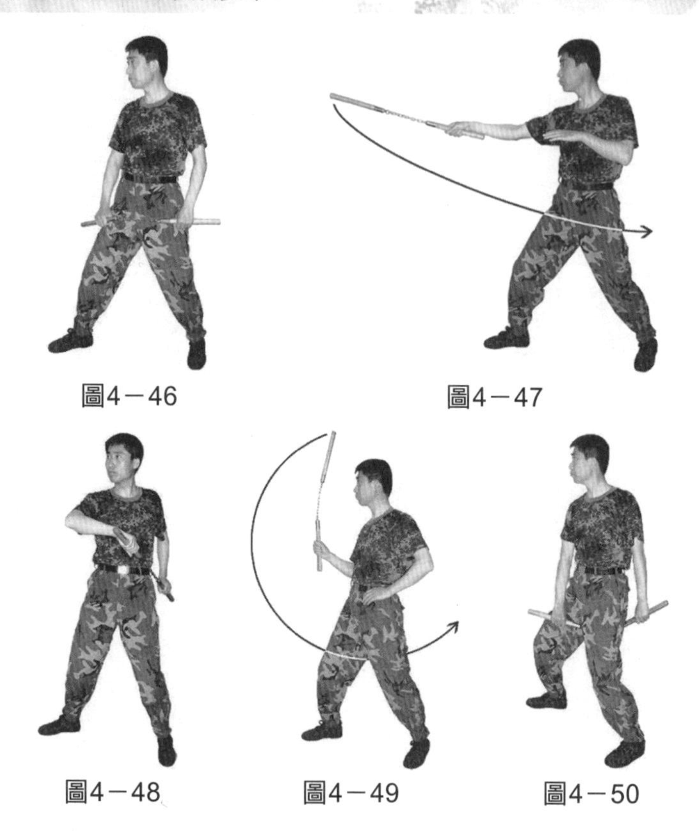
圖4－46
圖4－47
圖4－48
圖4－49
圖4－50

8.單手接棍

分為正握（圖4－51、圖4－52）和反握（圖4－53、圖4－54）兩種情況。

圖4－51

9.夾棍同把換手

夾棍同把換手如圖4－55、圖4－56所示。

10.異夾棍同把換手

異夾棍同把換手如圖4－57、圖4－58所示。

11.腰側同把換手

腰側同把換手如圖4－59、圖4－60所示。

12.體前同把換手

體前同把換手如圖4－61、圖4－62所示。

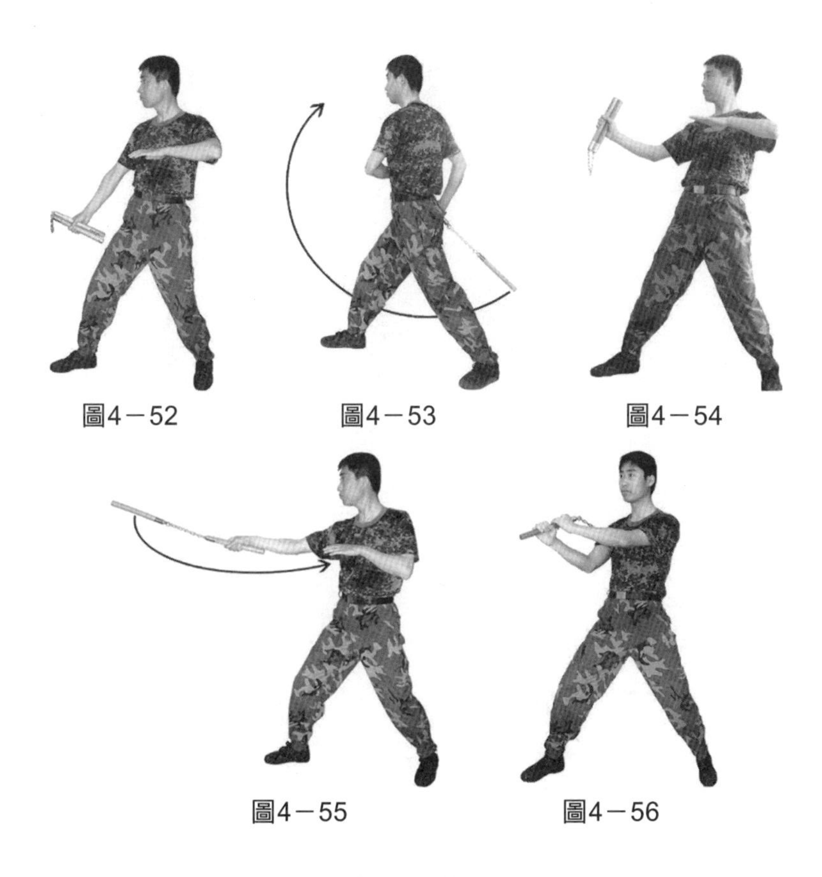

圖4－52　圖4－53　圖4－54

圖4－55　圖4－56

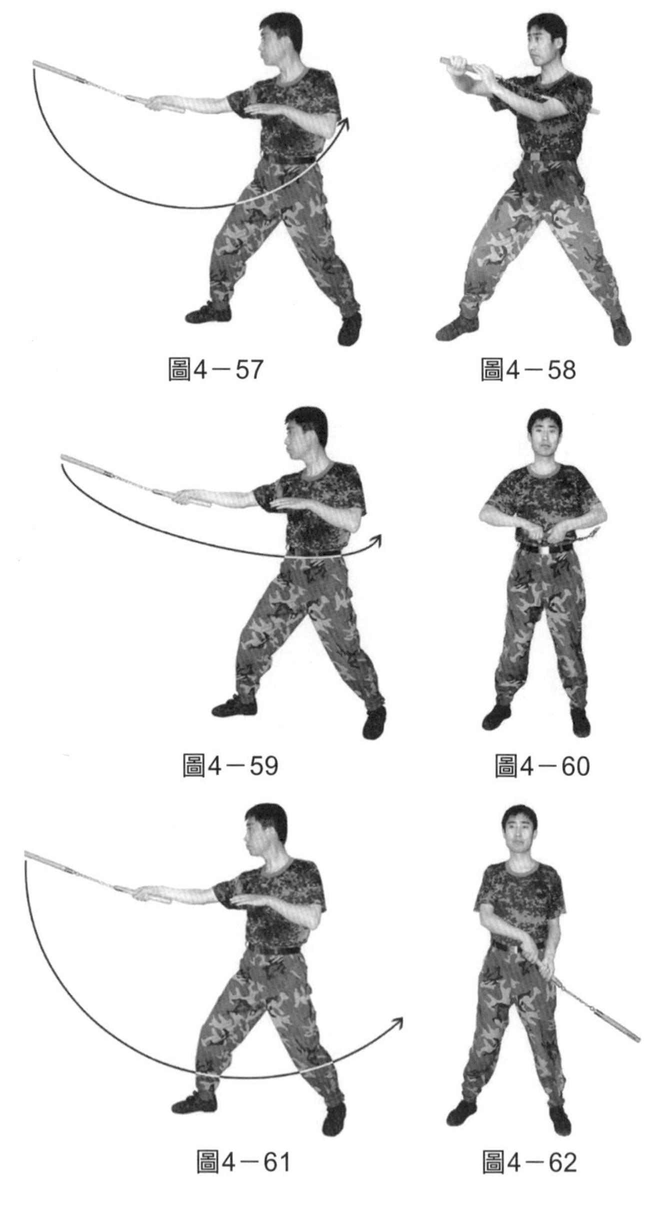

圖4－57 圖4－58

圖4－59 圖4－60

圖4－61 圖4－62

13.體後同把換手

分為橫掄（圖4－63、圖4－64）和豎倫（圖4－65、圖4－66）兩種情況。

14.同手換握法

分同把（圖4－67、圖4－68）和不同把（圖4－69～圖4－74）兩種情況。

同把的情況為：不換手，不換把，只變換陰把陽把握法，可在夾棍時變換，也可在夾棍前運行過程中變換，注意變換握法時手要粘棍。

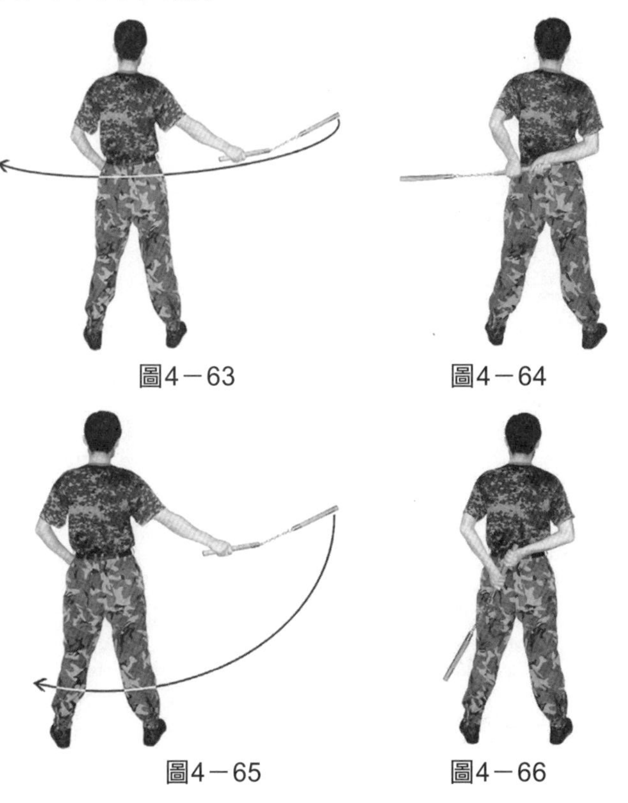

圖4－63　圖4－64

圖4－65　圖4－66

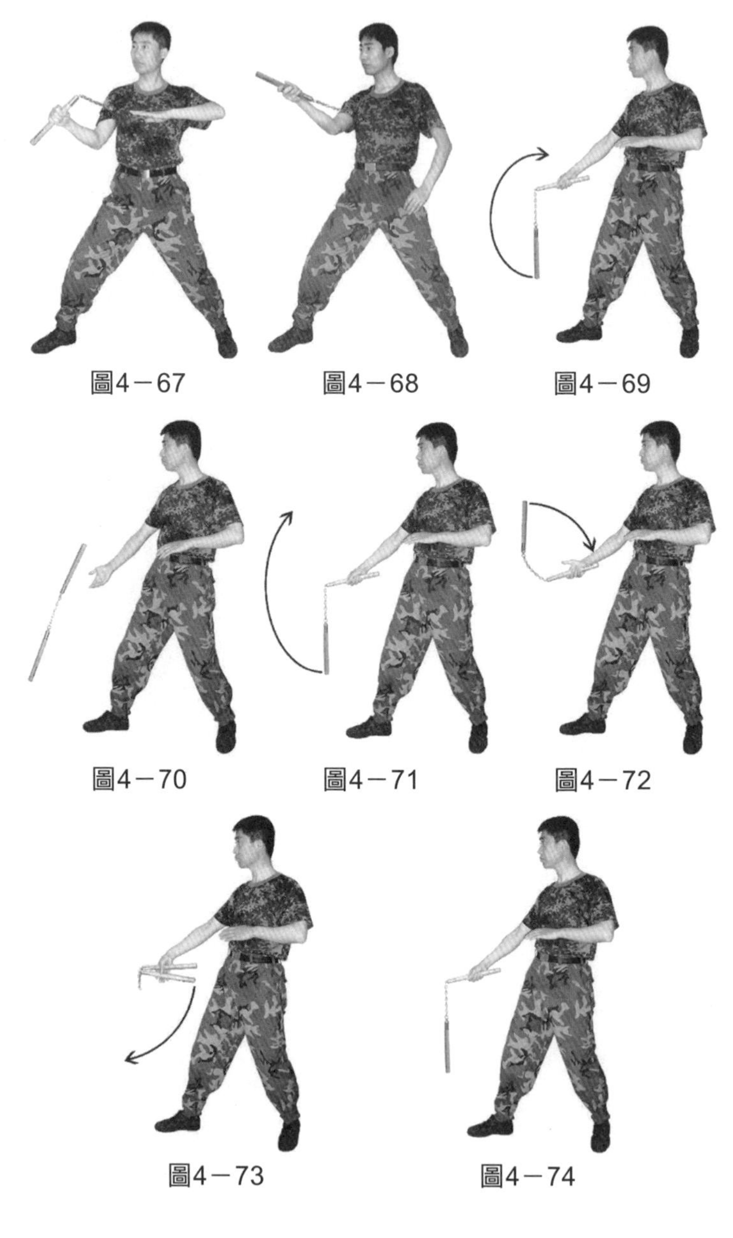

圖4－67 圖4－68 圖4－69

圖4－70 圖4－71 圖4－72

圖4－73 圖4－74

七、基本舞花

舞花是雙節棍技法的重要組成部分。學習基本舞花動作，以增強控棍和運棍能力，為後續學好雙節棍技法打好基礎。

1.體側正反掄

可嘗試陰把握法（圖4－75、圖4－76）。

2.頭頂正反掄

可嘗試陰把握法（圖4－77、圖4－78）。

3.橫「∞」字舞花

體前劃「∞」字（在額狀面投影為「∞」字），分正掄（圖4－79）和反掄（圖4－80）兩種情況，可嘗試陰把握法。

4.倒棍

右挎棍與左挎棍之間不停地變換（圖4－81、圖4－82）。

圖4－75

圖4－76

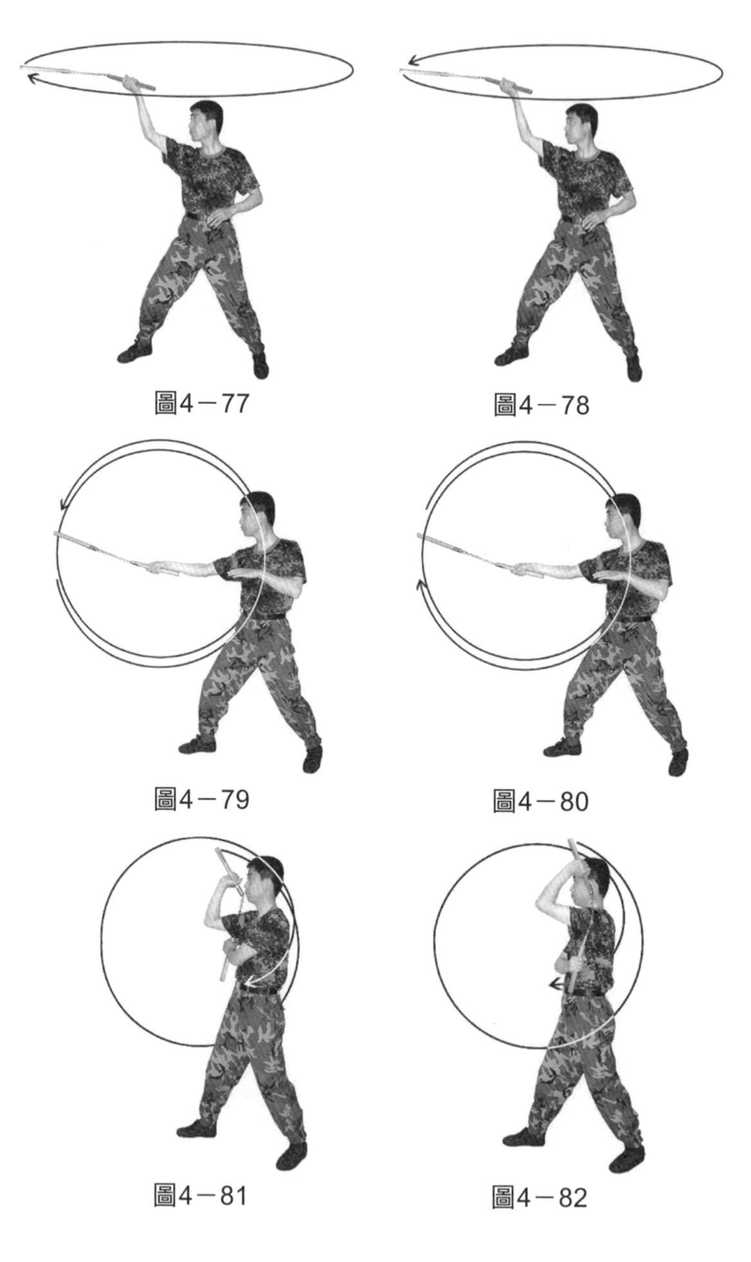

圖4－77

圖4－78

圖4－79

圖4－80

圖4－81

圖4－82

第五部分　雙節棍技法

一、總要

雙節棍技法是多樣無窮的，學習者要透過一定量的技術訓練去體會無限的雙節棍技藝。初學時一招一式地練，熟練後，將每一招式打碎，用自己的理解去練。

本節對每一技法都進行了簡要的技法特色說明。在實際修練過程中，不要泥於成見，每一技法的技擊含義，每個人完全可以有自己的理解。

學習者可根據具體的技法特點應用各種步法（見前面章節），不必限制於技法的圖文說明，要把每一技法練活。各技法按首字拼音字母順序排列，均為獨立內容，前後無故意關聯，學習者可按喜好任選任學。

每一技法的講解分為：「技法名稱」、技法主體描述、「技法特色」、「動作要領」以及「圖譜詳解」。技法的主體描述部分簡明扼要，方便有基礎的學習者快速地從整體上把握技法的實質；「圖譜詳解」按照每一幅圖進行詳細的講解說明，方便初學者一步步由淺入深地學習。在技法部分中，所有關於棍運行路線的講解，無特殊說明都是針對游離棍來說的。

二、雙節棍全譜

1.暗度陳倉	2.霸王擊鼓	3.霸王卸甲	4.霸王摘盔
5.白虎剪尾	6.敗走烏江	7.梆打五更	8.撥草尋蛇
9.撥打雕翎	10.撥弄風月	11.彩筆描空	12.沉李浮瓜
13.大蟒翻身	14.大蟒繞身	15.大鵬展翅	16.倒反朝綱
17.蝶繞黃花	18.斗轉星移	19.二龍取珠	20.二娘舞劍
21.翻雲覆雨	22.反揮琵琶	23.飛鳥歸巢	24.飛天攬月
25.風擺荷葉	26.風火行空	27.風捲殘雲	28.風掃梅花
29.峰迴路轉	30.改頭換面	31.古樹盤根	32.裹頸藏頭
33.過關斬將	34.海底撈月	35.猴子摘桃	36.華蓋遮天
37.揮劍斬魔	38.回頭望月	39.見縫插針	40.金蟬脫殼
41.驚鳥離巢	42.開天闢地	43.刻符制鬼	44.孔雀開屏
45.狂飆天落	46.浪遏飛舟	47.浪子回頭	48.浪子踢球
49.力挽狂瀾	50.靈蛇吐芯	51.龍纏玉柱	52.龍飛鳳舞
53.龍蟠虎踞	54.瞞天過海	55.孟德獻刀	56.木筆書天
57.扭轉乾坤	58.怒鞭都郵	59.盤根錯節	60.盤馬回槍
61.拋磚引玉	62.披荊斬棘	63.平沙落雁	64.潛龍出水
65.敲山震虎	66.巧施妙手	67.青龍絞尾	68.青龍攪海
69.青龍獻爪	70.青梅竹馬	71.請君入甕	72.如封似閉
73.撒花蓋頂	74.神龍擺尾	75.神牛擺首	76.獅子抖毛
77.獅子滾球	78.順風擺柳	79.順水推舟	80.蘇秦背劍
81.太公釣魚	82.螳螂捕蟬	83.偷樑換柱	84.圖窮匕見
85.兔營三窟	86.退避三舍	87.甕中捉鱉	88.仙人換影

89.仙人指路　90.相如引駕　91.鴨子上架　92.鷂子盤旋
93.葉底藏花　94.夜叉探海　95.移花接木　96.迎風舞袖
97.魚躍鳶飛　98.玉帶纏腰　99.玉女穿梭　100.轅門射戟
101.月鉤沉水　102.月上花梢　103.瞻前顧後　104.張飛騙馬
105.征雁銜蘆　106.周處斬蛟　107.諸葛搖扇　108.追命索魂
109.縱橫捭闔　110.走馬換將　111.左顧右盼

三、技法

1.暗度陳倉

右挎棍。右轉身180度左夾棍，左後轉身180度，同時，掃棍，左後繞弧前撩，左挎棍。

【技法特色】此技法換手隱蔽，掃棍出其不意，有很強的迷惑性和攻擊性。

【動作要領】右挎棍到左夾棍的變換要自然；左掃棍與左轉身要協調配合。

【圖譜詳解】

(1)左腳在前，雙手陽把持棍，成右挎棍姿勢（圖5－1）。

圖5－1

(2)右轉身，右手向右撥棍，同時鬆開右手（圖5－2）。

(3)棍向下、向左運行到左腋下，左腋接棍，瞬間成左夾棍姿勢（圖5－3）。

(4)左轉身掃棍，使棍向前、向左

運行至前方（圖5－4）。

(5)棍繼續運行至左後（圖5－5）。

(6)繞弧前撩，使棍向前、向上、向後運行，成左挎棍姿勢收棍（圖5－6）。

2.霸王擊鼓

拉棍。左手持棍右上撩，右下落，右手接棍（正握或反握、同把或異把）；右手持棍左上撩，左下落，左手接棍（正握或反握、同把或異把），拉棍。反覆。

【技法特色】這是一個連續向前撩擊的技法，用於正面進攻。

【動作要領】接棍要準，撩棍要狠。

【圖譜詳解】

(1)右腳在前，雙手陰把握棍，成前拉棍姿勢（圖5－7）。

(2)鬆開右手，左手持棍向右上撩擊，使棍由前向後、向左、向前運行至身體前方（圖5－8）。

圖5－2　　圖5－3

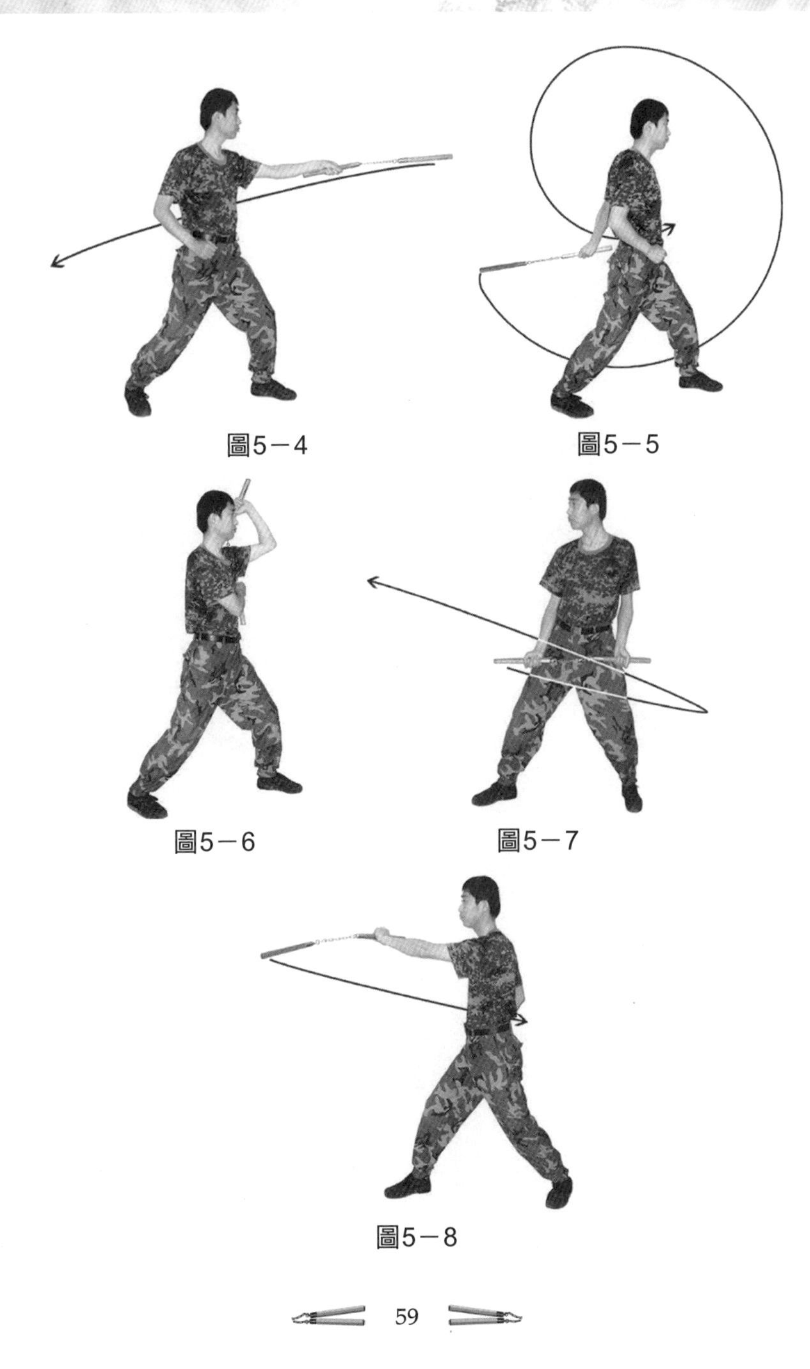

圖5－4

圖5－5

圖5－6

圖5－7

圖5－8

(3)棍繼續向右下掃，當棍運行至右側時，右手在右腰側陰把接棍，瞬間成前拉棍姿勢（圖5－9）。

(4)鬆開左手，右手持棍向左上撩擊，使棍由前向後、向右、向前運行至身體前方（圖5－10）。

(5)棍繼續向左下掃，當棍運行至左側時，左手在左腰側陰把接棍，成前拉棍姿勢收棍（圖5－11）。

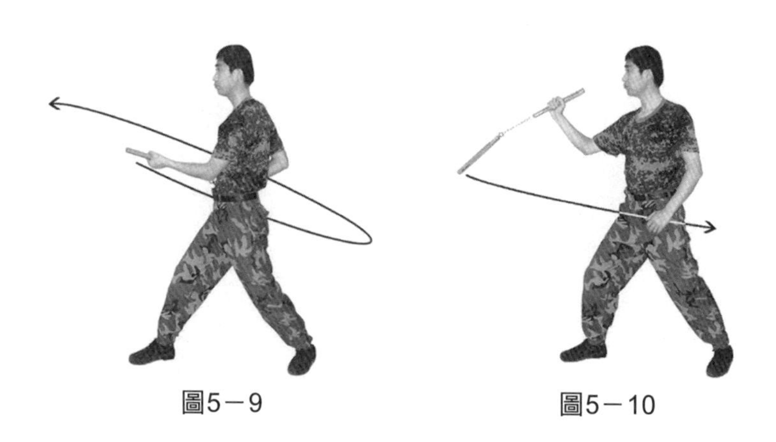

圖5－9 圖5－10

圖5－11

3.霸王卸甲

左拖棍。右上撩，右扛棍，左下劈，左腰反彈，右腰反彈，左上撩，左扛棍，右下劈，右腰反彈，左腰反彈，右上撩，右扛棍，反覆，左下劈，拖棍。

【技法特色】屬基礎動作，主要訓練腰反彈技術和肩卸力背停棍的技巧。

【動作要領】腰反彈和扛棍都要配合轉身。棍向左運行，上身向左轉；棍向右運行，上身向右轉。

【圖譜詳解】

(1)右腳在前，雙手於左側陽把持棍，成左拖棍姿勢（圖5－12）。

(2)右上撩，棍向前、向右上、向後運行，右肩背卸力，成右扛棍（圖5－13）。

(3)左下劈擊，棍向上、向前、向左下運行，左腰卸力反彈（圖5－14）。

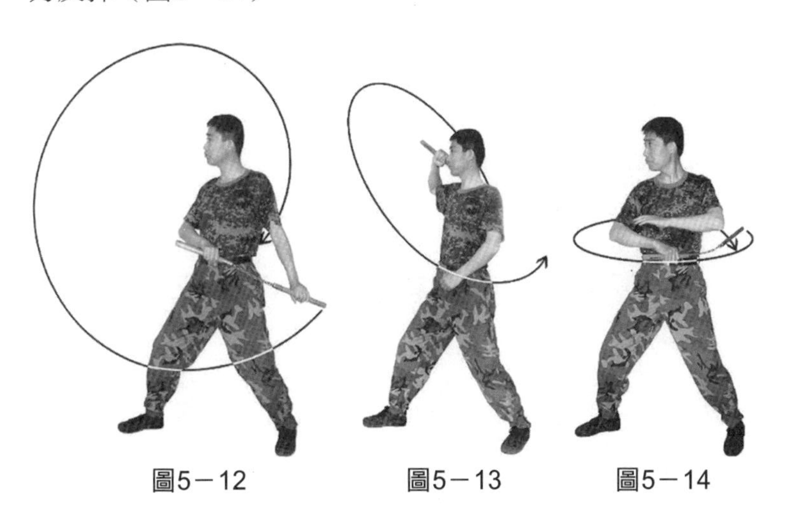

圖5－12　圖5－13　圖5－14

(4)運棍右掃，棍向前、向右、向後運行，右腰卸力反彈（圖5－15）。

(5)左上撩，棍向前、向左上、向後運行，左肩背卸力，成左扛棍（圖5－16）。

(6)右下劈擊，棍向上、向前、向右下運行，右腰卸力反彈（圖5－17）。

(7)運棍左掃，棍向前、向左、向後運行，左腰卸力反彈（圖5－18）。

(8)右上撩，棍向前、向右上、向後運行，右肩背卸力，成右扛棍（圖5－19）。

(9)運棍向左下劈擊，棍向上、向前、向左下運行，左手陽把接棍，成左拖棍姿勢收棍（圖5－20）。

4.霸王摘盔

挎棍。左下劈，至左後自然回棍，右纏脖，左手掌心在左肩向後卸力停棍，右手上抬，前劈，至右後自然回棍，左纏脖，左手掌心在右肩向後卸力停棍，右手上抬，

圖5－15

圖5－16

圖5－17

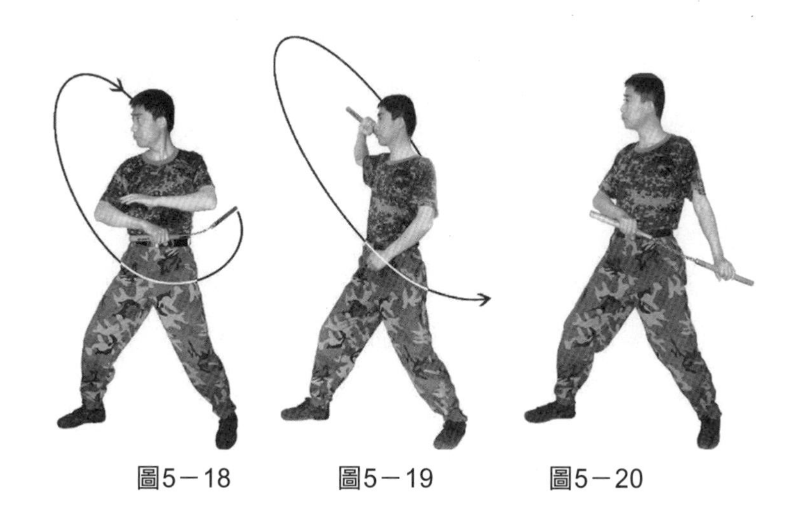

圖5－18　圖5－19　圖5－20

前劈，至右下自然回棍，挎棍。也可在掛棍的情況下，雙手突然抓握棍或交叉抓握棍，上抬，鬆左手，前劈。

【技法特色】 脖纏棍或掛棍的情況下迅速劈擊，棍勢陡然改變，有致敵措手不及的效果。

【動作要領】 劈擊動作要迅猛，在此之前不能暴露劈擊的意圖。

【圖譜詳解】

(1) 右腳在前，右挎棍持棍（圖5－21）。

(2) 左下劈，棍運行至左後（圖5－22）。

(3) 右上掃棍，棍鏈貼頸，左手掌心向後在左肩卸力停棍

圖5－21

（圖5－23）。

(4)右手上抬，前劈，棍運行至前方（圖5－24）。

(5)棍繼續運行至右下（圖5－25）。

(6)左上掃棍，棍鏈繞頸半周，左手在右肩抓棍停棍（圖5－26）。

(7)右手上抬，前劈，棍運行至前方（圖5－27）。

(8)棍繼續運行至右下（圖5－28）。

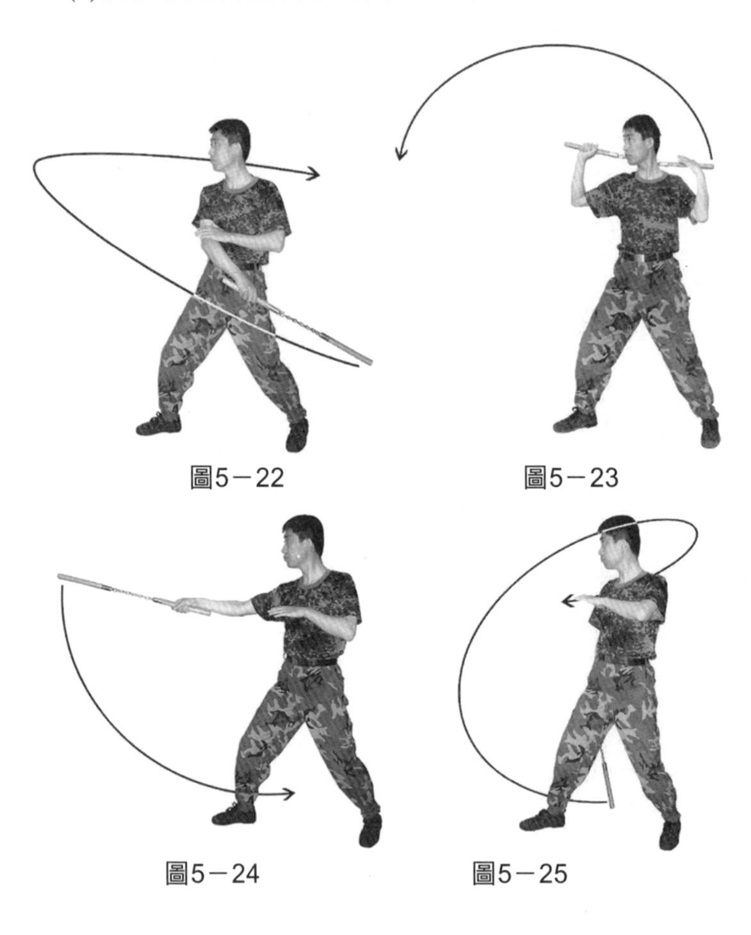

圖5－22 圖5－23

圖5－24 圖5－25

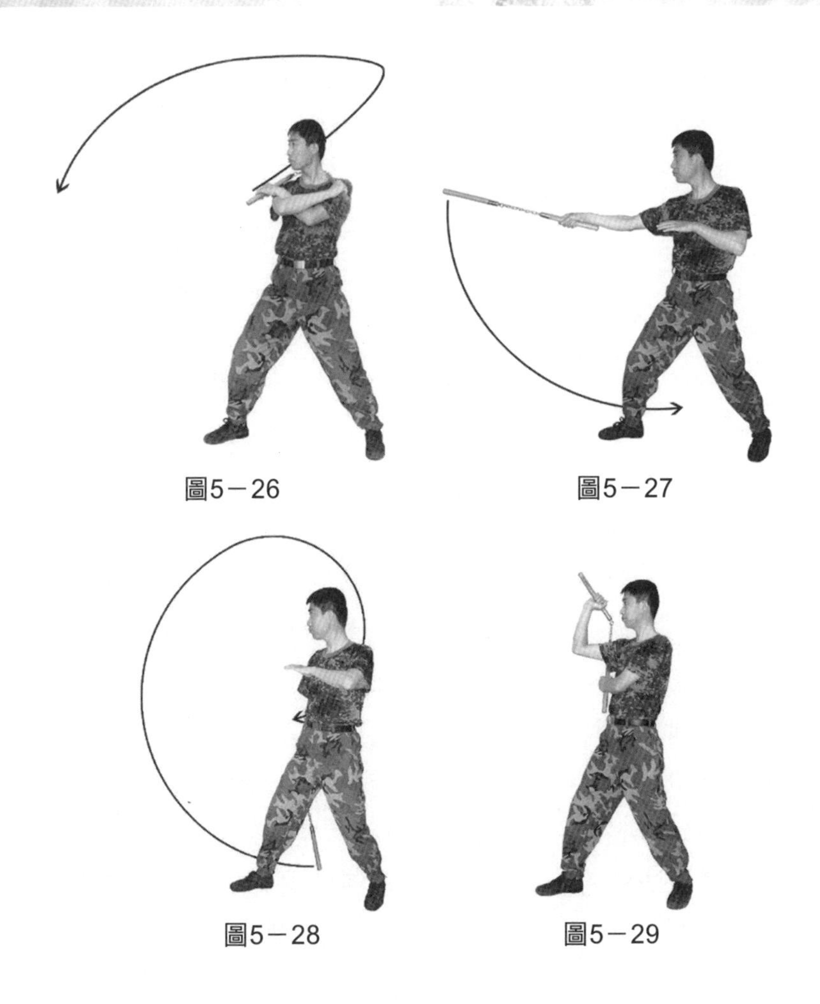

圖5－26　圖5－27

圖5－28　圖5－29

(9)上撩回棍，成右挎棍姿勢收棍（圖5－29）。

(10)掛棍情況下抓握棍（圖5－30），可直接抬右手向前劈擊。

(11)掛棍情況下雙臂交叉抓握棍（圖5－31），可直接抬右手向前劈擊。

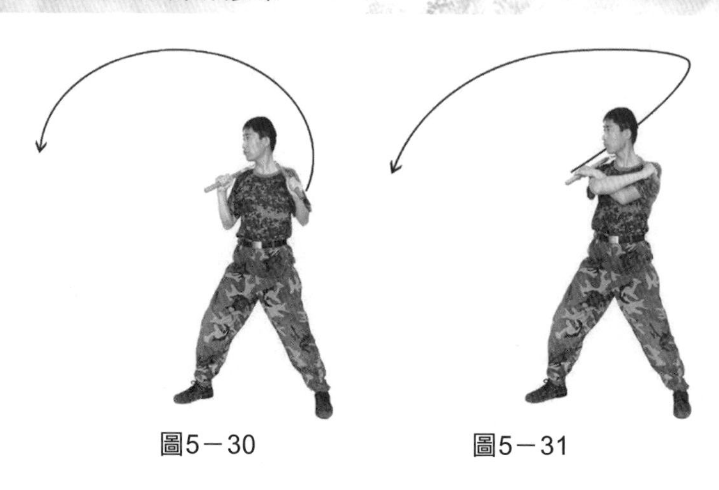

圖5－30　　圖5－31

5.白虎剪尾

挎棍。右立圓，微左轉，棍帶至背後，游離棍在下時，左手反把握右手棍，左轉身180度，體前棍順勢立圓一周，微左轉，探棍。左手上擎，右手持棍頭頂掃，左腰反彈右掃，後拉棍，左手持棍頭頂掃，右腰反彈左掃，上步身後同把換手，交叉步左轉身一周，頭頂掃，左腰停棍，左懸棍。

【技法特色】這是一個訓練體後同把換手的技法，分豎掄和橫掃兩種情況。橫掃時，攻擊性強，又具有迷惑性。

【動作要領】豎掄時，體後同把換手難度較大，要注意棍與身體的協調性；橫掃時，要借助身體的旋轉來增大掃棍的速度。

【圖譜詳解】

(1)右腳在前，右挎棍持棍（圖5－32）。

(2)右側立圓運棍，棍運行至右下（圖5－33）。

(3)微左轉身，棍繼續運行至背後下方，左手陰把抓握右手棍（圖5－34）。

(4)鬆右手，左手持棍順勢運棍一周，左腳向右後撤步，棍運行至身體的左側（圖5－35）。

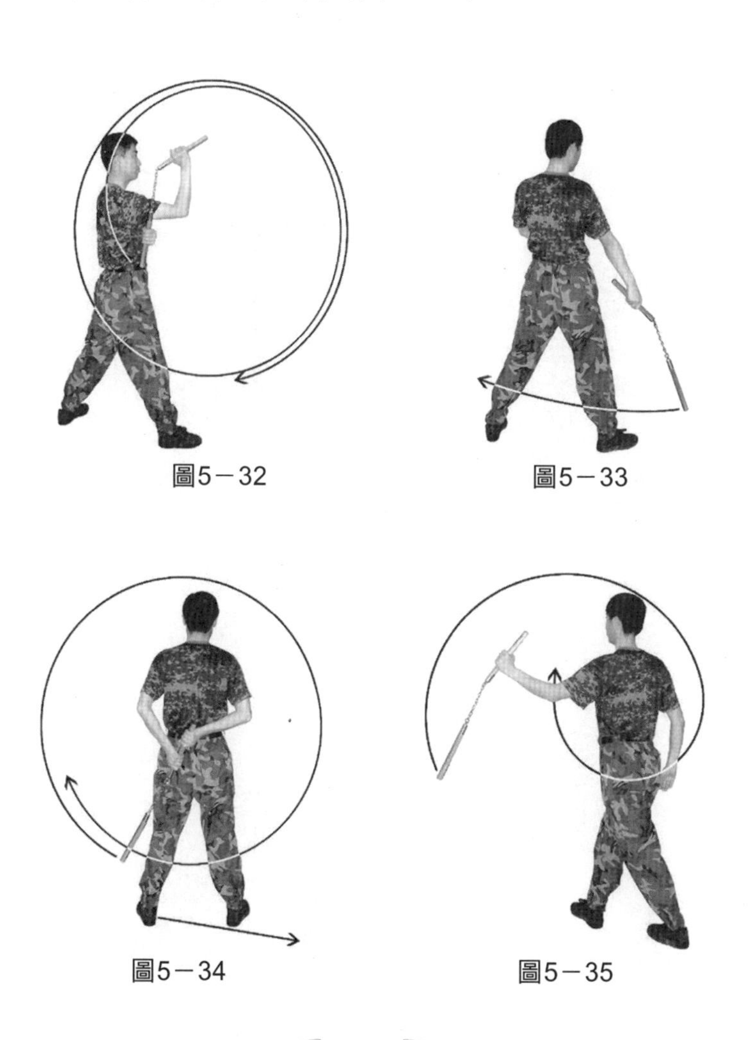

圖5－32　圖5－33

圖5－34　圖5－35

(5)左轉身180度，左手帶棍，使棍在體前小立圓運行一周，右手在右上接棍（圖5－36）。

(6)微左轉並成探棍姿勢（圖5－37）。

(7)左手上擎，右手持棍在頭頂上方左掃一周，棍運行至左上方（圖5－38）。

(8)棍繼續左下掃，左腰卸力反彈（圖5－39）。

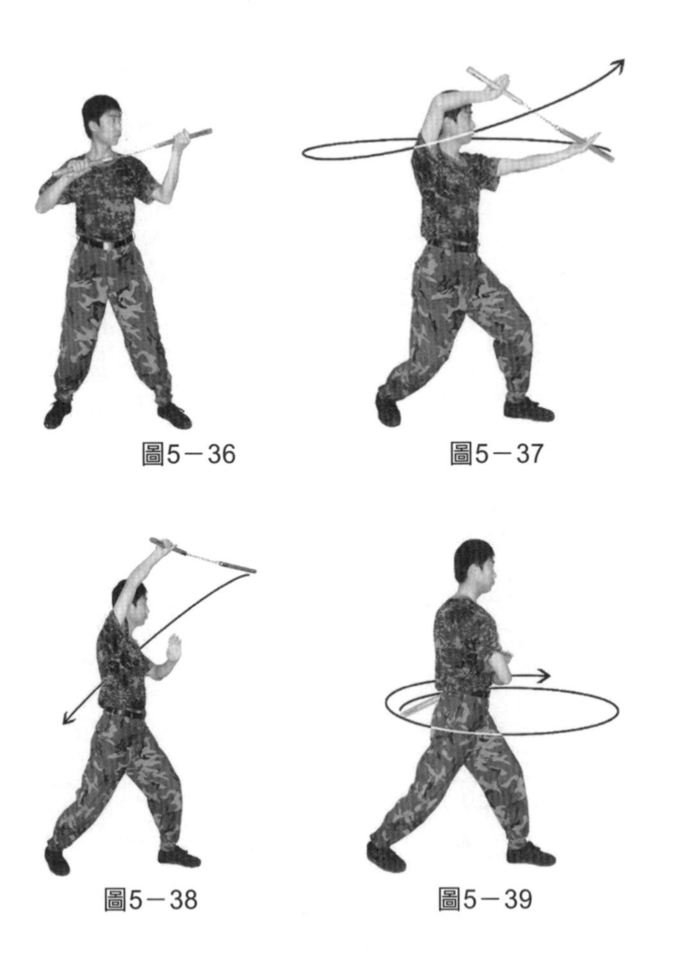

圖5－36 圖5－37

圖5－38 圖5－39

(9)棍右掃一周，左手左後陽把接棍成後拉棍（圖5－40）。

(10)左手持棍向右上掃棍，棍運行至前上方（圖5－41）。

(11)棍在頭頂上方右掃一周後繼續向右下掃，右腰卸力反彈（圖5－42）。

(12)左掃棍同時右腳上步，棍運行至身後，右手陽把抓握左手棍（圖5－43）。

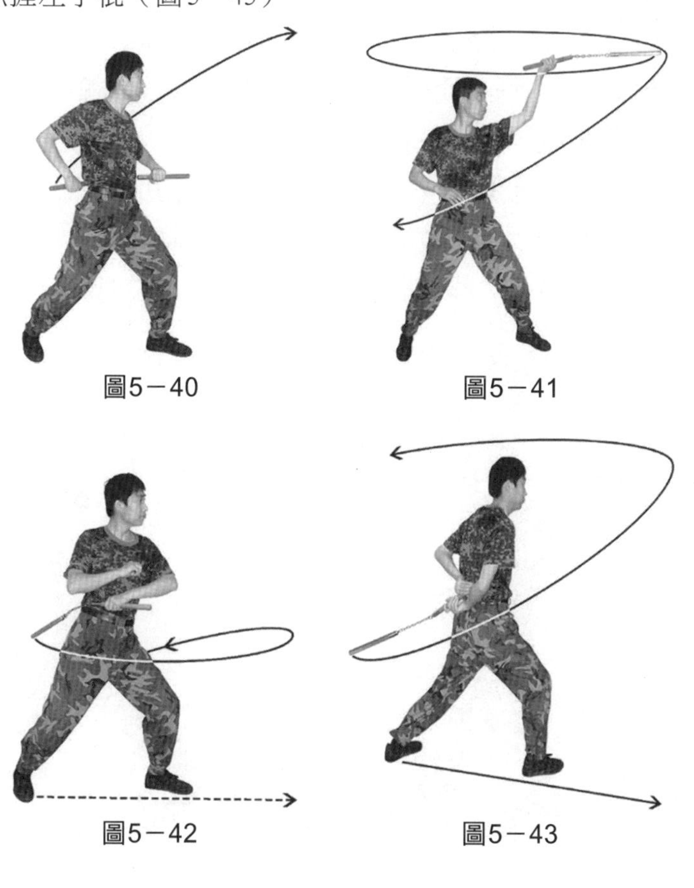

圖5－40　圖5－41

圖5－42　圖5－43

(13)左腳向右後撤步成交叉步，左轉身180度，同時右手持棍向左上方掃棍，棍運行至前上方（圖5－44）。

(14)頭頂上方繼續掃棍一周，同時左轉身180度，棍繼續向左下方掃，左腰停棍，成左懸棍姿勢收棍（圖5－45）。

6.敗走烏江

左右開立夾棍。搭棍，左腰反彈，右腰卸力，搭棍，左下掃，頂左膝，小腿反彈，左腳前落的同時右上回掃，纏脖卸力，左手扶右手，上步，左轉180度，撤步，左轉360度，在轉身過程中，棍在頭頂旋轉兩周，順勢左下掃，左側懸棍，左手護右臂上方。

【技法特色】此技法主要訓練膝部卸力反彈的技巧、脖停棍的技巧以及身體旋轉過程中身棍協調的能力。

【動作要領】脖停棍蓄勢待發，旋轉身體加快掃棍。

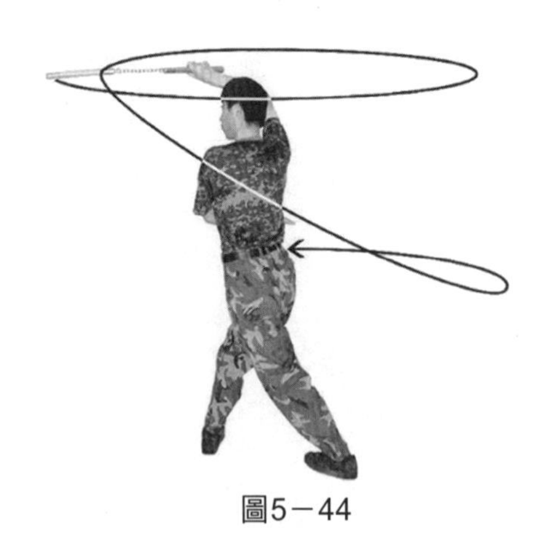

圖5－44

圖5－45

【圖譜詳解】

(1)兩腳左右分開成開立勢，右手陽把握棍，成右夾棍姿勢（圖5－46）。

(2)右手持棍向前上運棍，使棍向前、向上、向後運行，當棍運行至右臂後側時，右臂卸力停棍，瞬間成右搭棍姿勢（圖5－47）。

(3)向左下劈擊，使棍向上、向前、向左下運行，當運行至左腰側時，左腰卸力反彈（圖5－48）。

(4)運棍向右平掃，使棍向前、向右、向後圓周運轉，當棍運行到右後側時，右腰卸力停棍（圖5－49）。

圖5－46

圖5－47

圖5－48

圖5－49

(5)右手持棍向前上運棍，使棍向前、向上、向後運行，當棍運行至右臂後側時，右臂卸力停棍，瞬間成右搭棍姿勢（圖5－50）。

(6)左下掃，使棍向上、向前、向左下運行，當運行到左前時，左膝上頂，小腿卸力反彈（圖5－51）。

(7)左腳右前方下落的同時右上回掃，棍鏈纏脖卸力停棍，左手扶棍或扶右手（圖5－52）。

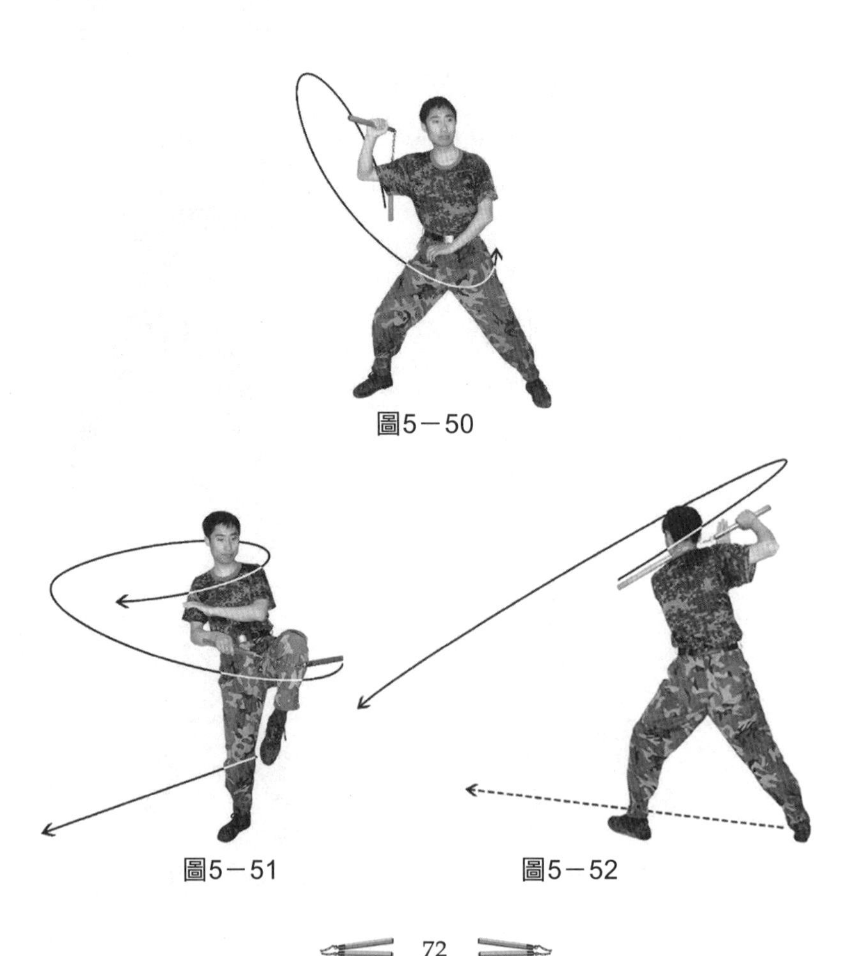

圖5－50

圖5－51

圖5－52

(8)右腳上步，左轉180度，向前下掃棍，使棍從後向右上、向前、向左下運行至前下方（圖5－53）。

(9)左轉180度，同時左腳向後撤步，棍順勢掃至前上方（圖5－54）。

(10)繼續左轉身180度，棍在頭頂上方繼續掃一周，然後左下掃，左腰卸力停棍（圖5－55）。

(11)棍自然下垂成左側懸棍姿勢收棍，左手護于右臂上方（圖5－56）。

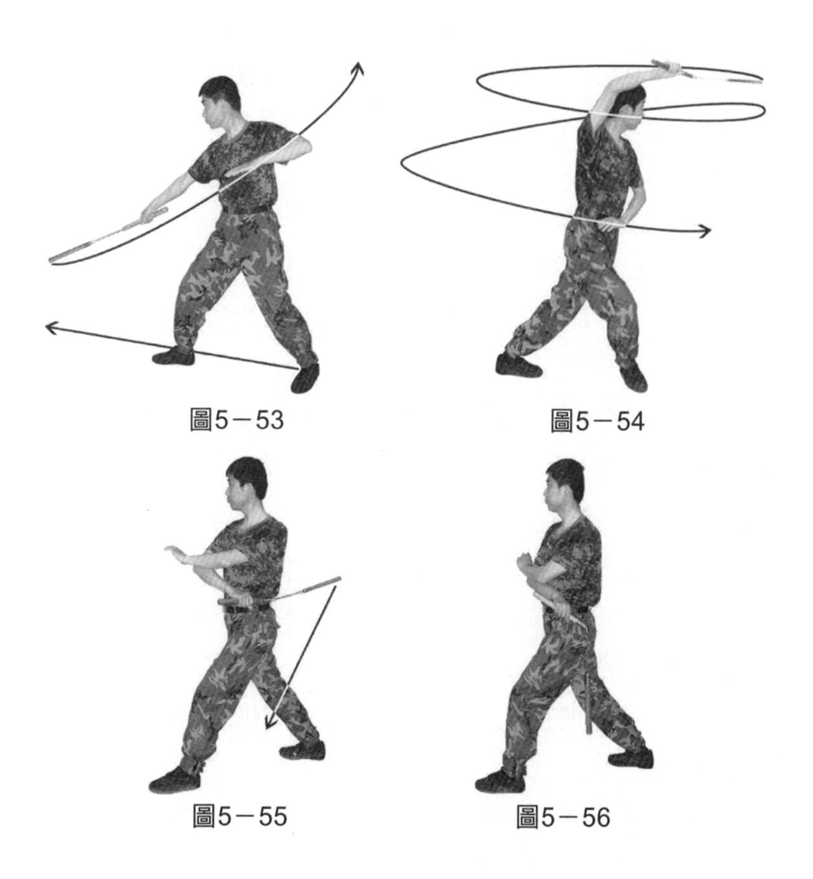

圖5－53　圖5－54

圖5－55　圖5－56

7.梆打五更

右腳在前右夾棍。搭棍，左下劈，打擊部位為上盤，抬左手臂，棍過腋下，後背卸力反彈，右掃，打擊部位為中盤，右臂卸力，左下掃，打擊部位為下盤，身體左轉180度，撤左腳身體左轉180度，旋轉的同時，棍在頭頂旋轉一周，左掃，打擊部位為上盤，抬左手臂，棍過腋下，後背卸力反彈，右掃，打擊部位為中盤，右臂卸力搭棍。

上右腳夾棍，右掃，打擊部位為上盤，右臂卸力，左掃，打擊部位為中盤，抬左手臂，棍過腋下，後背卸力反彈，右下掃，打擊部位為下盤，同時上左腳，向右轉身180度，撤右腳，右轉身180度，旋轉的同時，棍在頭頂旋轉一周，右掃，打擊部位為上盤，右臂卸力反彈，左掃，打擊部位為中盤，左手接棍，拖棍。

【技法特色】此技法用於攻擊敵人的上中下三路，屬實戰技法，轉身動作能夠加大打擊的力度並給敵人以迷惑性。

【動作要領】旋轉身體與掃棍要協調一致，利用身體的旋轉來增加棍速。

【圖譜詳解】

(1)右腳在前成右夾棍持棍姿勢（圖5－57）。

(2)右手持棍向前上運棍，右臂卸力反彈，瞬間成右搭棍姿勢（圖5－58）。

(3)向左下運棍，抬左手臂，棍過左腋下，後背卸力反彈（圖5－59）。

(4)右轉身，棍向前、向右、向後掃，右臂卸力反彈

（圖5－60）。

(5)運棍向左下掃，使棍運行至前下方（圖5－61）。

(6)身體左轉180度，撤左腳，棍順勢掃至前上方（圖5－62）。

(7)身體左轉180度，棍在頭頂上方旋轉一周半，運行至前上方（圖5－63）。

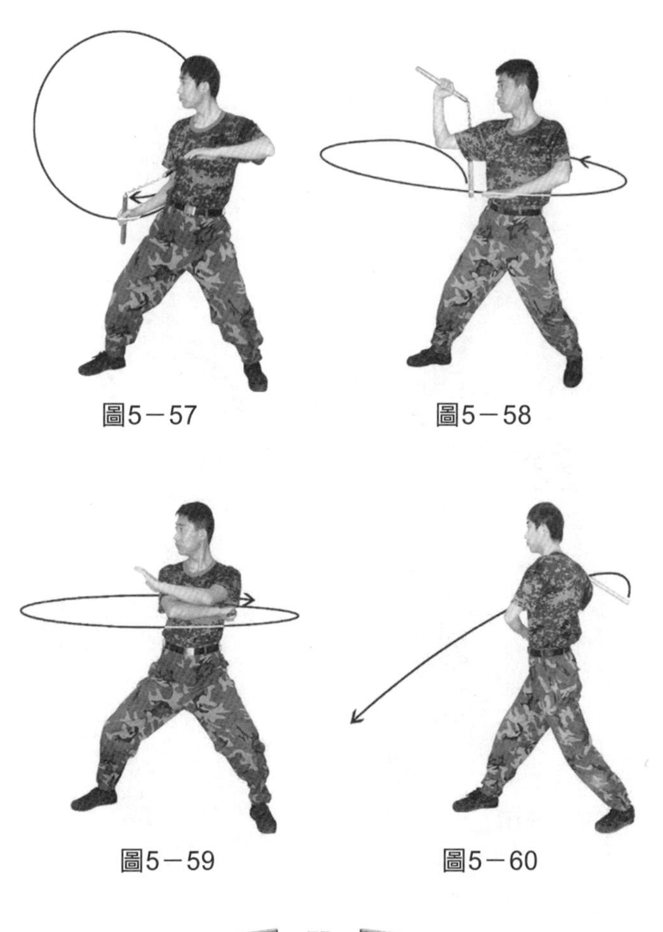

圖5－57　圖5－58

圖5－59　圖5－60

(8)棍繼續左掃，抬左手臂，棍過左腋下，後背卸力反彈（圖5－64）。

(9)上右腳，運棍向前、向右、向後掃，右臂卸力反彈（圖5－65）。

(10)向前下運棍，右腋接棍成右夾棍姿勢，此處為前面動作的收式，同時為下面動作的起式（圖5－66）。

(11)上身左轉（圖5－67）。

(12)右手持棍右掃，棍運行至正前方（圖5－68）。

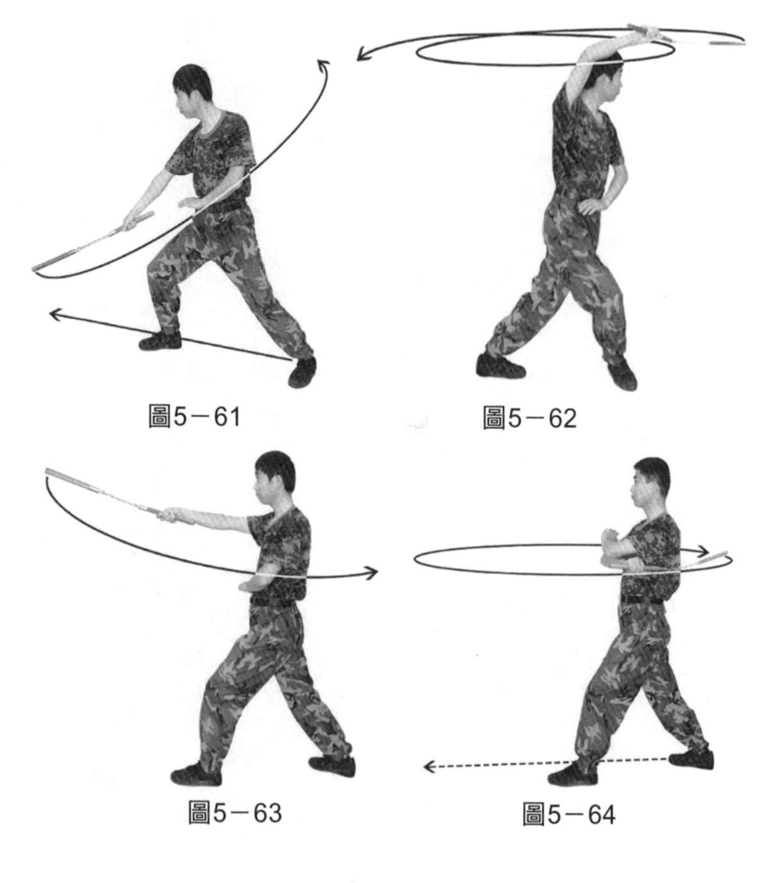

圖5－61　圖5－62

圖5－63　圖5－64

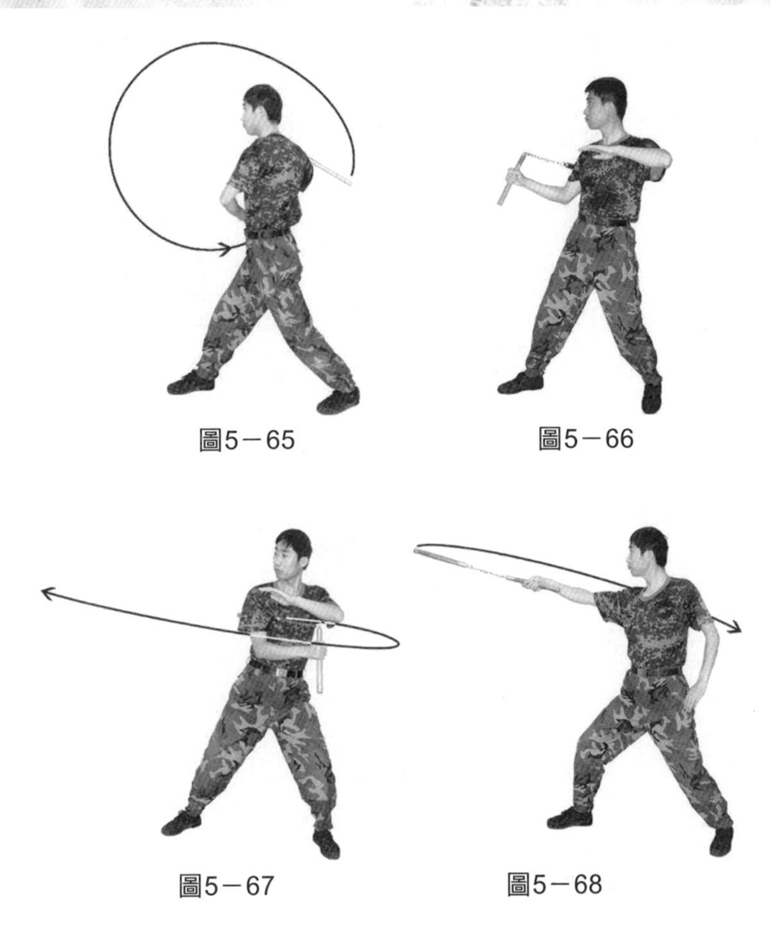

圖5－65　　圖5－66

圖5－67　　圖5－68

(13)棍繼續向右、向後掃，右上臂卸力反彈（圖5－69）。

(14)棍向前、向左掃，待棍運行至左側時，抬左手臂，棍過左腋下，後背卸力反彈（圖5－70）。

(15)前下掃，同時上左腳，棍運行至前下方（圖5－71）。

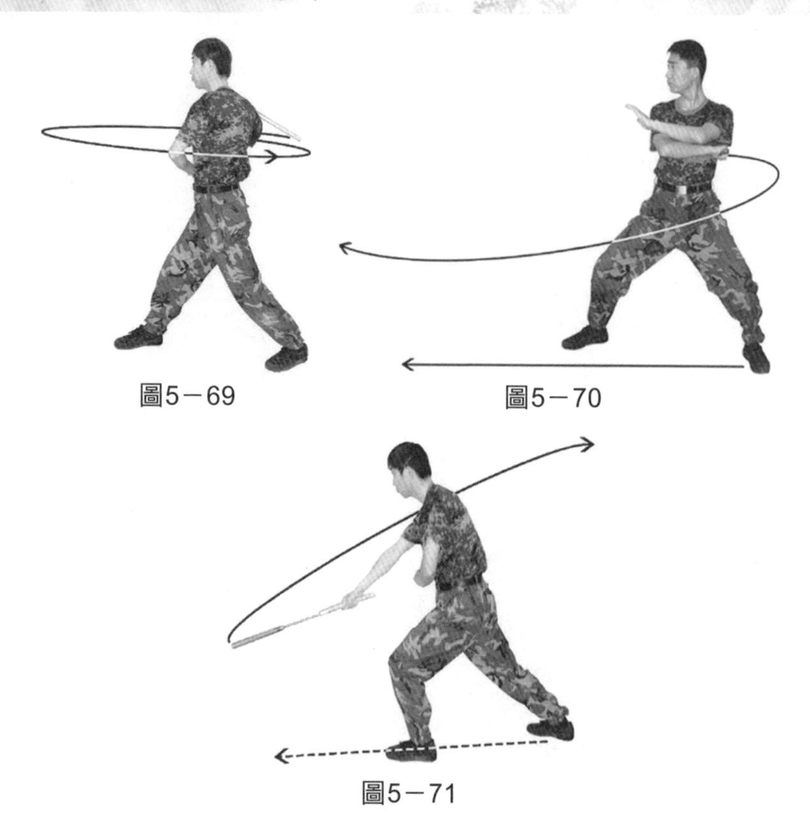

圖5－69　圖5－70

圖5－71

(16)右轉身180度，撤右腳，棍順勢向右上掃，棍運行至左上方（圖5－72）。

(17)右轉身180度，同時右手運棍在頭頂上方旋轉一周半，棍運行至前上方（圖5－73）。

(18)棍繼續向右、向後掃並開始下落，右臂卸力反彈（圖5－74）。

(19)運棍向左下掃，左手在左側接棍，成拖棍姿勢收棍（圖5－75）。

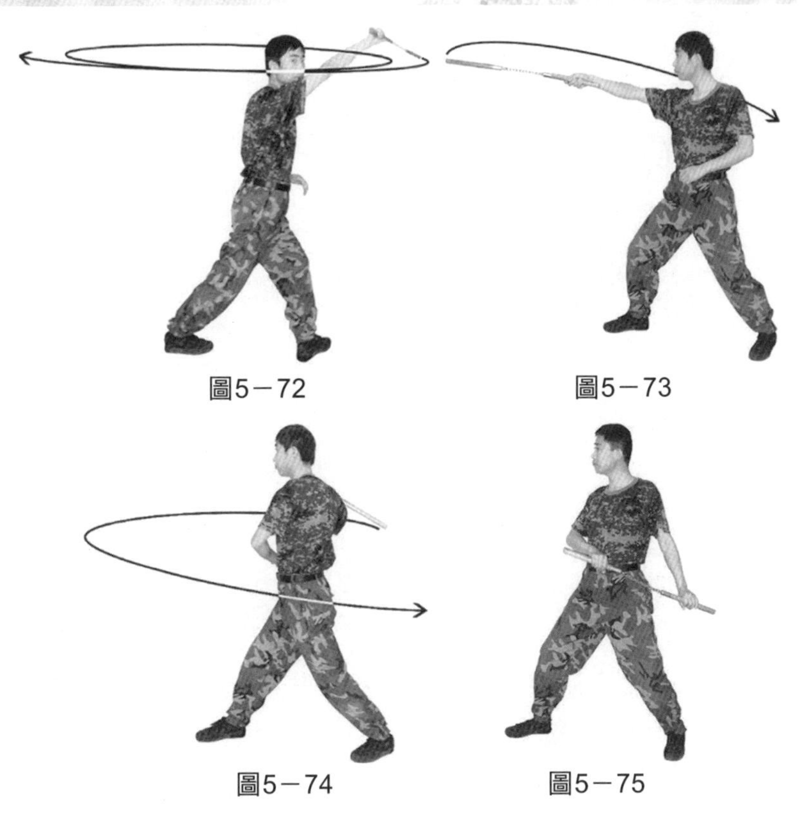

圖5－72　圖5－73

圖5－74　圖5－75

8.撥草尋蛇

正握挎棍。左下劈，腰反彈右掃，手攬棍換把反握，右腰卸力，上撩，搭棍，左俯身左下劈，回身抬手右上撩，搭棍反彈，夾棍。

【技法特色】此技法具有很強的攻擊性，節奏明快，又具有迷惑性。此技法有舞花動作，有一定的觀賞性。

【動作要領】對於初學者，攬棍換把時容易掉棍，要勤加練習以增強手感。要求換把時抓握棍要準確，兩棍連

圖5－76

續繞轉。

【圖譜詳解】

(1)右腳在前成右挎棍姿勢（圖5－76）。

(2)上身左轉的同時向左下劈棍，左腰卸力反彈（圖5－77）。

(3)向右掃棍，鬆開右手，手掌伸直，使棍鏈向手背貼靠（圖5－78）。

(4)攪動手臂，兩棍節繞手腕部運轉，右手陰把抓握右側的棍（原來的游離棍），左側的棍運行至右下方（圖5－79）。

(5)棍繼續在體前小平圓運行一周，棍運行至右側，右腰卸力停棍（圖5－80）。

(6)右手陰把持棍上撩，成右搭棍姿勢（圖5－81）。

圖5－77

圖5－78

(7)左俯身向左下劈棍，棍運行至左腰側，左腰卸力反彈（圖5－82）。

(8)右轉身向右上撩棍，右臂卸力停棍，成右搭棍姿勢（圖5－83）。

(9)向前下運棍，右腋接棍，成右夾棍姿勢收棍（圖5－84）。

圖5－79　圖5－80

圖5－81　圖5－82

圖5－83

圖5－84

9.撥打雕翎

懸棍。左上撩，弧形下落，左腰停棍，右上撩，右扛棍，左下劈，腰停棍，弧形上升，右下劈，懸棍。

【技法特色】此技法主要訓練體前斜面內的運棍動作，簡單實用，可用於對敵人進行正面的攻擊。

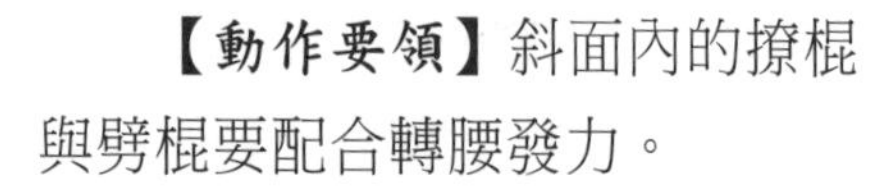

【動作要領】斜面內的撩棍與劈棍要配合轉腰發力。

【圖譜詳解】

(1)右腳在前，右手陽把握棍，成右側懸棍姿勢（圖5－85）。

(2)右手持棍向左上撩棍，使棍向前、向上運行至身體前方（圖5－86）。

(3)棍繼續向前上運行，接

圖5－85

著向左下運行，當棍運行至左腰側時，左腰卸力反彈（圖5－87）。

(4)向右上撩棍，使棍向前、向右上、向後運行，當棍運行至右後時，右肩背卸力停棍，瞬間成右扛棍姿勢（圖5－88）。

(5)運棍向左下劈，使棍由後側向上、向前、向左下運行，當運行至左腰側時，左腰卸力反彈（圖5－89）。

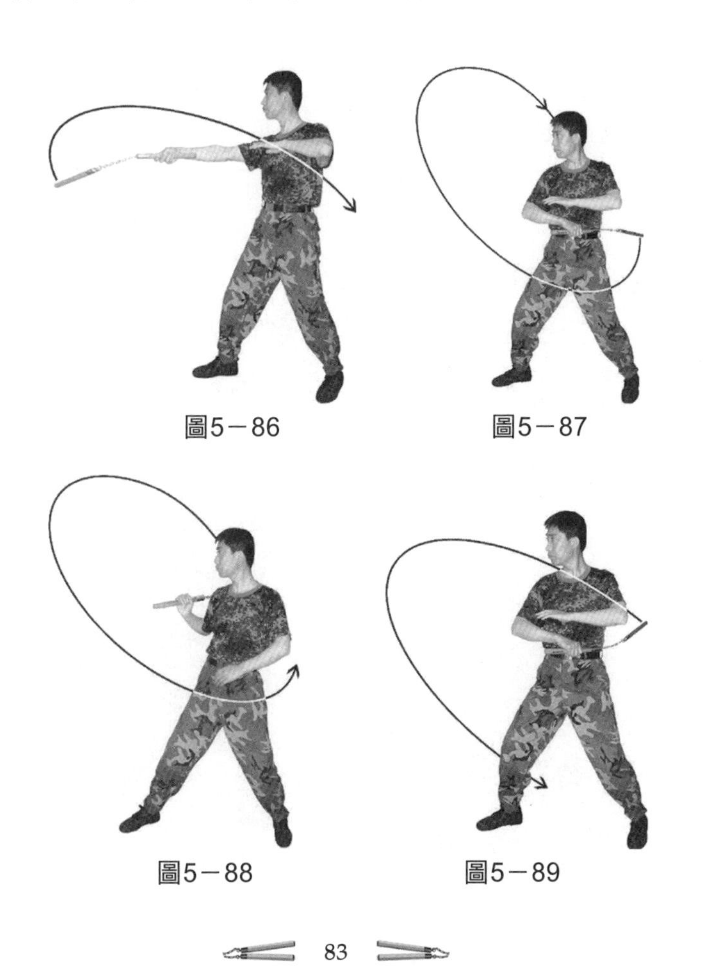

圖5－86　圖5－87

圖5－88　圖5－89

(6) 棍向右上掃，繼而向右下落，最後成懸棍姿勢收棍（圖5－90）。

10. 撥弄風月

挎棍。左下劈，腰卸力，右掃，鬆右手，攬手臂，向右腰側帶棍，雙棍以腕為軸順時針轉動約一周（抓棍之後可多甩一周），右手反握另一棍，逆時針返回左腰側，正握原來的棍，反覆；右上撩，挎棍。

【技法特色】此技法主要用於訓練控棍的技巧，具有觀賞性，不具有實戰價值。

【動作要領】初學者在攬棍換把時容易掉棍，要勤加練習以增強手感。要求換把時抓握棍要準確，兩棍連續繞轉。

【圖譜詳解】

(1)右腳在前成右挎棍姿勢（圖5－91）。

(2)上身左轉同時向左下劈棍，左腰卸力反彈（圖5－92）。

圖5－90　圖5－91

(3)向右掃棍，鬆開右手，手掌伸直，使棍鏈向手背貼靠（圖5－93）。

(4)攪動手臂，兩棍節繞手腕部運轉，右手陰把抓握右側的棍（原來的游離棍），左側的棍運行至右下方（圖5－94）。

(5)棍繼續在體前小平圓運行一周，棍運行至右側，右腰卸力停棍（圖5－95）。

圖5－92　圖5－93

圖5－94　圖5－95

(6)右手陰把握棍，逆時針運棍，棍運行至身體右前方（圖5－96）。

(7)棍繼續向左運行，鬆開右手，手掌伸直，使棍鏈向手背貼靠（圖5－97）。

(8)攪動手臂，兩棍節繞手腕部運轉，右手陽把抓握左側的棍（原來的游離棍），右側的棍運行至右前方（圖5－98）。

(9)棍繼續在體前小平圓運行一周，棍運行至左側，左腰卸力反彈（圖5－99）。

(10)右手持棍向右上撩擊，右臂卸力停棍，成右挎棍姿勢收棍（圖5－100）。

11.彩筆描空

左挎棍。右上撩，扛棍，正「∞」，右立圓，向左側前劈，向右側前劈，右立圓，夾棍。

【技法特色】這是一個簡捷明快的正面攻擊技法。

【動作要領】掌握好進攻的節奏，右上撩、左前劈、右前劈是進攻的重點動作，需要力量與速度。

圖5－96

圖5－97

【圖譜詳解】

(1)右腳在前成左挎棍持棍姿勢（圖5－101）。

(2)鬆開左手，右手持棍向右上撩棍，使棍從後側向下、向前、向右上、向後運行，當運行至右後時，右肩背卸力停棍，瞬間成右扛棍姿勢（圖5－102）。

(3)右手持棍向前運棍，使棍由後側向上、向前運行至正前方（圖5－103）。

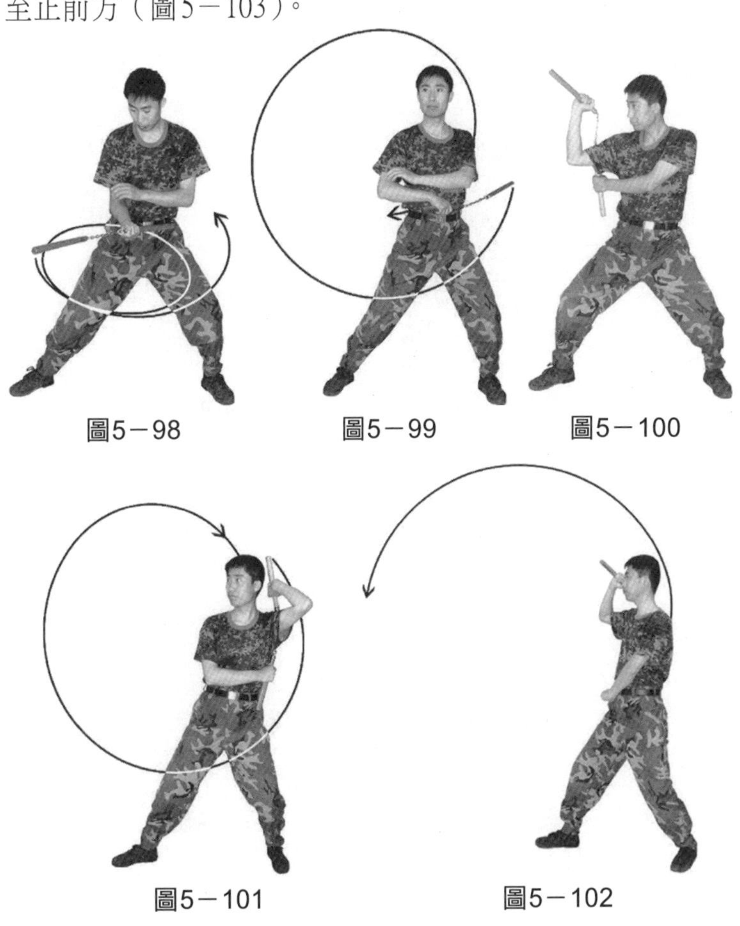

圖5－98　圖5－99　圖5－100

圖5－101　圖5－102

(4)棍在體前繼續成正「∞」形運棍，使棍運行回到正前方（圖5－104）。

(5)棍繼續在右側成立圓運行，棍運行至右側下方（圖5－105）。

(6)運棍前劈，使棍向上、向前運行至正前方（圖5－106）。

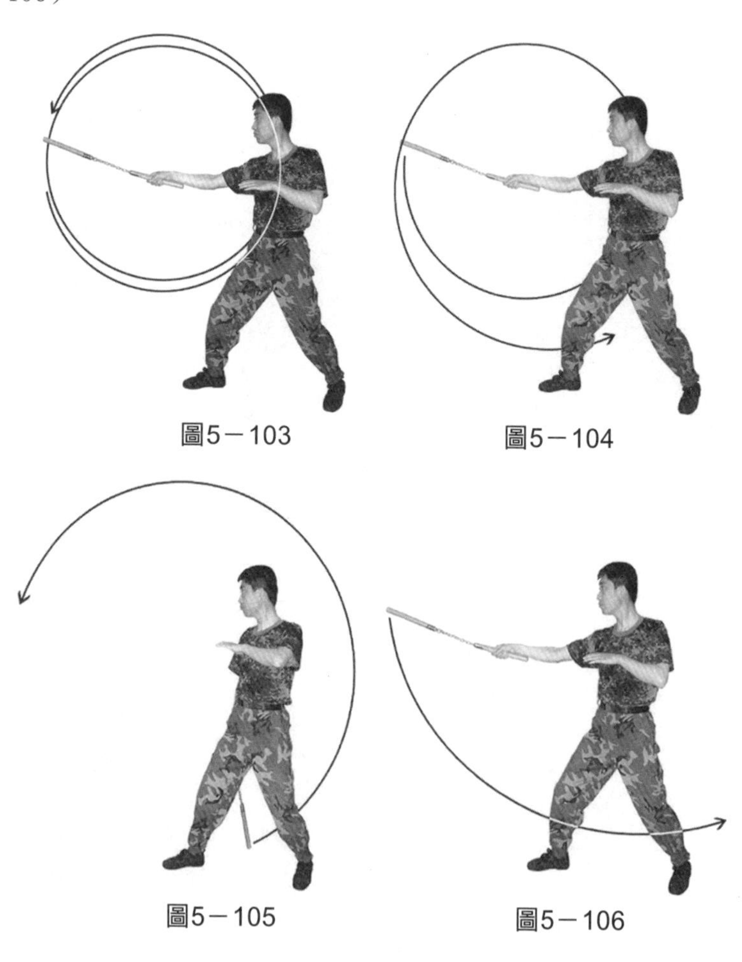

圖5－103　圖5－104

圖5－105　圖5－106

(7) 棍繼續向左下運行，棍運行至左側後下方（圖5－107）。

(8) 棍繼續從後向上、向前運行，棍運行至正前方（圖5－108）。

(9) 棍繼續在右側立圓運行一周，右腋接棍，成右夾棍姿勢收棍（圖5－109）。

圖5－107

12.沉李浮瓜

挎棍。正「∞」，左下劈，腰反彈，右上撩，背棍。

【技法特色】這是一個簡捷明快的正面攻擊技法。正「∞」運棍進行正面封鎖，接著是一劈擊，緊隨又一撩擊，讓敵難於招架。

【動作要領】腰反彈時上身迅速右轉，左下劈與右上撩銜接要快。

圖5－108

圖5－109

圖5－110

【圖譜詳解】

(1)右腳在前，雙手陽把握棍，成右挎棍持棍（圖5－110）。

(2)鬆左手，右手持棍由後向前運棍，使棍從後側開始向上、向前運行至正前方（圖5－111）。

(3)棍在體前繼續成正「∞」形運棍，當棍運行完一個「∞」形循環，棍又運行回至正前方（圖5－112）。

(4)棍順勢左下劈，使棍由前方向左下運行，當運行至左腰側時，左腰卸力反彈（圖5－113）。

(5)向右上撩棍，使棍向前、向右上、向後運行，當棍運行到右後上方時開始下落，棍在身體後側繼續向左下運行，當棍運行至左腰後側時，左手在左腰側接棍，以背

圖5－111

圖5－112

圖5－113

圖5－114

棍姿勢收棍（圖5－114）。

13.大蟒翻身

挎棍。下行鑽襠，左翻身180度，正「∞」向前蓋打，右立圓蓋打，回行，挎棍。

【技法特色】此技法用於攻擊身後之敵，棍鑽襠具有一定的欺騙性。

【動作要領】蓋打動作為攻擊著力處，宜快速有力。

【圖譜詳解】

(1)左右開立，成右挎棍持棍姿勢（圖5－115）。

(2)鬆左手，右手持棍向前下運棍，使棍從後側向上、向前、向下、向後運行，游離棍鑽襠，棍運行至後下方（圖5－

圖5－115

116）。

(3)左腳後撤，同時左翻身180度，同時右手抽棍向前蓋打，使棍運行至正前方（圖5－117）。

(4)棍在體前繼續成正「∞」形運棍，當運行完一個「∞」形循環，棍運行回至正前方（圖5－118）。

(5)棍繼續向右下運行，棍運行至身體前下方（圖5－119）。

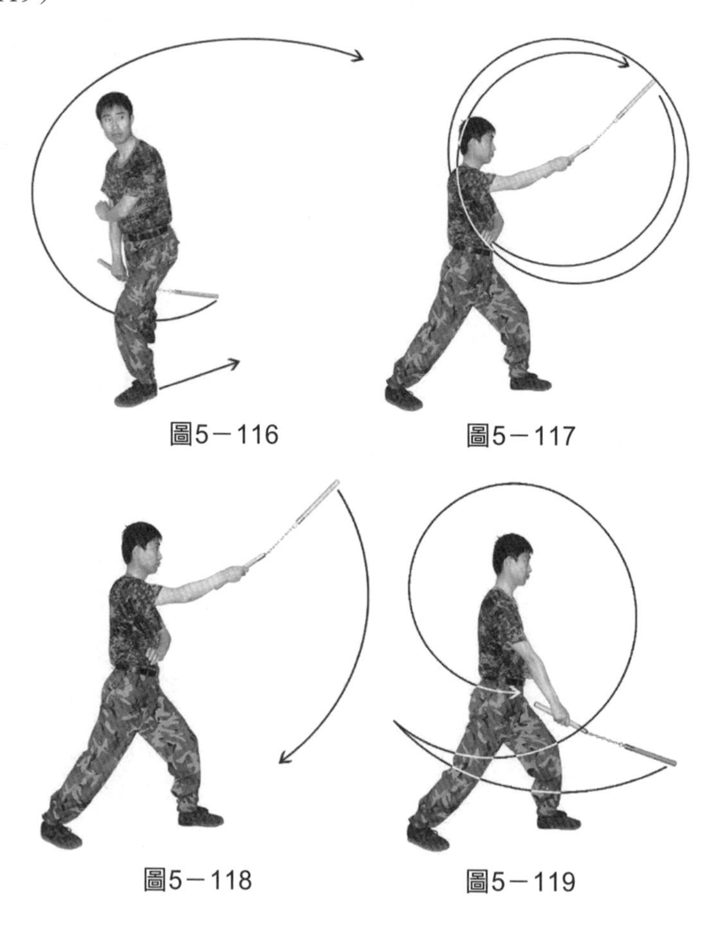

圖5－116　圖5－117

圖5－118　圖5－119

(6)棍繼續向後運行，運行至右後，自然停棍並上撩，使棍向前、向上、向後運行，當棍運行至右後時，棍鏈挎於右臂，左手在右腋下陽把接棍，成右挎棍姿勢收棍（圖5－120）。

14.大蟒繞身

前拉棍。戳棍，上舉，頭上掃一周，前探身左下劈，左腰停棍，右掃，後拉棍，左挎棍，右上撩，右扛棍，左下劈，前拉棍。

【技法特色】這是一種經典的組合攻擊棍法，棍法多變。戳擊變掃擊，棍勢陡然變化，緊接著就是撩擊變劈擊，令敵人防不勝防。

【動作要領】後拉棍到左挎棍的變換以及與右上撩動作的銜接都要迅速，不要有停頓。

【圖譜詳解】

(1)右腳在前，雙手於體前陽把握棍，成前拉棍姿勢（圖5－121）。

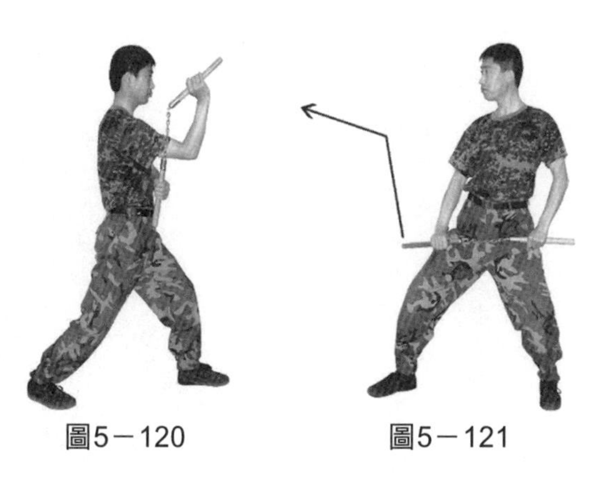

圖5－120　　圖5－121

(2)雙手持棍向前戳擊（圖5－122）。

(3)雙手持棍上舉（圖5－123）。

(4)抬右手並鬆開左手，棍開始平掃（圖5－124）。

(5)棍向前、向左、向下掃，棍運行至左側，左腰卸力反彈（圖5－125）。

(6)棍向前、向右、向後掃，棍在身後繼續向左掃，待棍掃至左後時，左手在左腰後陽把接棍，瞬間成後拉棍

圖5－122　圖5－123

圖5－124　圖5－125

姿勢（圖5－126）。

(7)鬆右手，左手持棍由後向前上撩，左臂停棍，成左挎棍姿勢（圖5－127）。

(8)鬆左手，右手持棍向右上撩，右肩背停棍，成右扛輥姿勢（圖5－128）。

(9)右手持棍向左下劈棍，棍運行至身體左側時，左手陽把接棍，成前拉棍姿勢收棍（圖5－129）。

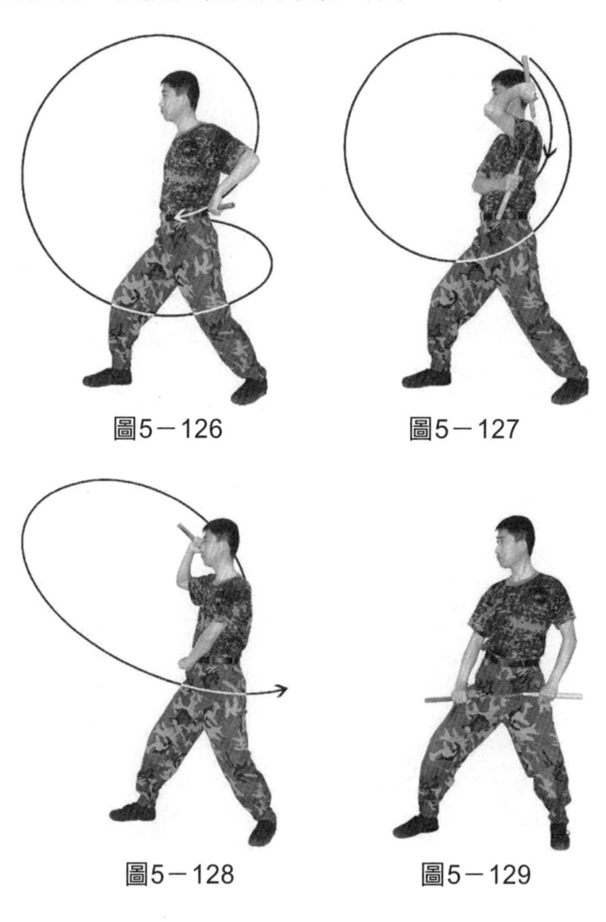

圖5－126　圖5－127

圖5－128　圖5－129

15.大鵬展翅

夾棍。上撩，同時展左臂，右扛棍，左下劈，同時收左臂，腰反彈，右上撩，同時展左臂，右扛棍，可反覆，夾棍。

【技法特色】此技法主要訓練左下劈與右上撩的配合動作。撩擊配合劈擊，技法簡單，但難於招架。

【動作要領】要注意動作的開合。

【圖譜詳解】

(1)右腳在前，成右夾棍持棍姿勢（圖5－130）。

(2)右手運棍向前上撩，使棍向前、向上、向後、向下運行，同時展左臂，右肩背卸力停棍，瞬間成右扛棍姿勢（圖5－131）。

(3)運棍向左下方劈擊，使棍從後側向上、向前、向左下運行，同時收左臂，棍運行至左腰側時左腰進行卸力反彈（圖5－132）。

圖5－130

圖5－131

(4)右手持棍右上撩，使棍向前運行至正前方（圖5－133）。

(5)棍繼續向右上、向後、向下運行，同時展左臂，右肩背卸力停棍，瞬間成右扛棍姿勢（圖5－134）。

(6)向前下運棍，使棍由後側向上、向前、向下、向後運行，右腋接棍，成右夾棍姿勢收棍（圖5－135）。

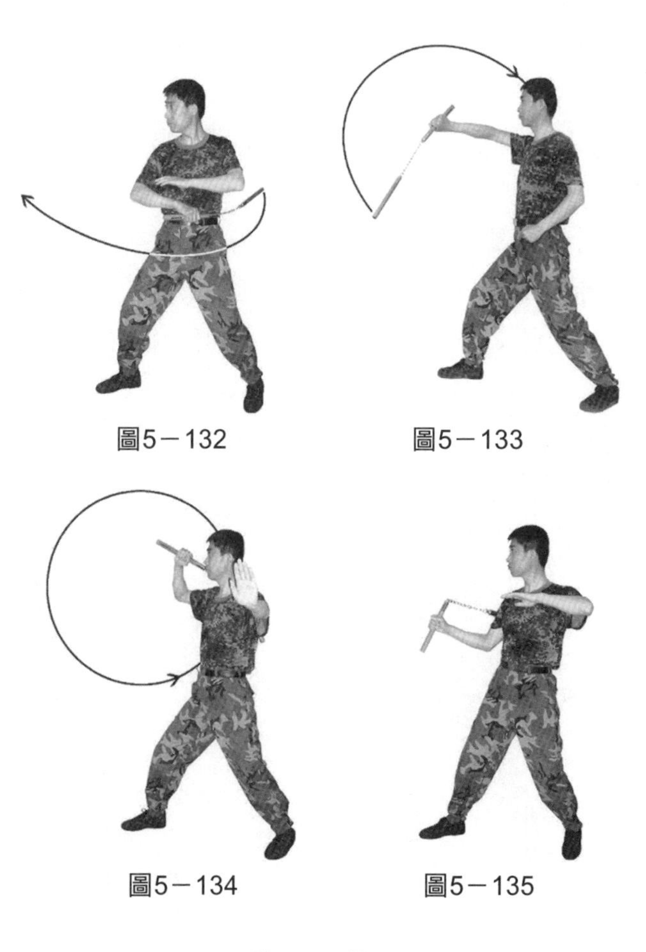

圖5－132　圖5－133

圖5－134　圖5－135

16.倒反朝綱

拉棍。跑停，回身掃棍，或回身跳起掃棍，順勢收棍。

【技法特色】此技法用於打擊後面追擊的敵人。

【動作要領】回身掃棍要迅速，事先儘量不要暴露回身攻擊意圖。

【圖譜詳解】

(1)拉棍持棍，向前衝跑，停下（圖5－136）。

(2)回身平掃，棍運行至前方（圖5－137），可順勢收棍。

(3)上接圖5－136，回身跳起平掃，棍運行至前方（圖5－138），可順勢收棍。

17.蝶繞黃花

拖棍。右偏下掃，繞弧，上撩，繞弧，左掃左轉身180度，左臂反彈，右掃，繞弧，下劈，繞弧，左掃左轉身180度，托棍。可反覆。

【技法特色】這是一個訓練橫豎變換的基本技法，也可用於攻擊圍攻的敵人。

圖5－136

圖5－137

【動作要領】繞弧變換要自然，橫掃和豎掄要分明。

【圖譜詳解】

(1)右腳在前，雙手陽把握棍，成左側拖棍姿勢（圖5－139）。

(2)鬆開左手，右手運棍向前上、右下掃，棍運行至右下方（圖5－140）。

(3)棍繼續向後運行，運行至右後繞弧變上撩，棍運行至右前方（圖5－141）。

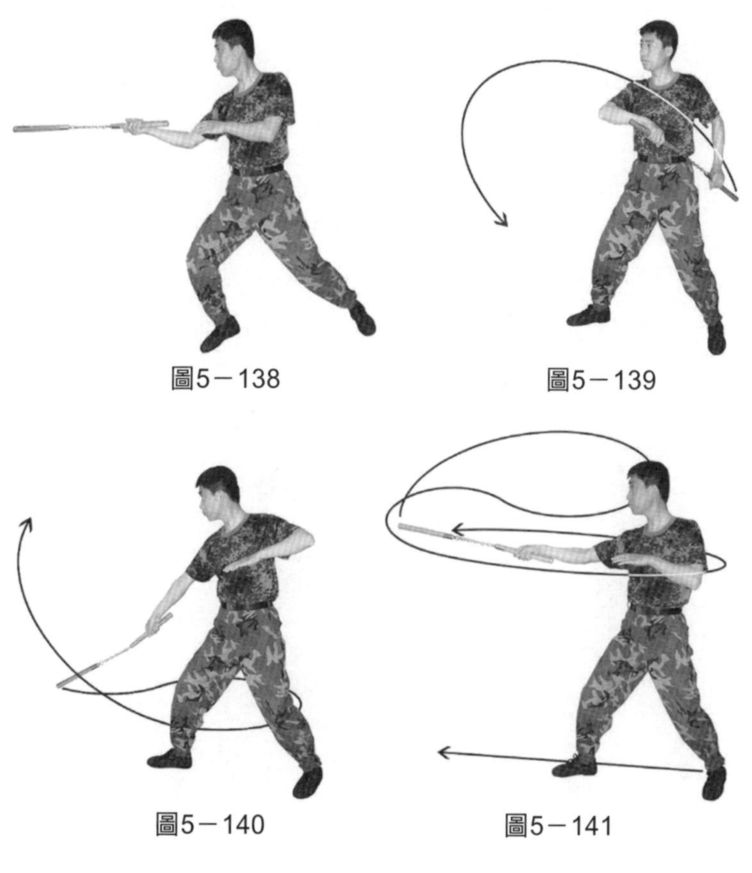

圖5－138　圖5－139

圖5－140　圖5－141

(4)棍繼續向上運行，運行至右上方時繞弧變左掃，左轉身180度，撤左腳，棍掃至左側時，左臂卸力反彈（圖5－142）。

(5)運棍向右掃，運行至前方（圖5－143）。

(6)棍繼續右掃，運行至右前方時繞弧變下劈，棍運行至右前下方（圖5－144）。

(7)棍繼續向下向後運行，運行至右後繞弧變左上掃，左轉身180度，撤左腳，棍順勢掃至左側，左手接棍成左側托棍姿勢收棍（圖5－145）。

18.斗轉星移

挎棍。左下劈，左翻身360度，左下劈，可反覆。右上撩，挎棍。

【技法特色】這是一個連續攻擊敵人下盤的技法，也是一個訓練身體協調性的技法。

【動作要領】要與「旋步」步法相結合。

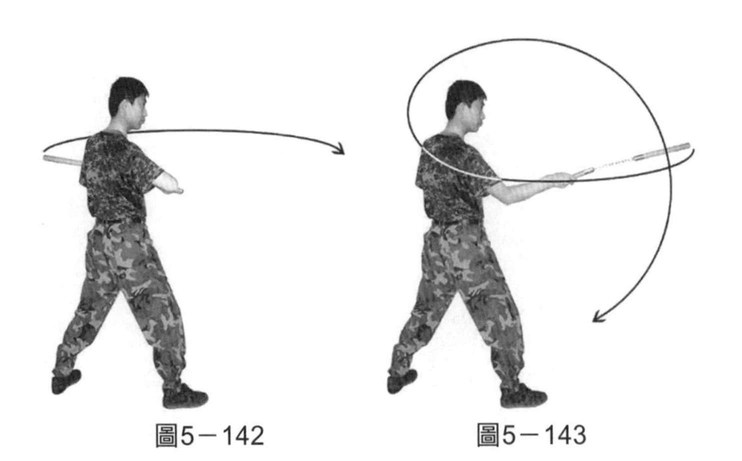

圖5－142　圖5－143

【圖譜詳解】

(1)右腳在前，成右挎棍姿勢（圖5－146）。

(2)鬆左手，向左下劈棍，同時左轉身，棍運行至右前下方（圖5－147）。

(3)向右撤左腳，左轉身，棍向左上掃，棍運行至身體前上方（圖5－148）。

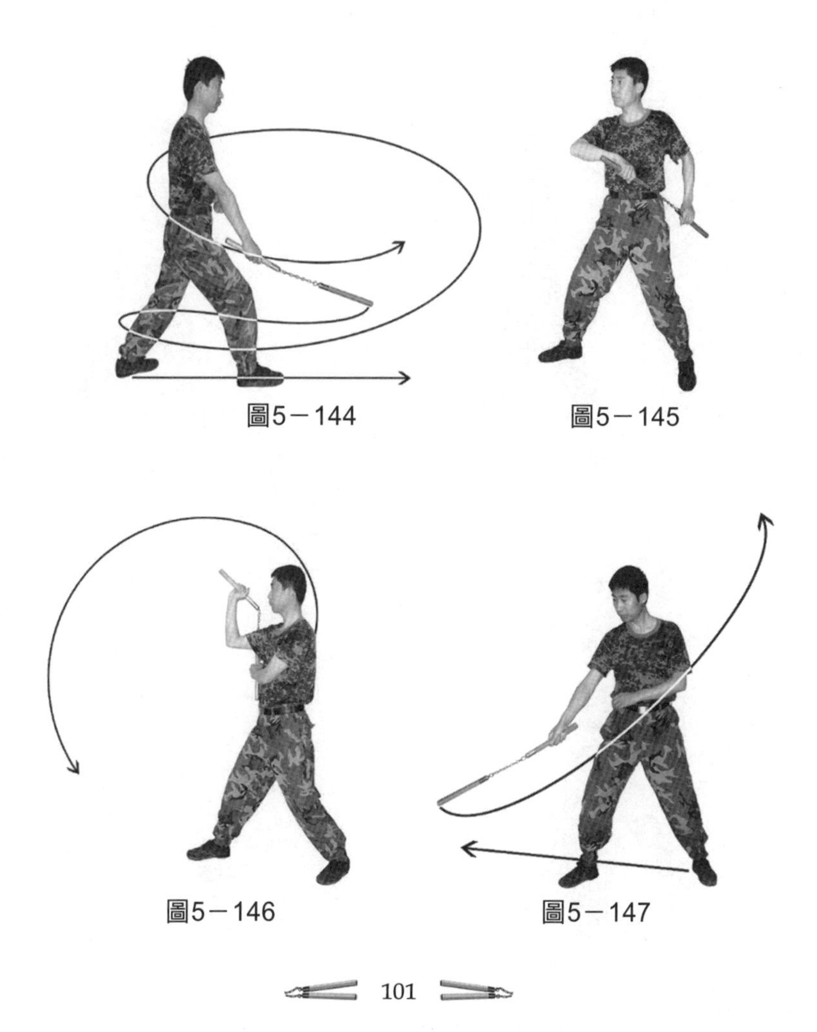

圖5－144　圖5－145

圖5－146　圖5－147

(4)右腳向左上步，左轉身180度，棍在頭頂斜掃一周後向左下劈擊，同時微左轉身，棍運行至右前下方（圖5－149）。

(5)向右撤左腳，左轉身，棍向左上掃，棍運行至身體前上方（圖5－150）。

(6)左轉身180度，棍在頭頂斜掃一周後向左下劈擊，同時微左轉身，棍運行至左後方（圖5－151）。

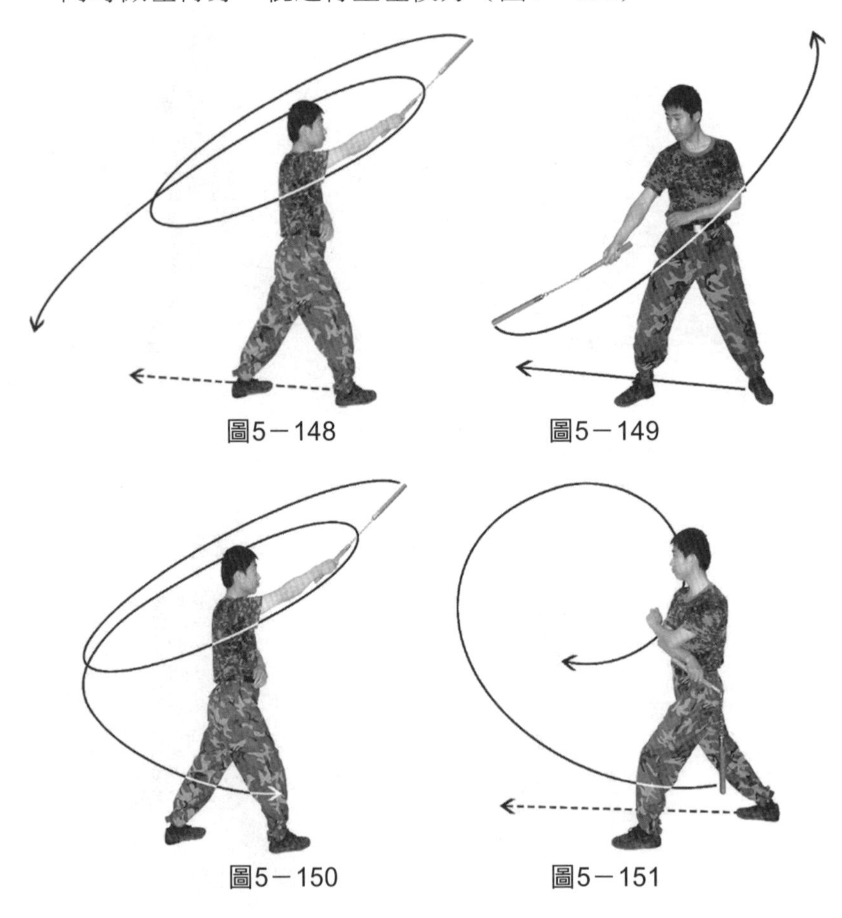

圖5－148 圖5－149

圖5－150 圖5－151

(7)上右腳，向右上撩棍，右臂卸力停棍，成右挎棍姿勢收棍（圖5－152）。

19.二龍取珠

擂棍。雙棍前戳，收回，擂棍。

【技法特色】這是一種雙棍戳擊的技法，簡單實用。

【動作要領】平時可練習戳擊沙袋，要求力達棍端。

【圖譜詳解】

(1)雙手握棍成擂棍姿勢（圖5－153）。

(2)雙手持棍向前戳擊（圖5－154）。

(3)收回，成擂棍姿勢收棍（圖5－153）。

20.二娘舞劍

挎棍（右腳前）。上左腳，同時左下劈，左立圓，右轉身90度，前立圓，微右轉，後繞弧變左掃，左腰反彈，右轉身180度，同時頭上反掃一周，右轉90度，右下劈，右後下繞弧上撩，挎棍。

【技法特色】技法舒展大方，有很強的觀賞性，適合於表演場合。

圖5－152　圖5－153　圖5－154

【動作要領】技術難點是豎掄變橫掃，需反覆練習。

【圖譜詳解】

(1)右腳在前成右挎棍姿勢（圖5－155）。

(2)上左腳，同時右手持棍向左下劈棍，棍運行至左後方（圖5－156）。

(3)棍繼續向上、向前、向右、向下運行，上身右轉，棍順勢在體前成左右方向立圓一周，棍運行至右側下方（圖5－157）。

(4)棍向上運行至右側上方（圖5－158）。

(5)右手運棍在右後繞弧，使棍由立掄變為平掃，當棍運行至左腰側時，左腰卸力反彈（圖5－159）。

(6)左腳向右上步，棍向右上掃，右轉身180度，棍運行至左上方（圖5－160）。

(7)身體繼續向右轉，同時使棍在頭頂平掃一周後向右下劈擊，棍運行至右下方（圖5－161）。

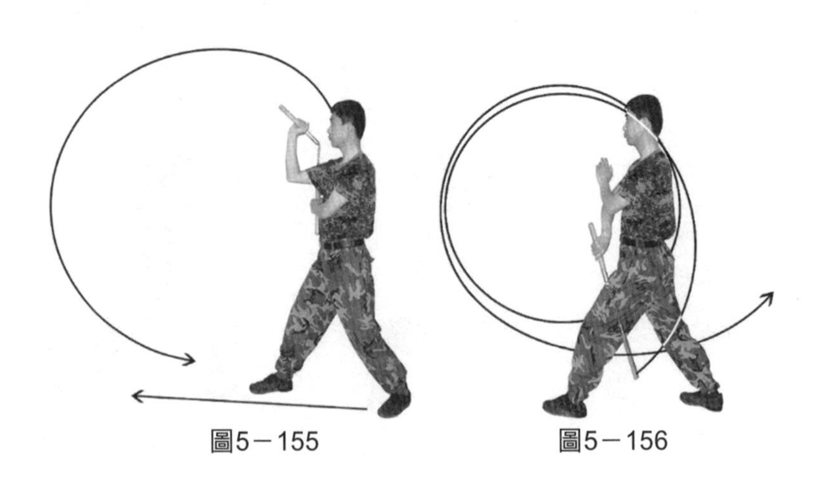

圖5－155　圖5－156

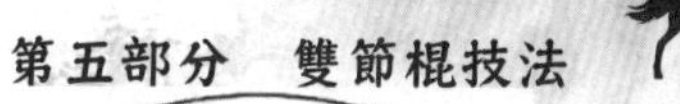

圖5－157

圖5－158

圖5－159

圖5－160

圖5－161

(8)棍繼續向右後運行，繞弧由平掃變上撩，成右挎棍姿勢收棍（圖5－162）。

21.翻雲覆雨

搭棍。向下運棍，鬆開手中棍，鏈過腕部，反把抓握另一棍，懸棍，向上運棍，鬆開手中棍，鏈過腕部，正把抓握原來的棍，搭棍。

【技法特色】這是技巧性動作，用於表演。也可在實戰時用來進行同手換把。

【動作要領】初學者在換把時容易掉棍，要勤加練習以增強手感。要求換把抓握準確，兩棍連續繞轉。

【圖譜詳解】

(1)右腳在前，右手陽把握棍，成右搭棍姿勢（圖5－163）。

(2)右手向前下運棍，鬆右手，右手變掌，虎口向左，掌心向下，使棍鏈過手背，原來的游離棍運行至身體前下方（圖5－164）。

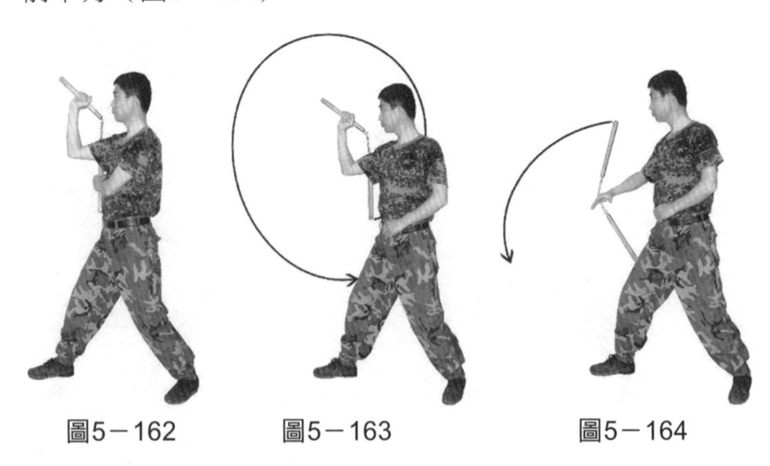

圖5－162　圖5－163　圖5－164

(3)棍繞手背繼續運轉，右手順勢陰把抓握下方原來的游離棍，另一棍運行至前下方成為游離棍（圖5－165）。

(4)棍繼續向右後運行，待運行到右後，向前向上運棍，鬆右手，右手變掌，虎口向左，掌心向上，使棍鏈過手背，原來的游離棍運行至前上方（圖5－166）。

(5)棍繞手背繼續運轉，右手順勢陽把抓握上方原來的游離棍，另一棍運行至前方成為游離棍（圖5－167）。

(6)棍繼續向上向後運行，右臂停棍，成右搭棍姿勢收棍（圖5－168）。

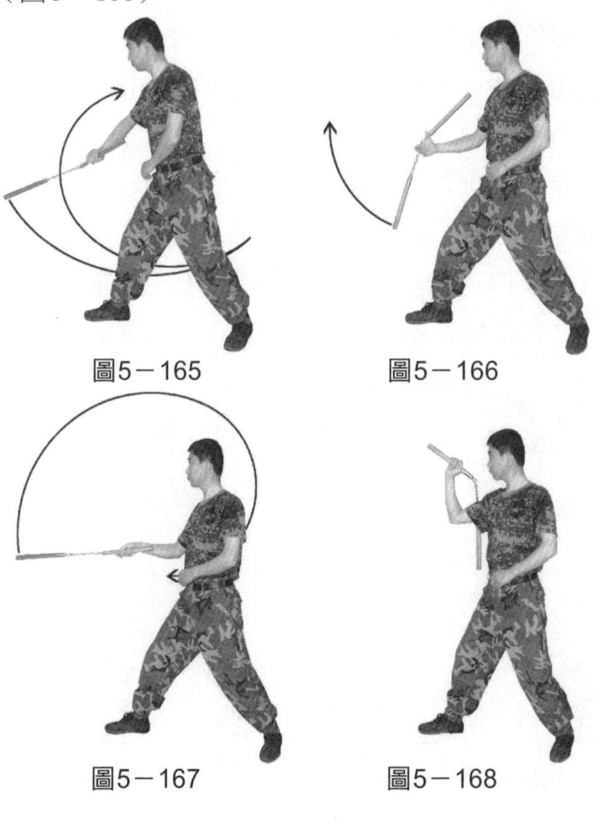

圖5－165　圖5－166

圖5－167　圖5－168

22.反揮琵琶

探棍。右轉身180度，同時右後掃，搭棍，前劈，臂內側反彈，撤右腳，右後轉180度，轉體過程中上撩，扛棍，前劈，夾棍。

【技法特色】此技法主要訓練轉身過程中的上臂反彈技巧，也可用於實戰中的群戰。

【動作要領】上臂反彈與轉體協調配合，不能脫節。

【圖譜詳解】

(1)左腳在前，右手陽把握棍，另一棍架於左手虎口之上，左臂前伸成探棍姿勢（圖5－169）。

(2)鬆左手，運棍右後掃，右轉身180度，棍運行至身體前上方（圖5－170）。

(3)棍繼續向右、向後運行，當棍運行至右後方時，右上臂卸力停棍，瞬間成右搭棍姿勢（圖5－171）。

(4)向前下運棍，使棍從後側向上、向前、向下、向後運行，當棍運行至右上臂下方時，右上臂內側卸力反彈

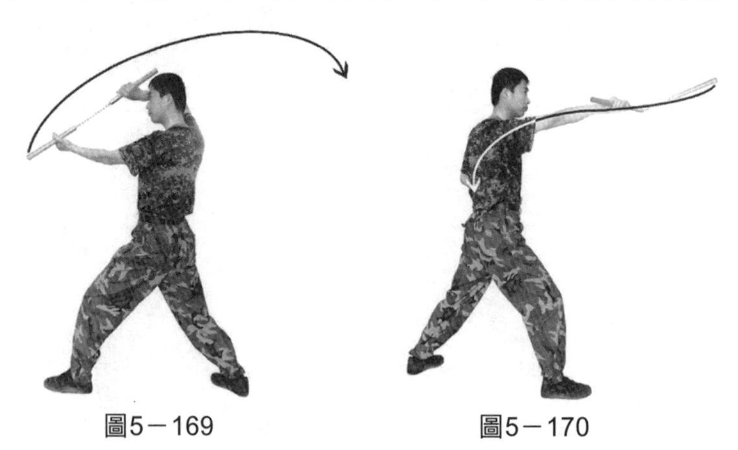

圖5－169　圖5－170

（圖5－172）。

(5)棍向下、向前、向上、向後運行，同時撤右腳向右轉身，棍運行至右前上方（圖5－173）。

(6)棍繼續向後、向下運行，右轉身，當棍運行至右後方時，右肩背卸力反彈（圖5－174）。

(7)棍向前向下運行，右腋接棍，成右夾棍姿勢收棍（圖5－175）。

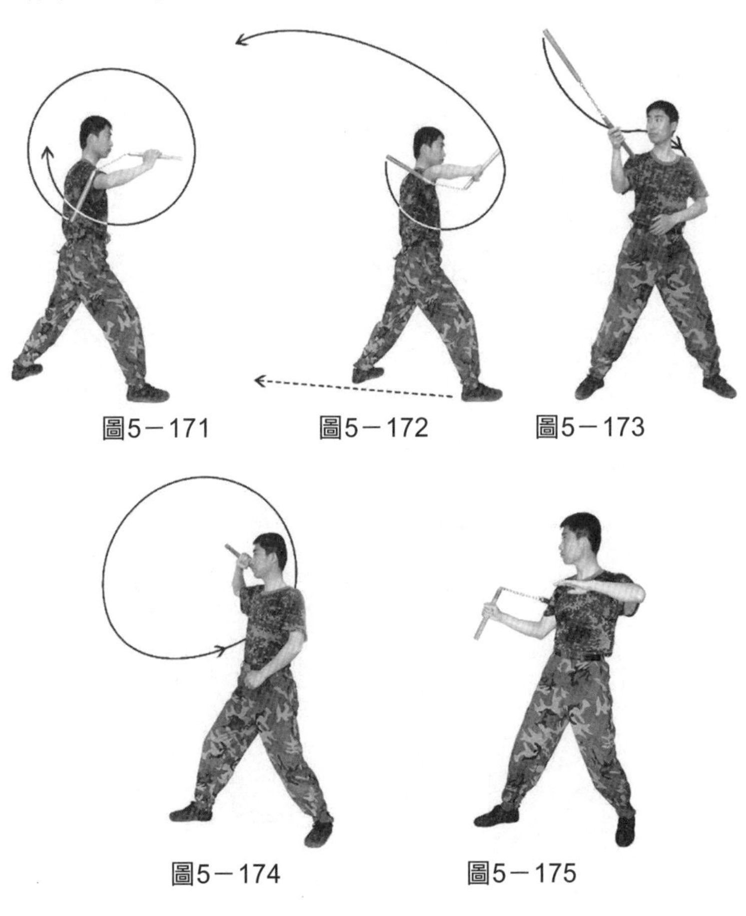

圖5－171　圖5－172　圖5－173

圖5－174　圖5－175

23.飛鳥歸巢

懸棍。帶棍，使游離棍從上向下落（或從下向上靠），疊棍。

【技法特色】這是一個收棍動作，屬於基本技巧。

【動作要領】將游離棍蕩起後收棍，收棍要打開手掌，防止棍砸傷手指。

【圖譜詳解】

(1)右腳在前，成右側懸棍姿勢（圖5－176）。

(2)右手持棍向上撩，腕部用力，使棍運行至身前上方（圖5－177）。

(3)棍向下落，打開手掌，掌心朝上，成疊棍姿勢收棍（圖5－178）。

(4)右腳在前，成右側懸棍姿勢（圖5－179）。

(5)右手持棍向上提，腕部用力，使棍運行至身前下方（圖5－180）。

(6)棍繼續向上靠，打開手掌，掌心朝下，成疊棍姿勢收棍（圖5－181）。

圖5－176　　圖5－177

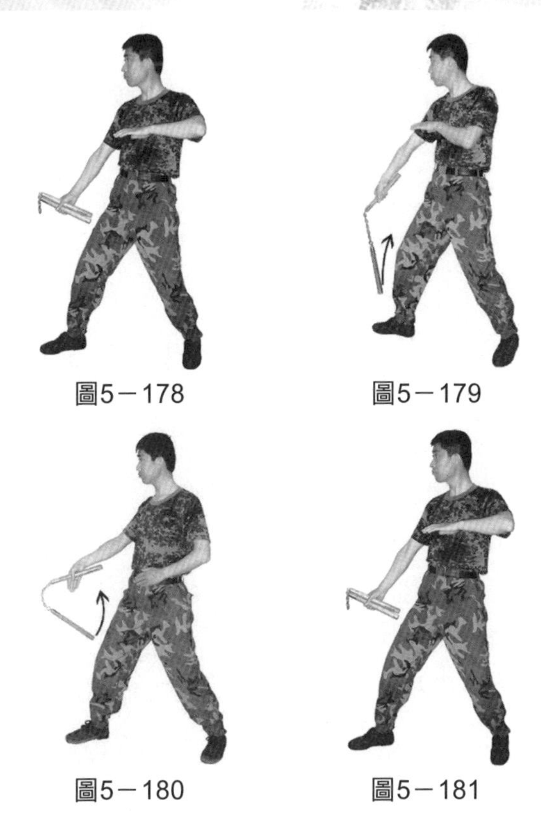

圖5－178　圖5－179

圖5－180　圖5－181

24.飛天攬月

夾棍。右上方立圓，夾棍，右下劈，懸棍（或左下劈拉棍）。

【技法特色】這是一個具有迷惑性的進攻技法。右上方立圓是迷惑性動作，劈擊是攻擊動作。

【動作要領】右上方運棍結束後的夾棍動作是瞬間動作，不要停留，也就是右下劈動作要迅速，不要事先暴露劈擊意圖。

【圖譜詳解】

(1)右腳在前，右手陽把握棍，成右側夾棍姿勢（圖5－182）。

(2)右手向右上方運棍，使棍從右腋下抽出後向右上方甩出，棍運行至右上方（圖5－183）。

(3)棍在右上方小立圓運行一周，棍繼續向下運行，當棍運行至右腋下，右腋接棍，瞬間成右夾棍姿勢（圖5－184）。

(4)向前下劈棍，使棍先向前上再向前下運行，當棍運行至右下方時，成懸棍姿勢收棍（圖5－185）。

(5)（上接圖5－183）棍在右上方立圓運行一周，棍繼續向下運行，當棍運行至右腋下，右腋接棍，瞬間成右夾棍姿勢（圖5－186）。

(6)向左下劈棍，使棍先向右上再向左下運行，當棍運行至左側時，左手陽把接棍，成拉棍姿勢收棍（圖5－187）。

圖5－182

圖5－183

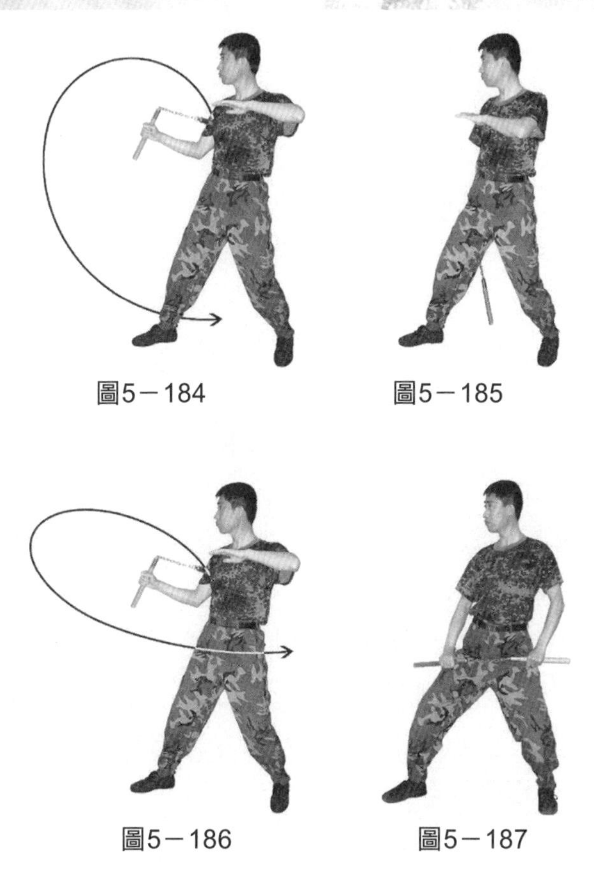

圖5－184　圖5－185

圖5－186　圖5－187

25.風擺荷葉

夾棍。扛棍，左下劈，腰反彈，扛棍，左腳配合左轉身一周，頭上掃棍一周，腰反彈，右腳配合右轉身一周，頭上反向掃棍一周，右下劈，回棍，抱棍。

【**技法特色**】此技法主要訓練腰反彈加頭上平掃，是基本技法。

【**動作要領**】掃棍與轉體協調配合，不能脫節。

【圖譜詳解】

(1)右腳在前，右手陽把持棍，成右夾棍姿勢（圖5－188）。

(2)右手持棍向前上撩擊，使棍向前、向上、向後運行，當棍運行至右後時，右肩背卸力停棍，瞬間成右扛棍姿勢（圖5－189）。

(3)向左下劈棍，棍運行至左側，左腰卸力反彈（圖5－190）。

(4)右上撩棍，右肩背卸力停棍，瞬間成右扛棍姿勢（圖5－191）。

(5)左腳向右插步，同時左轉身180度，右手運棍向左上平掃，棍運行至左上方（圖5－192）。

(6)繼續左轉身180度，棍在頭頂繼續平掃一周後向左下落，棍運行至身體左側，左腰卸力反彈（圖5－193）。

(7)右手運棍向右上掃，同時右腳向左插步，右轉身180度，使棍運行至左上方（圖5－194）。

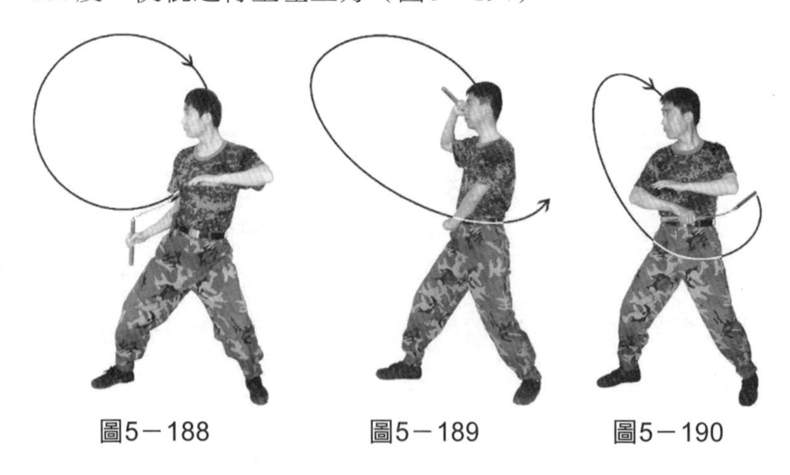

圖5－188　　圖5－189　　圖5－190

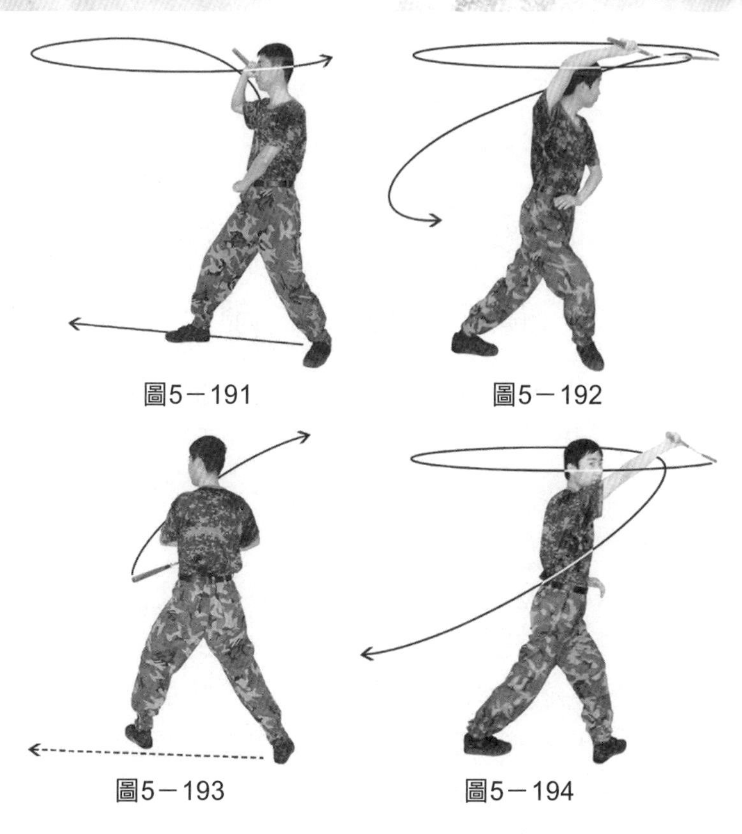

圖5－191　　圖5－192

圖5－193　　圖5－194

(8)繼續右轉身180度，棍在頭頂繼續平掃一周後向右下落，棍運行至身體右前下方（圖5－195）。

(9)棍繼續向右、向後掃，至右後時自然停棍，向左上回撩，左手陰把接棍，成抱棍姿勢收棍（圖5－196）。

26.風火行空

右搭棍。立圓，用腋下帶棍至左側，左手手心向前、虎口向上，在左臂上正把接游離棍，成挎棍的瞬間鬆開右手棍，順勢立圓，用腋下帶棍至右側，右手手心向外、虎

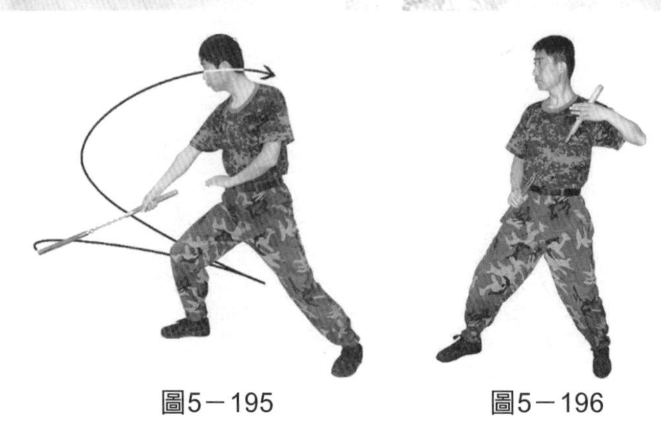

圖5－195　　圖5－196

口向上，在右臂上正把接游離棍，成挎棍的瞬間鬆開左手，搭棍或順勢立圓反覆。

【技法特色】這是一個很有表演價值的技法，舞起來好似車輪滾滾。但此技法實戰價值不大。

【動作要領】換把接棍要準確到位，手接棍和另一手鬆開幾乎同時完成，不要有停滯感。初學棍者要注意防棍擊傷頭部，最好使用泡棉雙節棍。

【圖譜詳解】

(1)右腳在前，右手陽把握棍，成右搭棍姿勢（圖5－197）。

(2)右手持棍向前向下運棍，棍走立圓一周，棍繼續沿著圓周軌跡運行，待棍運行至右下時，上身左轉成左右開立式，棍在身體後方繼續向左、向上、向右運行，運行至右後上方，棍鏈緊貼右腋（圖5－198）。

(3)用右腋向下帶棍，棍向右、向下運行，右轉身，使棍從左臂下方向後、向上運行，棍運行至頭左側時，左

手手心向前、虎口向上，在左臂上方陽把接握游離棍，瞬間成左挎棍姿勢（圖5－199）。

(4)鬆開右手，左手持棍向前向下運棍，棍走立圓一周，左腳上步，棍繼續沿著圓周軌跡運行，待棍運行至左下時，上身右轉成左右開立式，棍在身體後方繼續向右、向上、向左運行，運行至左後上方，棍鏈緊貼左腋（圖5－200）。

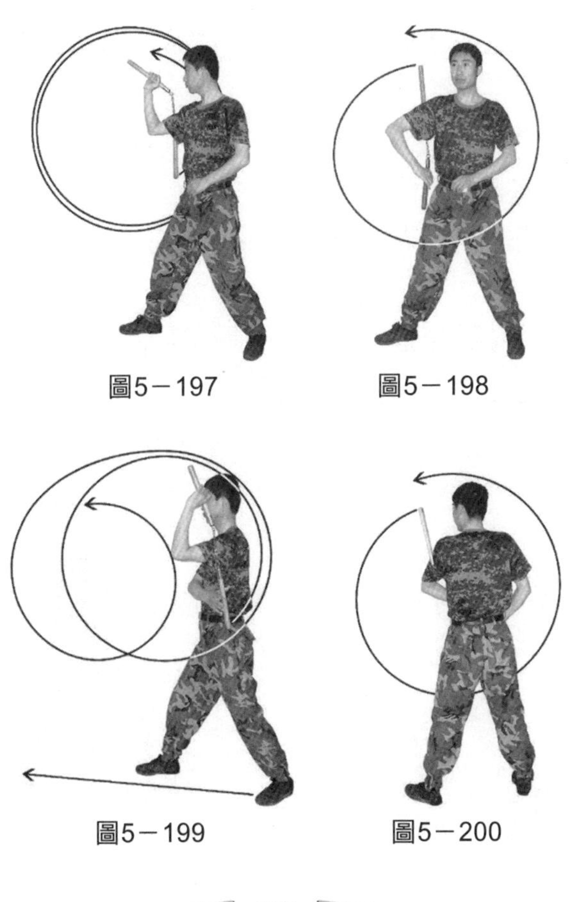

圖5－197　圖5－198

圖5－199　圖5－200

(5)用左腋向下帶棍，棍向左、向下運行，左轉身，使棍從右臂下方向後、向上運行，棍運行至頭右側時，右手手心向前、虎口向上，在右臂上方陽把接握游離棍，成右挎棍姿勢收棍（圖5－201）。

27.風捲殘雲

挎棍。正「∞」，右立圓，腕內旋左帶，左轉身180度，撤左腳，同時上撩繞弧，左下劈，同時左轉身180度，左腰卸力，右手抖腕上提，左手反把接棍，探棍。

【技法特色】阻擊正面敵人之後，給身後的敵人以重創。

【動作要領】左下劈動作要配合轉身。

【圖譜詳解】

(1)右腳在前，雙手陽把握棍，成右挎棍姿勢（圖5－202）。

(2)右手持棍向前運棍，棍運行到前方，接著在體前做正「∞」形運棍，使棍運行至正前方（圖5－203）。

圖5－201

圖5－202

(3)棍繼續向下運行，順勢走立圓一周，棍運行至前下方（圖5－204）。

(4)棍繼續向左後運行，左轉身同時左腳後撤一步，棍在右側向前、向上運行至右上方（圖5－205）。

(5)在右上方運棍繞弧，使棍變為橫掃，左轉身180度，棍繼續向左下掃劈，棍運行至左側時，左腰卸力反彈（圖5－206）。

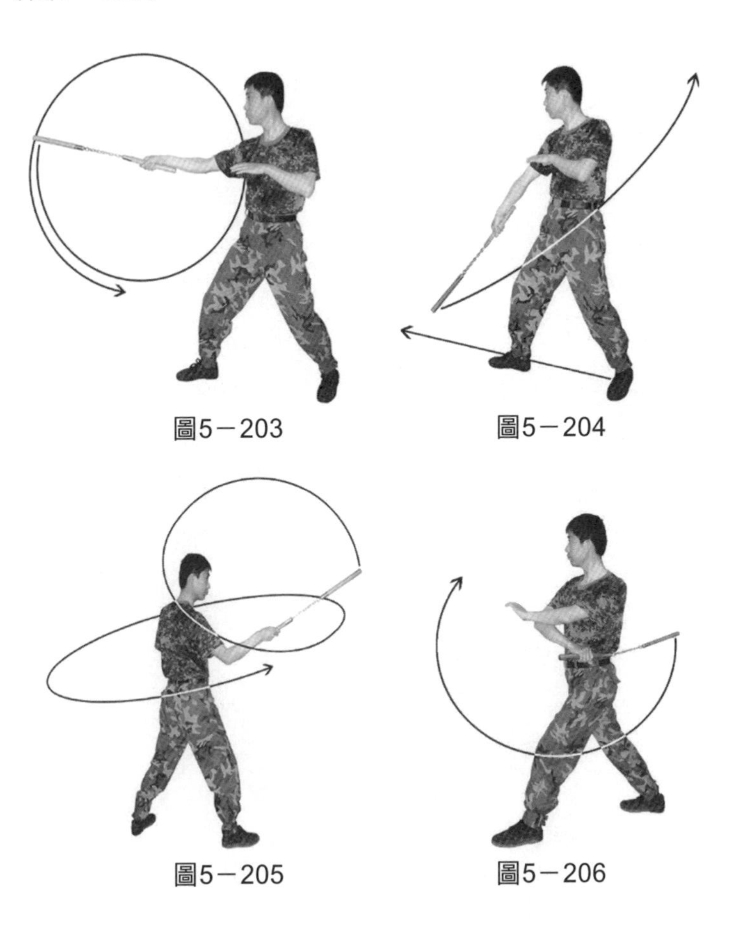

圖5－203　圖5－204

圖5－205　圖5－206

(6)右手抖腕上提，使棍向下、向前、向上運行，運行至身前時，左手陰把接棍（圖5－207）。

(7)右臂上抬，左臂前伸，成探棍姿勢收棍（圖5－208）。

28.風掃梅花

左右開立夾棍。搭棍，左腰反彈，右腰卸力，搭棍，左轉90度，上步；同時，前掃並使游離棍在胳膊下旋擺一周，左轉180度；同時，棍在頭頂旋轉兩周。在頭頂旋轉的過程中，鏈過腕部及手背，換把反握，左腳插步，順勢左下掃，左側懸棍，左手護右臂上方。

【技法特色】用於鍛鍊控棍能力，也可用於表演，具有觀賞性。

【動作要領】技術難點為頭頂上方的攬棍換把，要勤加練習以增強手感。初學者容易掉棍，注意保護頭部。要求換把抓握準確，兩棍連續繞轉。

【圖譜詳解】

(1)左右開立，右手陽把持棍，成右夾棍姿勢（圖5－209）。

圖5－207

圖5－208

(2)右手持棍向前上運棍，使棍向前、向上、向後運行，當運行至右後時，右上臂停棍，瞬間成右搭棍姿勢（圖5－210）。

(3)向左下運棍，棍運行至左側，左腰卸力反彈（圖5－211）。

(4)運棍右掃，棍運行至右側，右腰卸力停棍（圖5－212）。

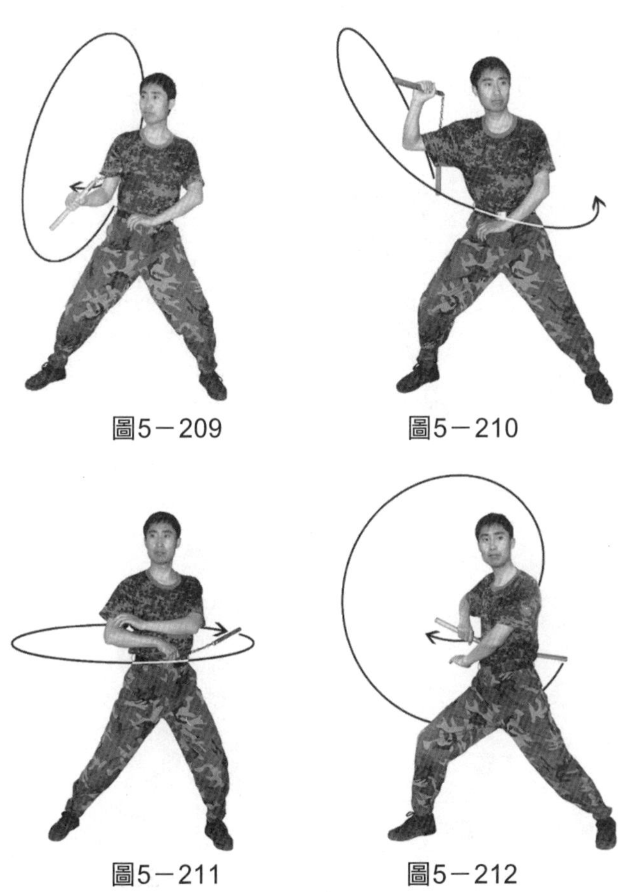

圖5－209　圖5－210

圖5－211　圖5－212

(5)右手持棍向前上運棍，使棍向前、向上、向後運行，當運行至右後時，右上臂停棍，瞬間成右搭棍姿勢（圖5－213）。

(6)左轉身90度，向左帶棍，右腳向前上步，左轉身90度，使棍運行至右側（圖5－214）。

(7)運棍使游離棍在右臂下以小平圓運行一周，然後繼續使棍向左上掃，運行至左上方（圖5－215）。

(8)棍向後、向右運行，左腳向右後插步，鬆開右手，手掌伸直，使棍鏈向手背貼靠（圖5－216）。

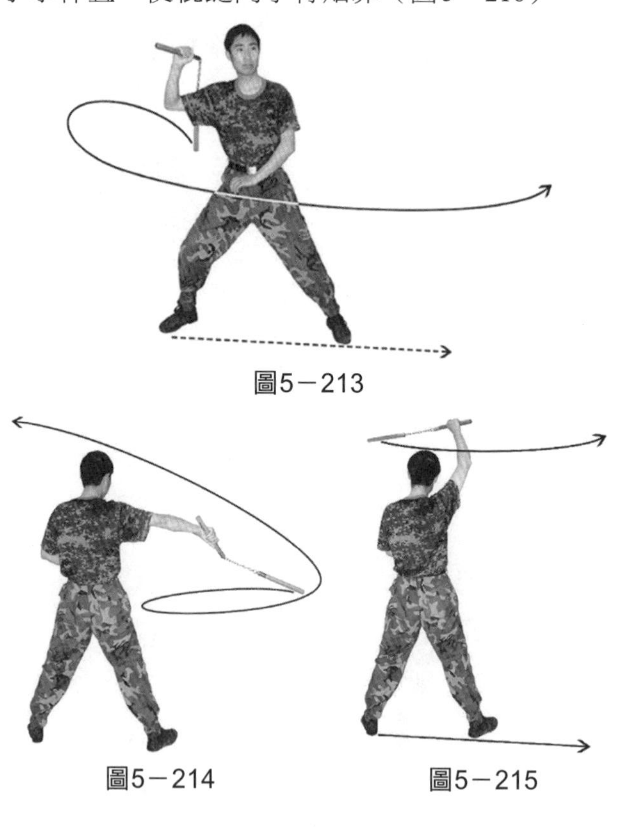

圖5－213

圖5－214

圖5－215

圖5－216

圖5－217

圖5－218

(9)攪動手臂，兩棍節繞右手的腕部運轉，右手陰把抓握右側的棍（原來的游離棍），左側的棍運行至右上方（圖5－217）。

(10)左轉身，右手陰把持棍向左下掃，棍運行至左側，左腰卸力停棍，成懸棍姿勢收棍（圖5－218）。

29.峰迴路轉

右腳在前夾棍。右掃，繞弧下劈，同時右腳後撤一大步，自然回棍上撩，繞弧左掃，腰反彈，右轉身180度，棍帶到右側繞弧斜圓右下劈，自然回棍，左掃接頭頂一周，同時左轉身180度，左腳撤一大步，左下劈，前撩，左手接棍，變探棍式。

【技法特色】用於攻擊圍攻之敵。

【動作要領】要求掌握橫豎變換的技巧；注意身法和步法的配合。

【圖譜詳解】

(1)右腳在前，成右夾棍姿勢（圖5－219）。

(2)右臂向外擺，棍向右運行，繞弧變前下劈，棍運行至前方（圖5－220）。

(3)棍繼續向下運行，運行至前下方（圖5－221）。

(4)棍向下運行，右腳後撤一步，棍運行至最下方時，上撩棍，棍向前、向上、向後運行，運棍繞弧變橫掃，棍向前、向左運行，左腰卸力反彈（圖5－222）。

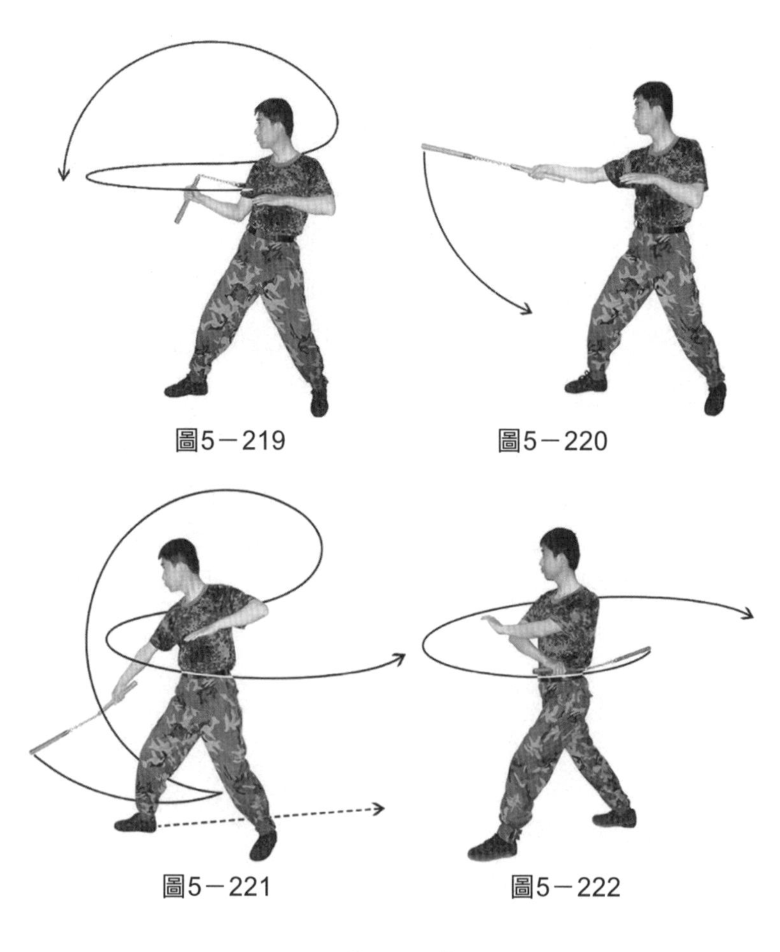

圖5－219 圖5－220

圖5－221 圖5－222

(5)右轉身180度，棍右掃，棍運行至前方（圖5－223）。

圖5－223

(6)棍繼續向右下、向後、向左上、向右下沿斜圓軌跡運行一周，棍運行至右前下方（圖5－224）。

(7)上撩棍，運棍在右上方繞弧變橫掃，棍向左運行，左轉身，左腳後撤一步，棍繼續向左下掃，棍運行至左下方（圖5－225）。

(8)右手抖腕上提，腕部用力，使棍向前、向上運行，運行至身前時，左手陰把接棍（圖5－226）。

(9)右臂上抬，左臂前伸，同時左腳前邁一步，成探棍姿勢收棍（圖5－227）。

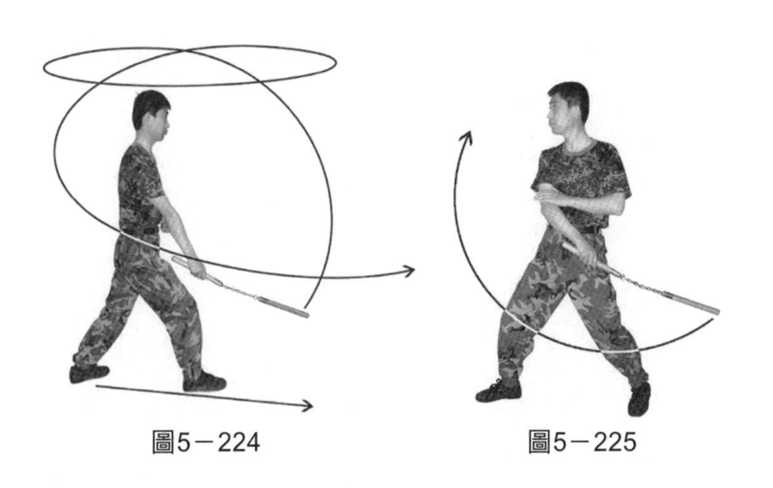

圖5－224　　圖5－225

圖5－226

圖5－227

30.改頭換面

挎棍。左下劈，腰反彈，同時左手反把接右手棍，右掃，腰反彈，左上斜撩，左挎棍，右手持棍右上斜撩，挎棍，左下劈，拉棍。

【技法特色】這是一個殺傷力很強的技法。同把換手迷惑敵人，緊跟兩個緊湊的撩擊，再補上狠狠的一劈，瞬間解除敵人戰鬥力。

【動作要領】同把換手要乾淨俐落，兩次撩擊和劈擊要緊隨，不要停頓。

【圖譜詳解】

(1)右腳在前，右手陽把持棍，成右挎棍姿勢（圖5－228）。

(2)右手持棍向左下運棍，當棍運行至左側時，左腰卸力反彈，同時左手陰把抓握右手棍（圖5－229）。

(3)左手陰把持棍右掃，棍運行至右側時，右腰卸力停棍（圖5－230）。

(4)左手持棍左上撩，棍搭左臂，右手在左腋下陽把抓握另一棍，瞬間成左挎棍姿勢（圖5－231）。

(5)鬆開左手，右手持棍右上撩，棍搭右臂，左手在右腋下陽把抓握另一棍，瞬間成右挎棍姿勢（圖5－232）。

(6)鬆開左手，右手持棍向左下劈，當棍運行至左側時，左手陽把抓握游離棍，成前拉棍姿勢收棍（圖5－233）。

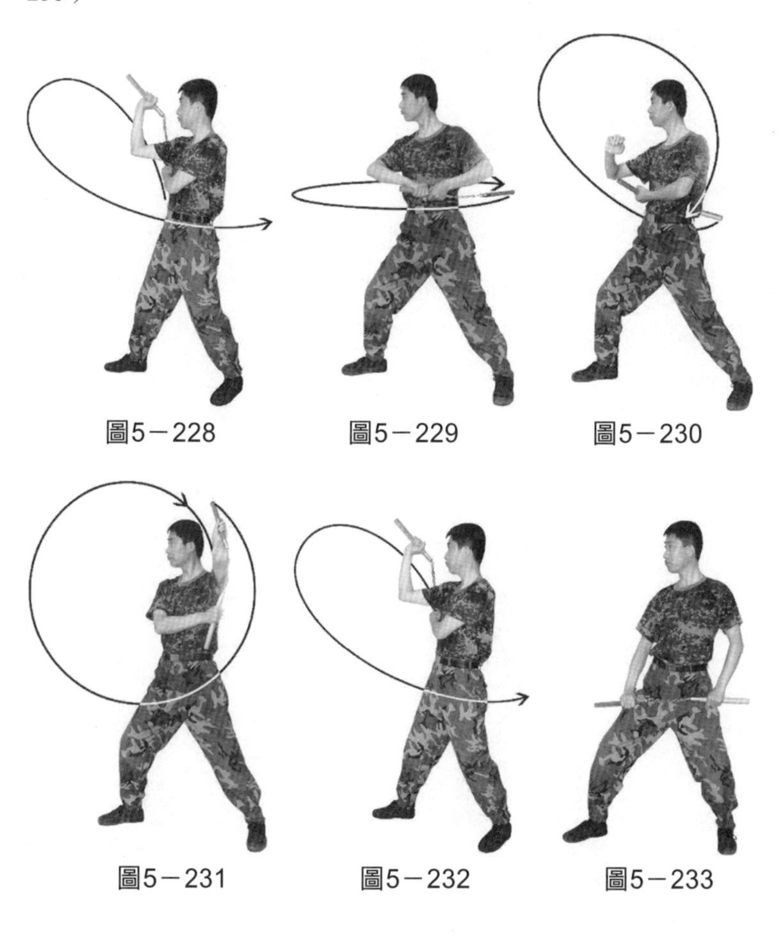

圖5－228　圖5－229　圖5－230

圖5－231　圖5－232　圖5－233

31.古樹盤根

左側拖棍。右上撩，搭棍，左下掃的同時左腿左上踢擺，棍走左腿下，左腳落地，右腳向左上踢擺，棍走右腿下，並向左旋轉180度，右腳落地（也可在左腳下落時右腳登離地面踢擺而身體騰空），棍從腿下掃出，左側拖棍。

【技法特色】這是一個襠下掃棍的技法，實戰意義不大，具有表演價值。

【動作要領】掃棍要與擺腿協調，防止棍傷及腿部。

【圖譜詳解】

(1)左腳在前，雙手於左側陽把握棍，成左拖棍姿勢（圖5－234）。

(2)鬆左手右腳上步，同時右手向右上運棍，使棍從左後向前、向右上、向後運行至右臂後側，右上臂卸力停棍，瞬間成右搭棍姿勢（圖5－235）。

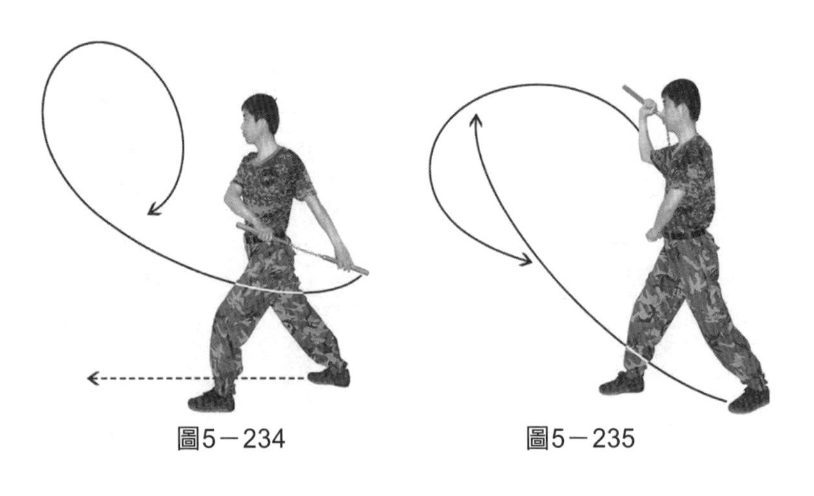

圖5－234　圖5－235

(3)右手持棍向左下掃，左腿左上踢擺，棍走左腿下運行至左側，棍鏈緊貼左腿（圖5－236）。

(4)身體左轉，左腿繼續向左外擺並下落，左腳落地，棍向左、向後掃至身體後側（圖5－237）。

(5)右腳向左上踢擺裡合，向左轉身180度，棍走右腿下繼續平掃，棍掃一周後運行至右側（圖5－238）。

(6)右腳落地，棍從右腿下掃出，當棍運行至左側時，左手陽把接棍，成左側拖棍姿勢收棍（圖5－239）。

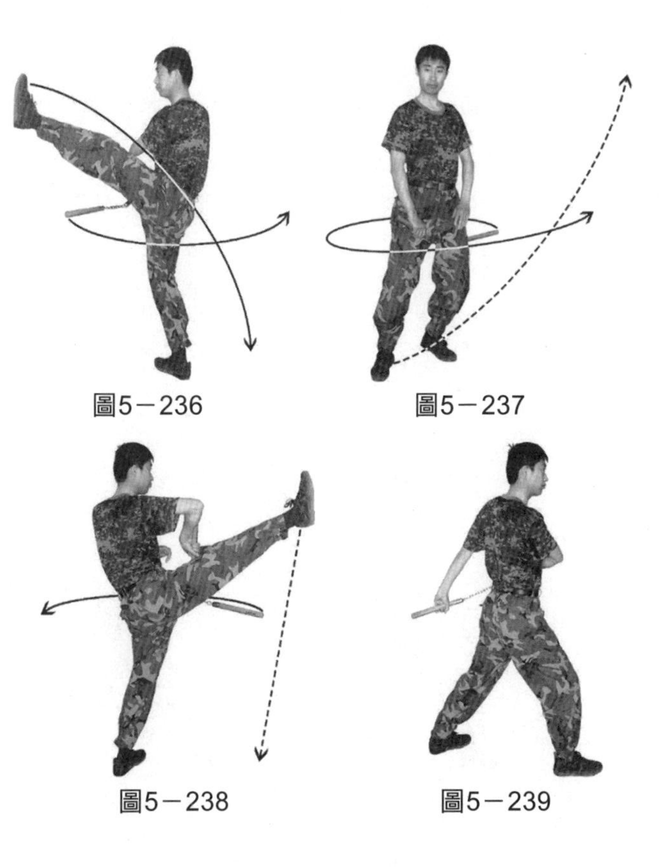

圖5－236　圖5－237

圖5－238　圖5－239

32.裹頭藏頭

懸棍。左上撩，左扛棍，左轉身180度，裹棍，左下劈，拉棍。

【技法特色】前後受敵，採用聲東擊西戰術，先撩擊前面敵人，然後以迅雷之勢劈擊身後敵人。

【動作要領】轉身與劈擊同時進行，不給身後敵人反應時間。

【圖譜詳解】

(1)右腳在前，右手陽把握棍，成右側懸棍姿勢（圖5－240）。

(2)右手持棍向左上運棍，左肩背卸力停棍，瞬間成左扛棍姿勢（圖5－241）。

(3)左轉身180度，右手持棍做纏頭動做，瞬間成裹棍姿勢（圖5－242）。

(4)運棍向左下劈擊，使棍從後側下方向上、向前、向左下運行，當棍運行至左側時，左手陽把接棍，成前拉棍姿勢收棍（圖5－243）。

圖5－240

圖5－241

33.過關斬將

疊棍。鬆開一棍上撩，上臂外側反彈，前劈，右腿內側反彈，上撩，上臂外側反彈，上臂內側反彈，疊棍。

【技法特色】這一動作具有重要的訓練意義，主要用來訓練上臂內外側反彈、腿內側反彈、疊棍發棍以及疊棍收棍。

【動作要領】手臂及腿迎棍要柔和，反彈時給棍以加速的力。疊棍發棍不要脫棍，疊棍收棍要打開手掌，防止棍砸傷手指。

【圖譜詳解】

(1)右腳在前，右手陽把持棍，成疊棍姿勢（圖5－244）。

(2)右手鬆開一個棍節，向前向上運棍，使棍向前、向上、向後運行，當運行至右臂後側時，上臂外側卸力反彈（圖5－245）。

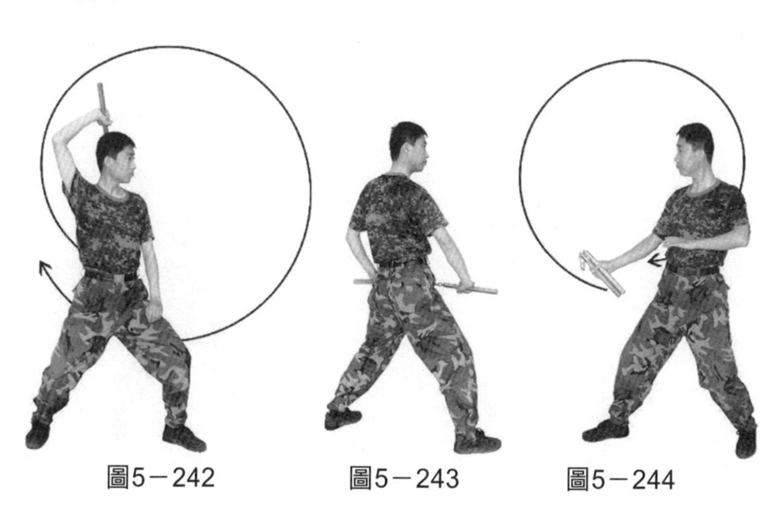

圖5－242　圖5－243　圖5－244

(3)右手向前下運棍，使棍從後側向上、向前、向下運行，當棍運行至前下方時，右腿內側卸力反彈（圖5－246）。

(4)右手運棍上撩，使棍向前、向上、向後運行，當運行至右臂後側時，上臂外側卸力反彈（圖5－247）。

(5)棍從後側向上、向前、向下運行，當棍運行至右臂下方時，上臂內側卸力反彈（圖5－248）。

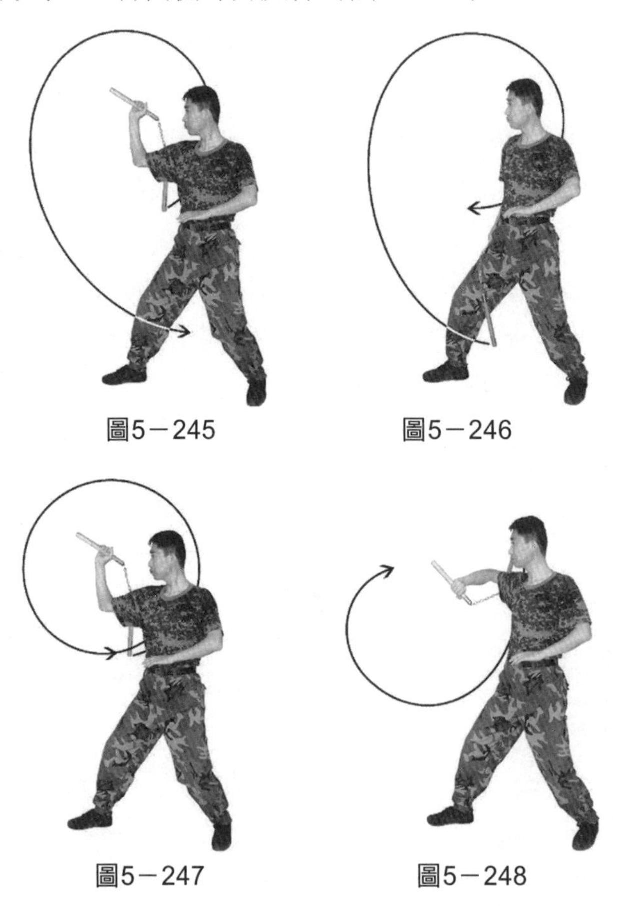

圖5－245　圖5－246

圖5－247　圖5－248

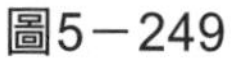

圖5－249　　圖5－250

(6)右手持棍向前上撩棍，使棍由後側向下、向前、向上運行，棍運行至前上方（圖5－249）。

(7)棍下落，打開右手接棍，成疊棍姿勢收棍（圖5－250）。

34.海底撈月

抱棍。右下劈，停棍，反向左傾斜小立圓，左上撩，左扛棍，右下劈，立圓，後拉棍。

【技法特色】這是一個劈擊和撩擊組合的棍法，為了加大撩擊力度，採用小立圓運棍蓄力，這是本技法的最大特色。

【動作要領】注意各動作之間的自然銜接，做到迅猛連貫。

【圖譜詳解】

(1)右腳在前，右手陽把握棍於右下，左手陰把擎棍于左上，成抱棍的持棍姿勢（圖5－251）。

(2)鬆開左手，右手持棍向右下劈擊，棍由左上運行至右前下方（圖5－252）。

(3)棍繼續向右下運行，右手控棍停棍，反向運棍，棍走立圓（立圓所在平面略傾斜，上面偏左，下面偏右），棍運行至前方（圖5－253）。

(4)棍繼續向左上、左後運行，當棍運行至左後方時，左肩背卸力停棍，瞬間成左扛棍姿勢（圖5－254）。

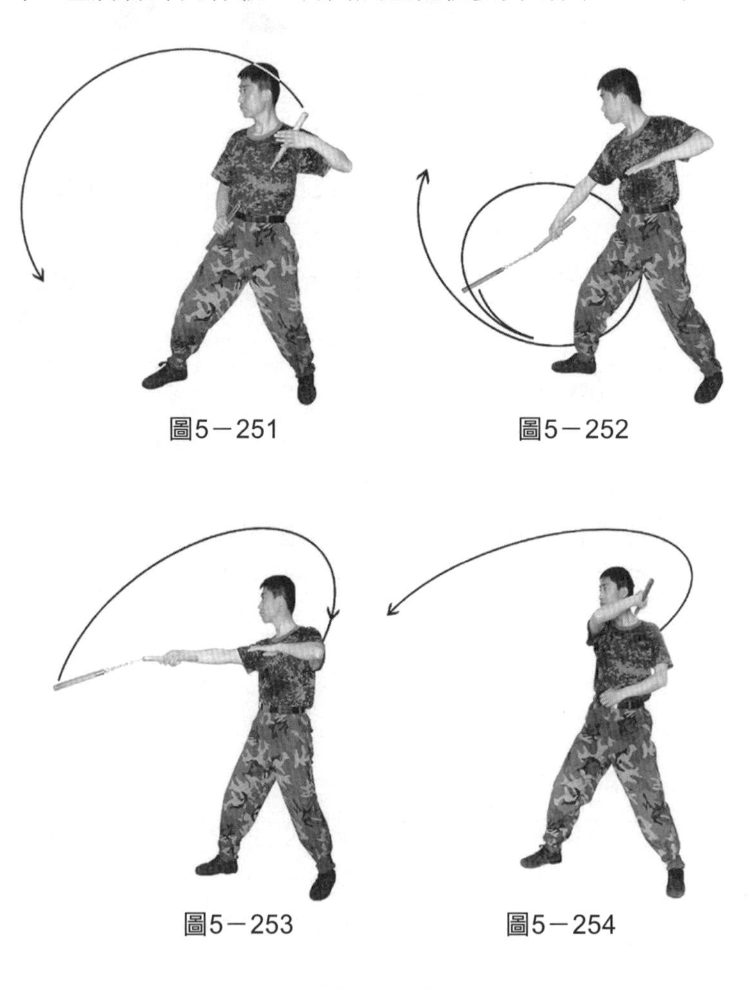

圖5－251 圖5－252

圖5－253 圖5－254

圖5－255

圖5－256

(5)右手運棍向右下劈，使棍從後側向上、向前運行，棍運行至身體的前方（圖5－255）。

(6)棍在右側繼續沿立圓軌跡運行一周，接著棍向右下運行，向左轉身，使棍在身後繼續向左側運行，當棍運行至左後側時，左手在左腰側陽把接棍，成後拉棍的姿勢收棍（圖5－256）。

35.猴子摘桃

挎棍。前下運棍，左手在右腋前反把接棍，鬆右手，棍或掃或劈或撩，自然回棍成搭棍，前下運棍，右手在左腋前反把接棍，鬆左手，棍或掃或劈或撩，自然回棍成搭棍，反覆。

【技法特色】殺法獨特，能讓敵在遲疑的一剎那遭到致命打擊。

【動作要領】反把接棍要準，出棍要迅速。

【圖譜詳解】

(1)右腳在前，成右挎棍姿勢（圖5－257）。

(2)鬆開左手，右手持棍向前下運棍，使棍從後側向上、向前、向下運行，當棍運行至右臂下方時，左手在右腋前陰把接棍（圖5－258）。

(3)鬆開右手，左手持棍向左下運棍，使棍由右上向左下運行，棍運行至左後下方（圖5－259）。

(4)左手陰把持棍向前上撩棍，使棍由後向前、向上、向後運行，當棍運行至左臂後側時，左上臂外側卸力停棍，瞬間成搭棍姿勢（圖5－260）。

(5)左手持棍向前下運棍，使棍從後側向上、向前、向下運行，當棍運行至左臂下時，右手在左腋前陰把接棍（圖5－261）。

(6)鬆開左手，右手持棍向右下運棍，使棍由左上向右下運行，棍運行至右後下方（圖5－262）。

圖5－257

圖5－258

圖5－259

圖5－260

圖5－261

圖5－262

(7)右手陰把持棍向上撩棍，使棍由後向前、向上、向後運行，當棍運行至右臂後側時，右上臂外側卸力停棍，成搭棍姿勢收棍（圖5－263）。

圖5－263

36.華蓋遮天

夾棍。頭上正向掃一周，左肩停棍，頭上反方向掃一周，夾棍。

後拉棍。頭上掃一周，左腰停棍，頭上反方向掃一周，後拉棍。

【技法特色】這是基礎動作，主要訓練夾棍或後拉棍情況下的頭頂掃棍動作。

【動作要領】掃棍要有力度，每次訓練可做幾組，每組可重複多次，在每組間休息幾分鐘。

【圖譜詳解】

(1)右腳在前，成右側夾棍姿勢（圖5－264）。

(2)右手運棍向左上掃，使棍向左上、向後掃至後上方（圖5－265）。

(3)棍在頭上方繼續平掃，棍向右、向前、向左運行並下落，當運行至左側時，左上臂卸力反彈（圖5－266）。

圖5－264

圖5－265

(4)向右上運棍，使棍向前、向右上運行，棍運行至前上方（圖5－267）。

(5)棍在頭上方繼續平掃，棍向後、向左、向前、向右下運行，當運行至右臂下方時，右腋接棍，成右夾棍姿勢收棍（圖5－268）。

(6)右腳在前，成後拉棍姿勢（圖5－269）。

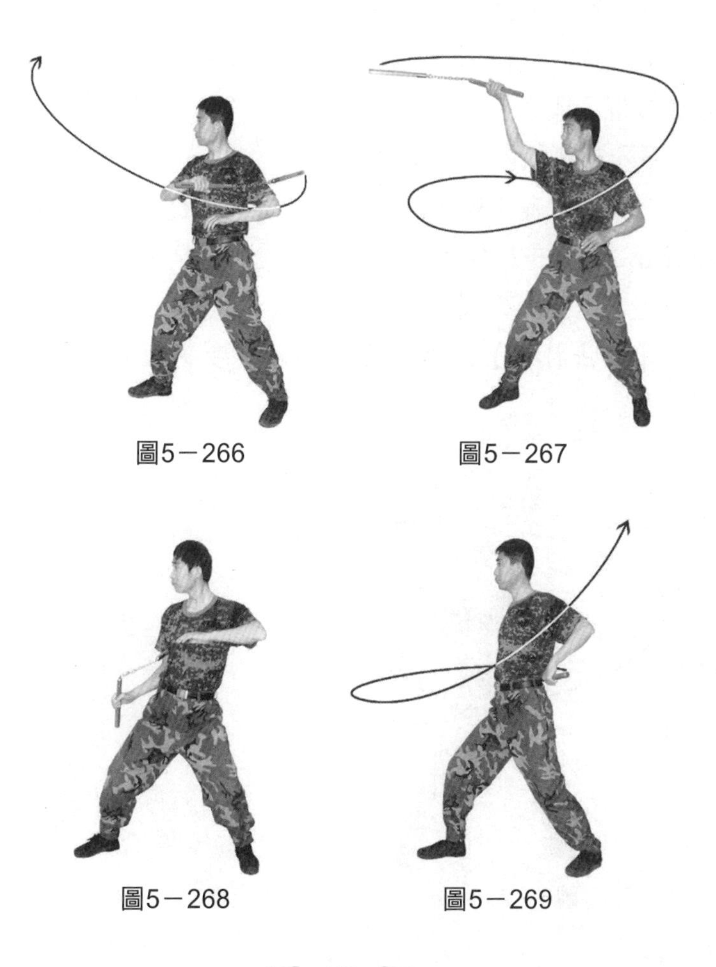

圖5－266　圖5－267

圖5－268　圖5－269

(7)右手運棍，使棍由後向右、向前、向左上、向後掃至後上方（圖5－270）。

(8)棍在頭上方繼續平掃，棍向右、向前、向左下運行，當運行至左下時，左腰卸力反彈（圖5－271）。

(9)向右上運棍，使棍向前、向右上運行，棍運行至前上方（圖5－272）。

(10)棍在頭上方繼續平掃，棍向右、向後、向左、向前、向右下、向後運行，當運行至身後左側時，左手在左腰側接棍，成後拉棍姿勢收棍（圖5－273）。

37.揮劍斬魔

右扛棍。左下劈，回棍，右扛棍，反覆。左下劈，左轉身180度，左扛棍，右下劈，回棍，左扛棍，右下劈，反覆，右立圓，夾棍。

【技法特色】這是基礎動作，主要訓練斜向劈棍動作。

圖5－270

圖5－271

【動作要領】劈棍要有力度，每次訓練可做幾組，每組可重複多次，在每組間休息幾分鐘。

【圖譜詳解】

(1)右腳在前，成右扛棍姿勢（圖5－274）。

(2)右手運棍從後側向左下劈，使棍運行至左後下方（圖5－275）。

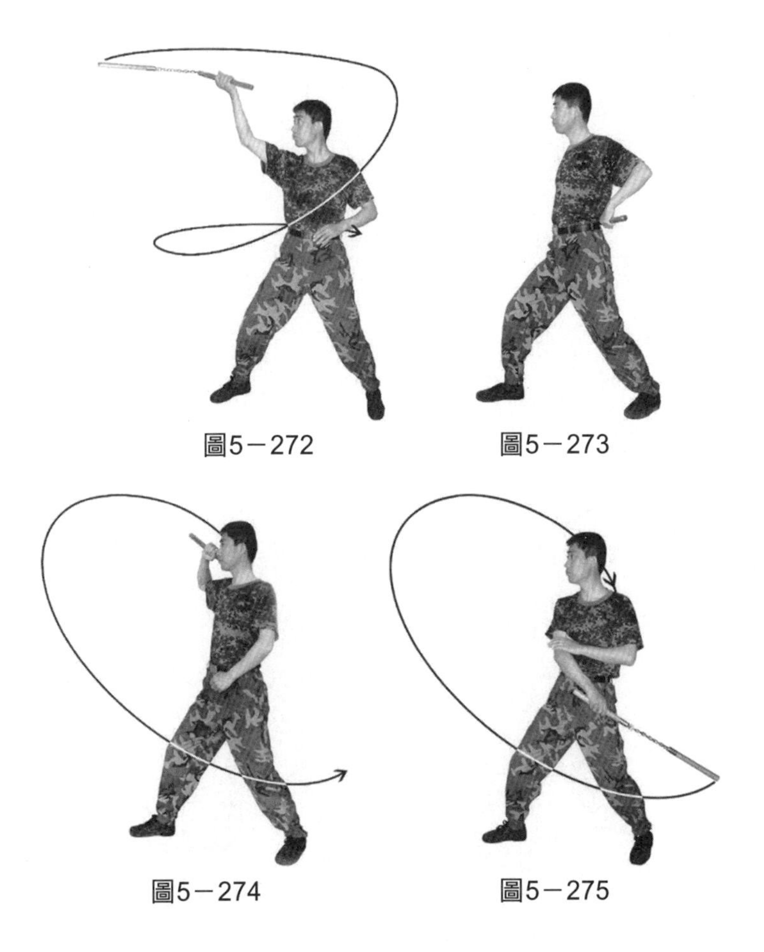

圖5－272　圖5－273

圖5－274　圖5－275

(3)右手運棍向右上撩棍，棍運行至右上方時開始向右後下落，右肩背卸力停棍，瞬間成右扛棍姿勢（圖5－276）。

(4)右手運棍從後側向左下劈，當棍運行至左下方時，左轉身180度，棍開始向左上、左後運行，左肩背卸力停棍，瞬間成左扛棍姿勢（圖5－277）。

(5)右手運棍從後側向右下劈，棍運行至前下方（圖5－278）。

(6)棍繼續向右下運行，當棍運行至右側下方時，回棍左上撩，當棍運行至左上方時開始下落，左肩背卸力停棍（圖5－279）。

(7)右手運棍從後側向右下劈，棍運行至前下方（圖5－280）。

(8)棍在右側繼續走立圓一周，接著向下、向後運行，當運行至右臂下方時，右腋接棍，成右夾棍姿勢收棍（圖5－281）。

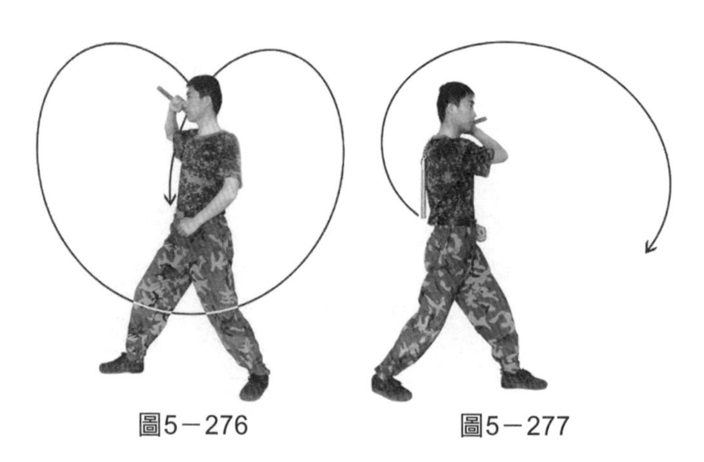

圖5－276　　圖5－277

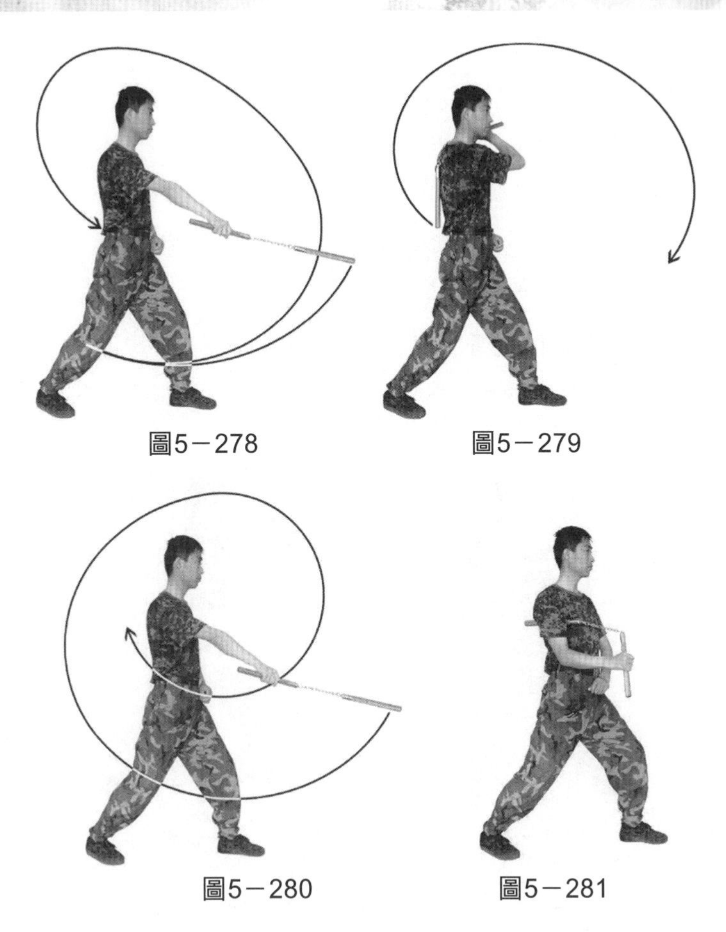

圖5－278　圖5－279

圖5－280　圖5－281

38.回頭望月

拉棍。側方或側下方推棍，旋步轉身掃棍，扛棍。

【技法特色】這是經典的防守反擊技法，簡單有效。推開敵人的長兵，回身掃擊，令敵防不勝防。

【動作要領】轉身帶動掃棍，放棍的時機是轉身開始後，而不是轉身開始前。

【圖譜詳解】

(1)右腳在前成拉棍姿勢（圖5－282）。

(2)向右側推棍（圖5－283）。

(3)左轉身180度，左腳撤步（圖5－284）。

(4)鬆右手，左手向左後掃棍，左轉身180度，棍運行至身體前方（圖5－285）。

(5)繼續運行至左上方時開始下落，左肩背停棍，左扛棍姿勢收棍（圖5－286）。

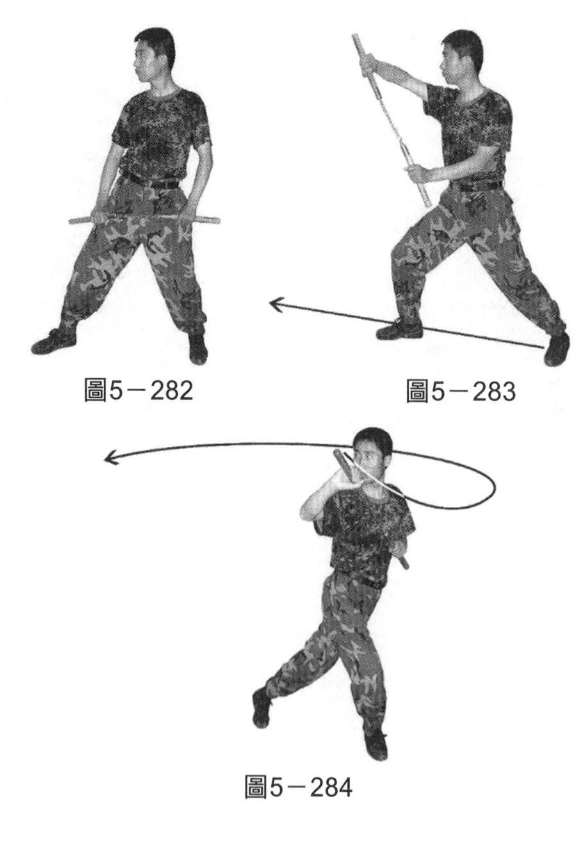

圖5－282

圖5－283

圖5－284

圖5－285

圖5－286

39.見縫插針

擂棍。左棍由右至左格，右棍由左至右擺或向前戳，收回，擂棍。

【技法特色】 這是經典的防守反擊技法，簡單有效。一棍格開敵人手臂或短兵，另一棍或擺或戳，攻擊敵空檔部位。雙節棍始終給人以一種揮舞的形象，此技法則打破這種印象，成為雙節棍技法靈活多變的又一印證。

【動作要領】 訓練時主要是觀察對方的進攻動向，然後給以格擋，防守時又要尋找敵人的空檔部位，進行合理的反擊。訓練時，可做假想訓練，也可與同伴同時進行模擬訓練。

【圖譜詳解】

(1)擂棍持棍（圖5－287）。

(2)左手持棍由右向左格擊（圖5－288）。

(3)右手持棍由左向右格擊（圖5－289）。

(4)棍收回，成擂棍姿勢收棍（圖5－290）。

(5)擂棍持棍（圖5－287）。

(6)左手持棍由右向左格擊（圖5－288）。

(7)右手持棍向前戳擊（圖5－291）。

(8)棍收回，成擂棍姿勢收棍（見前面圖5－290）。

40.金蟬脫殼

挎棍。右臂前伸的同時，右手向前射棍，左手向左帶棍，左轉身90度，左臂停棍，左挎棍，右轉身90度，右

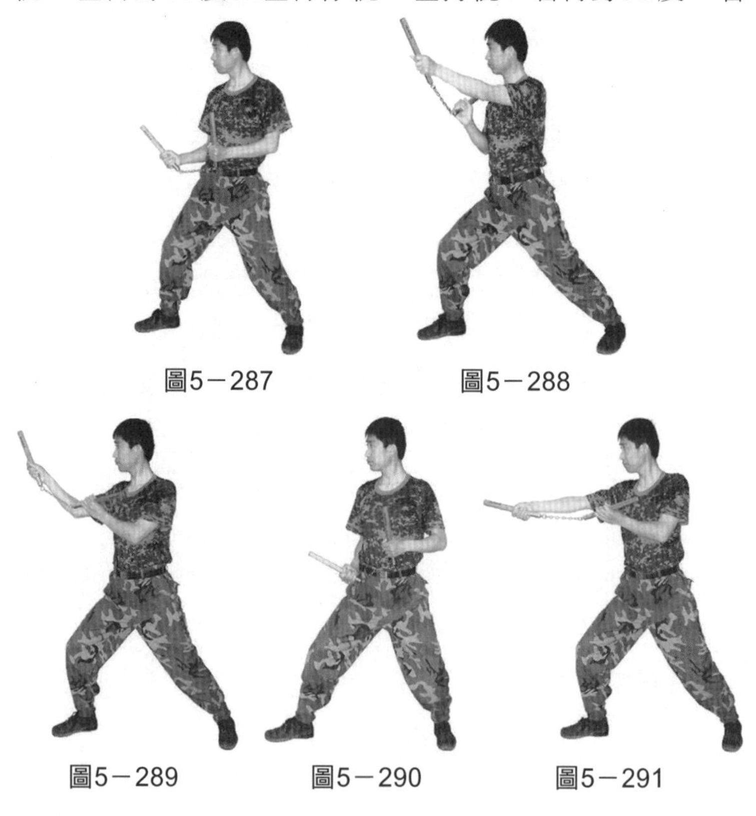

圖5－287　圖5－288

圖5－289　圖5－290　圖5－291

上掃，右搭棍或挎棍。

【技法特色】這是一狠招，棍猶如離弦之箭，取敵要害，不等敵防守，又一掃擊接踵而至，重創敵人勢在必得。

【動作要領】射棍要有力，有如擊劍送出，棍飛出過程中避免棍鏈的束縛。左挎棍的瞬間隨即掃棍，不要停留。

【圖譜詳解】

(1)右腳在前，成右挎棍姿勢（圖5－292）。

(2)右臂快速前伸（圖5－293）。

(3)鬆右手，右棍由於慣性快速向前射出，同時棍鏈從右臂上解脫，左手臂快速伸直，棍直抵正前方（圖5－294）。

圖5－292

圖5－293

圖5－294

(4) 棍運行至前方時，由於棍鏈拉力的制動作用而開始下落，此時左手向左上撩棍，當棍運行至左上方時開始向左後下落，右手在左臂下陽把接棍，瞬間成左挎棍姿勢（圖5－295）。

(5) 鬆開左手，右手持棍向右上撩棍，當棍運行至右上方時開始向右後下落，右臂外側卸力停棍，成右搭棍姿勢收棍（圖5－296）。

41. 驚鳥離巢

右腳在前夾棍。前上撩，同時左轉身90度，夾棍，右轉身90度，同時右掃棍，搭棍或扛棍。

【技法特色】 這是一個具有迷惑性攻擊的經典技法。撩擊夾棍實屬虛晃而過，轉身掃棍才是真正的打擊。

【動作要領】 左轉身與夾棍式接棍的動作要協調配合。轉身掃棍要快，事先不要暴露掃棍的意圖。

【圖譜詳解】

(1) 右腳在前，成右側夾棍姿勢（圖5－297）。

圖5－295

圖5－296

(2)右手持棍向前上撩擊，同時上身左轉，此時棍向右、向上、向左、向下、向右運行，當棍運行至右臂下方時，右腋接棍，瞬間成右夾棍姿勢（圖5－298）。

(3)上身右轉，右手持棍向右掃棍，棍運行至前方（圖5－299）。

(4)棍繼續向右上、向後運行，當運行至右後時，右肩背卸力停棍，成右扛棍姿勢收棍（圖5－300）。

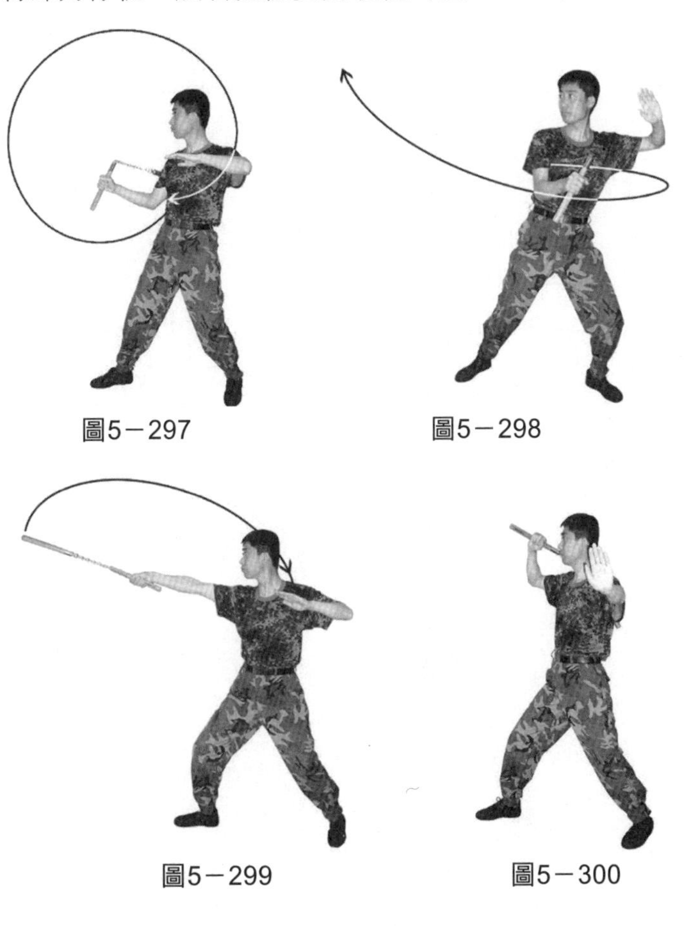

圖5－297　圖5－298

圖5－299　圖5－300

42.開天闢地

夾棍。上撩，右立圓，左扛棍，右下劈，立圓，自然回棍前撩，左扛棍，右下劈，繞弧左掃，腰反彈，前撩，右搭棍，夾棍。

【技法特色】此技法組合了撩擊與劈擊的攻擊方法，一擊不成再來一擊，步步緊逼，勢如破竹，不給敵以喘息機會。

【動作要領】注意動作的自然連貫，撩擊與劈擊最好能借助身體的扭轉之力，使棍在攻擊過程中更加迅猛有力。

【圖譜詳解】

(1)右腳在前，成右夾棍姿勢（圖5－301）。

(2)右手持棍向上撩棍，棍運行至前方（圖5－302）。

(3)棍繼續在右側立圓運行一周後向左上撩，當棍運行至左上方時開始下落，左肩背卸力停棍，瞬間成左扛棍姿勢（圖5－303）。

圖5－301

圖5－302

(4)左手運棍向右下劈擊，使棍從後側向上、向前、向右下運行，棍運行至右前方（圖5－304）。

(5)棍在右側繼續走立圓，當棍運行完一周後，在右側繼續向下、向後運行至右後下方（圖5－305）。

(6)自然停棍後右手運棍向左上撩，使棍由後向前、向左上、向後運行，當棍運行至左後上方時開始下落，棍運行至左後側時，左肩背卸力停棍，瞬間成左扛棍姿勢（圖5－306）。

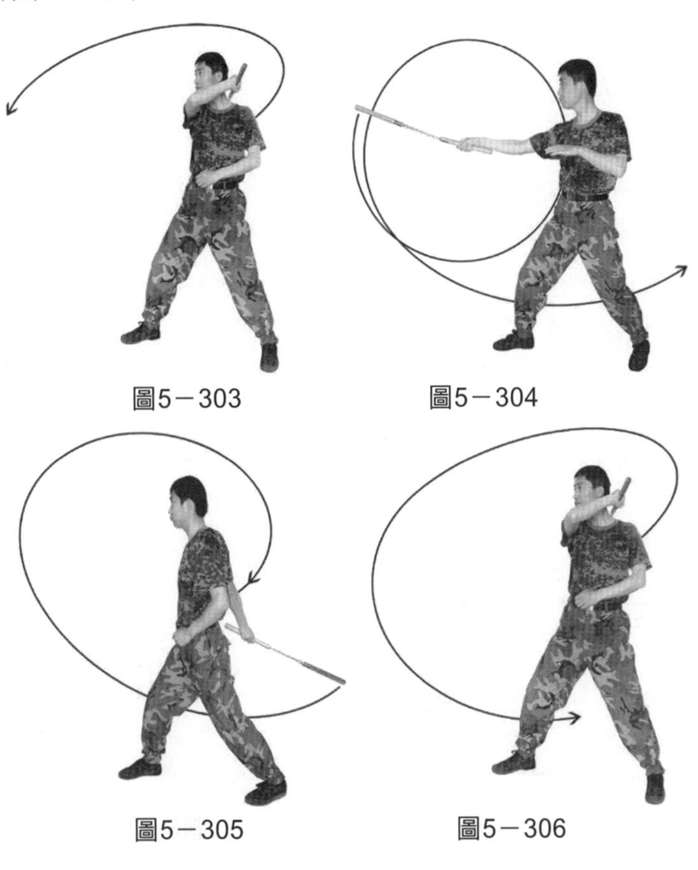

圖5－303　圖5－304

圖5－305　圖5－306

(7)左手運棍向右下劈擊，使棍由左上向右下運行，棍繼續向後運行至右後（圖5－307）。

(8)運棍在右後繞弧變成左掃，使棍向前、向左運行，當棍運行至左側時，左腰卸力反彈（圖5－308）。

(9)右手運棍向右上方撩擊，使棍由後向前、向右上、向後運行，當棍運行至右後上方時開始下落，棍運行至右臂後側時，右上臂卸力停棍，瞬間成右側搭棍的姿勢（圖5－309）。

(10)右手向前下運棍，棍從後側向上、向前、向下運行，當棍運行至右臂下方時，右腋接棍，成右夾棍姿勢收棍（圖5－310）。

43.刻符制鬼

挎棍。正「∞」，右臂內側反彈，挎棍或搭棍，前下劈，回棍，挎棍。

【技法特色】這是較為常用的組合棍法，正面阻擊敵人後，稍為休整，順勢一劈，可讓敵聞風喪膽。

圖5－307

圖5－308

【動作要領】舞花接反彈要連貫自然。

【圖譜詳解】

(1)右腳在前，成右挎棍姿勢（圖5－311）。

(2)右手持棍向前下運棍，使棍從後側向上、向前、向下運行，棍運行至前方（圖5－312）。

(3)繼續成正「∞」形運棍，一個「∞」形循環後，棍回至前方（圖5－313）。

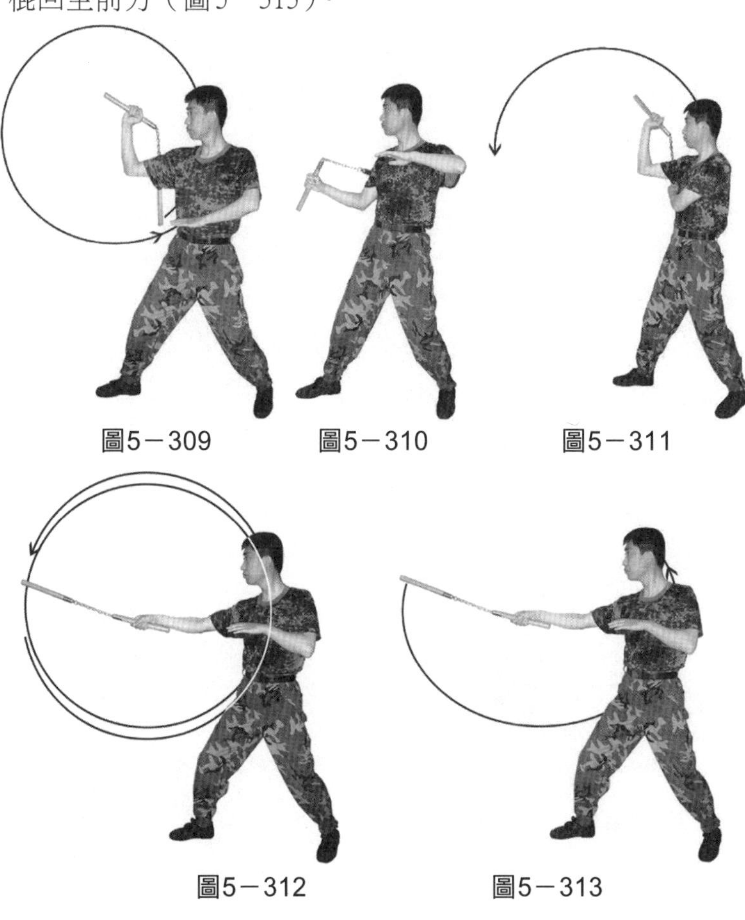

圖5－309　圖5－310　圖5－311

圖5－312　圖5－313

(4)棍繼續向下、向後運行，當棍運行至右臂的下方時，右上臂的內側進行卸力反彈（圖5－314）。

(5)棍向前、向上、向後運行，當棍運至右側上方時開始下落，落至右臂後側時，右上臂進行卸力反彈，瞬間成右搭棍姿勢（圖5－315）。

(6)運棍向前下劈擊，使棍從後側向上、向前、向下運行至右下方（圖5－316）。

(7)自然回棍向上撩，棍向前、向上、向後運行，當棍運行至右上臂後側的下方時，左手在右腋下抓握棍，成右挎棍姿勢收棍（圖5－317）。

44.孔雀開屏

疊棍。戳或擺，收回，從左向右或從右向左或掃或撩或劈，順勢成各種持棍姿勢。

【技法特色】疊棍攻擊是經典技法，簡潔實用。

圖5－314

圖5－315

【動作要領】 實戰技法，需經常訓練，要熟悉各種情況下的疊棍放棍攻擊。

【圖譜詳解】

(1)右腳在前，右手陽把握住雙棍，成疊棍姿勢（圖5－318）。

(2)右臂前伸，持棍前戳（圖5－319）。

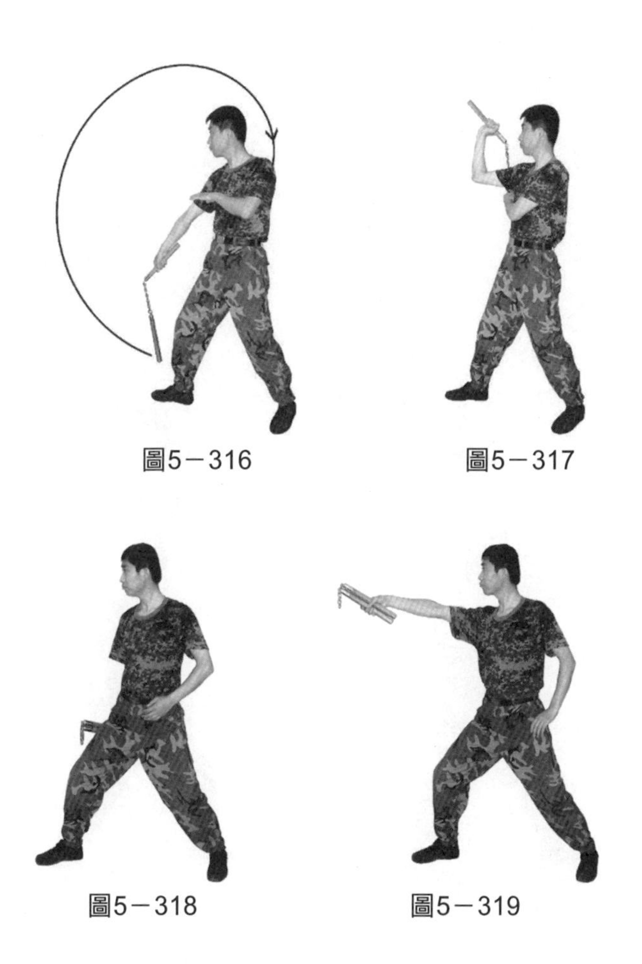

圖5－316　圖5－317

圖5－318　圖5－319

(3)收回成疊棍姿勢（圖5－320）。

(4)右手持棍向左擺蓄勢，隨後鬆開一棍節，運棍向右上掃，右臂外側卸力停棍，成右搭棍姿勢收棍（圖5－321）。

(5)右腳在前，右手陽把握住雙棍，成疊棍姿勢（圖5－322）。

(6)右臂前伸，持棍前戳（圖5－323）。

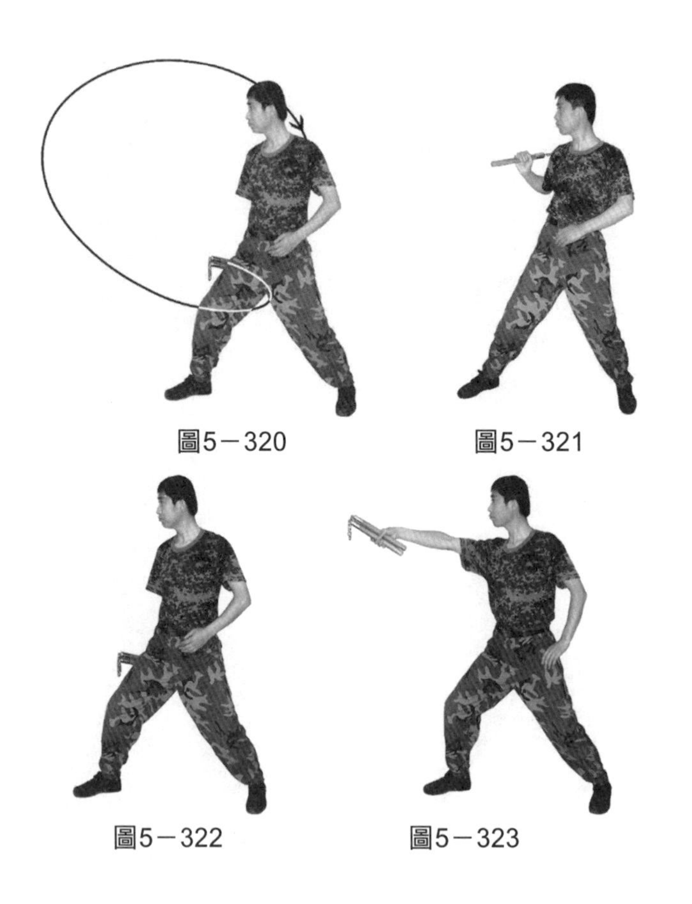

圖5－320　圖5－321

圖5－322　圖5－323

圖5－324　　圖5－325

(7)收回成疊棍姿勢（圖5－324）。

(8)右手鬆開一棍節，向左下掃，棍運行至左下，成懸棍姿勢收棍（圖5－325）。

45.狂飆天落

挎棍。左下劈，腰反彈，右騰空360度，同時，棍在頭頂上旋轉一周過右腋下右上掃，搭棍，左騰空360度，同時棍在頭上旋轉一周加左下劈，腰停棍，右下劈，挎棍。

【技法特色】此技法具有很好的觀賞性，如旋風乍起，氣勢威猛，常練習有助於增強棍與身體的協調性。

【動作要領】身體的旋轉帶動運棍，使棍快速掃劈。

【圖譜詳解】

(1)右腳在前，成右挎棍姿勢（圖5－326）。

(2)鬆開左手，右手運棍向左下劈，棍從後側向上、向前、向左下運行，當棍運行至左側時，左腰卸力反彈（圖5－327）。

(3)左腳登地，右腳向右後擺，身體騰空並右轉180度，同時向右上運棍，隨著身體的轉動，棍運行至前上方（圖5－328）。

(4)雙腳先後落地，身體繼續右轉180度，同時棍在頭頂旋轉一周，棍繼續向右掃，棍掃至右腋下（圖5－329）。

圖5－326　圖5－327

圖5－328　圖5－329

(5)棍緊貼右腋，棍帶出右腋後繼續右上掃，同時右轉身，棍掃至右上方開始下落，當棍運行至右後下方時，右臂外側卸力停棍（圖5－330）。

圖5－330

(6)右腳登地，左腳向左後擺，身體騰空並左轉180度，同時向左上運棍，隨著身體的轉動，使棍運行至前上方（圖5－331）。

(7)雙腳先後落地，身體繼續左轉180度，同時棍在頭頂旋轉一周，棍繼續向左下掃，棍掃至左後，左腰卸力反彈（圖5－332）。

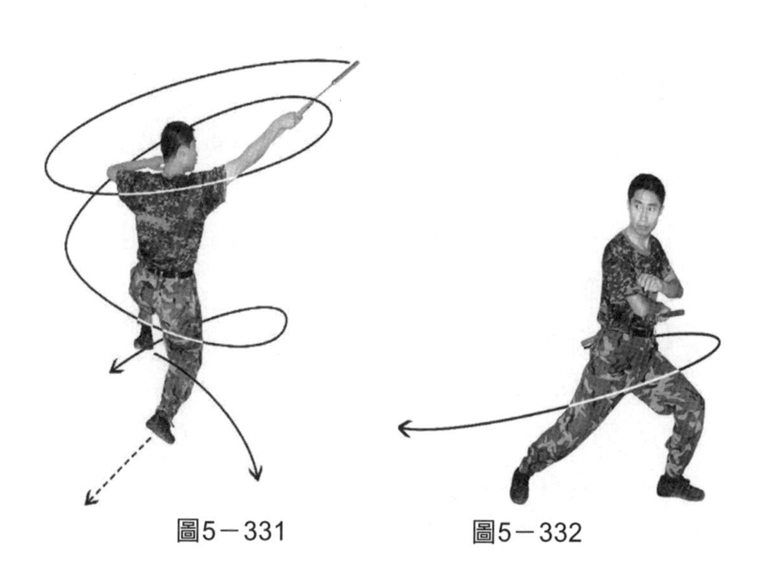

圖5－331　　圖5－332

圖5－333

圖5－334

(8)棍向右下掃，棍運行至右前下方（圖5－333）。

(9)棍繼續向右後掃，掃至右後下方，自然停棍並上撩，棍向前、向上、向後運行，當棍運行至右臂後側時，棍鏈緊貼右臂，左手在右腋下陽把接棍，成右挎棍姿勢收棍（圖5－334）。

46.浪遏飛舟

右側攔棍。反「∞」舞花，左側攔棍，正「∞」舞花。夾棍。

【技法特色】此技法主要訓練手攔棍停棍的技巧，以增強運棍控棍能力。

【動作要領】手迎棍要柔和，起棍要助力。

【圖譜詳解】

(1)右腳在前，右手陽把握棍於右上，左手掌心朝前攔於右下，成右側攔棍姿勢（圖5－335）。

(2)左手向前撥轉游離棍，右手運棍向上撩，棍在雙

手的合轉之力作用下向前、向上運行至前上方（圖5－336）。

(3)繼續成反「∞」形運棍，一個反「∞」循環後，棍回至前上方（圖5－337）。

(4)棍在右側繼續走反向立圓一周，繼而向左上、左後運行，棍繼續下落，左手在左側卸力停棍，左手掌心向外，瞬間成左側攔棍姿勢（圖5－338）。

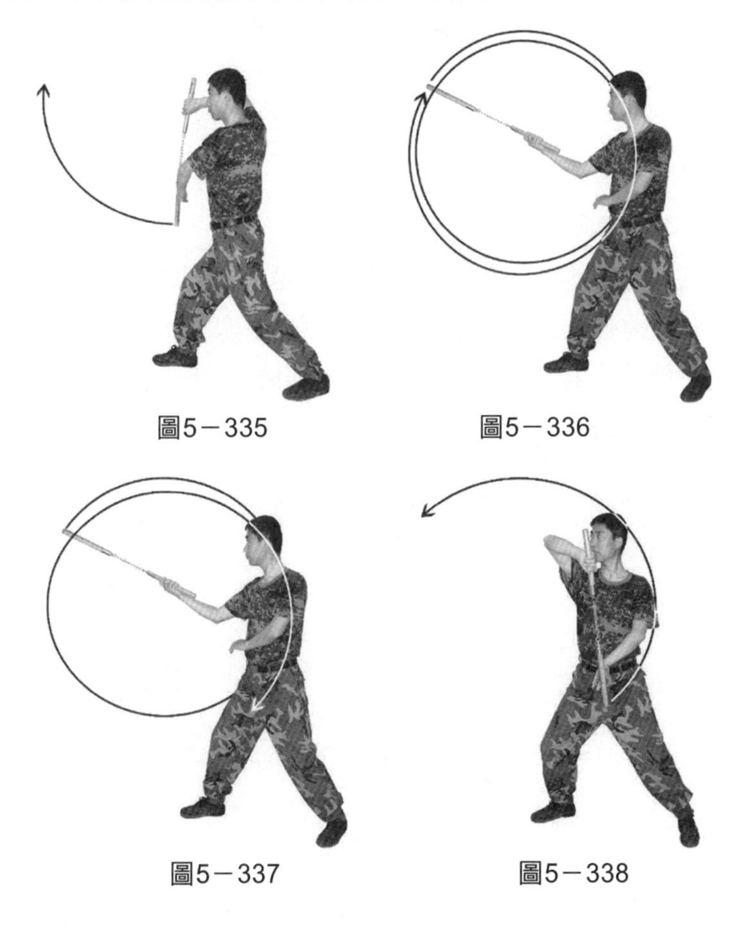

圖5－335　圖5－336

圖5－337　圖5－338

圖5－339

(5) 左手向左後撥棍，同時右手運棍，使棍向上、向前運行，棍運行至前上方（圖5－339）。

(6) 繼續成正「∞」形運棍，一個正「∞」循環後，棍回至前上方（圖5－340）。

(7) 棍在右側繼續走正向立圓一周，繼而向下、向後運行，當棍運行至右臂下方時，右腋接棍，成右夾棍姿勢收棍（圖5－341）。

47.浪子回頭

挎棍。前劈，右上處繞弧，左掃，左臂停棍，右掃，右上處繞弧，上撩，搭棍，右轉身180度同時向下運棍，腋下停棍右掃，繼續右轉180度同時頭頂右掃一周，右掃，右上處繞弧，上撩，搭棍。

圖5－340

圖5－341

【技法特色】劈棍變掃棍，掃棍變撩棍，技法獨特，具有很大的迷惑性，難於防範。回身連續兩次掃擊也是本技法的特色。

【動作要領】劈棍時不要暴露掃棍的意圖，掃棍時不要暴露撩棍的意圖。轉身兩次掃擊要一氣呵成。

圖5－342

【圖譜詳解】

(1)右腳在前，成右挎棍姿勢（圖5－342）。

(2)鬆開左手，右手向前運棍，使棍由後向上、向前運行，當棍運行至右前上方時，繞弧開始左掃（圖5－343）。

(3)棍繼續左掃，當棍運行至左側時，左臂外側卸力反彈（圖5－344）。

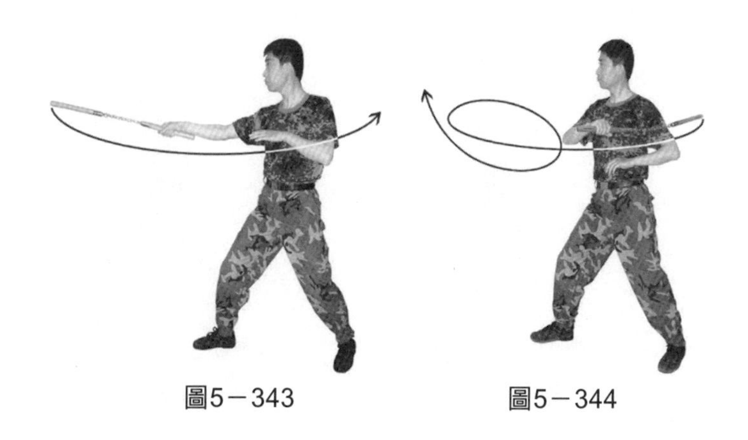

圖5－343　圖5－344

圖5－345

(4) 棍向右掃，當棍運行至右前上方時，繞弧開始上撩（圖5－345）。

(5) 棍繼續向上、向後運行，當棍運行至右後時，右上臂外側卸力停棍，瞬間成右搭棍姿勢（圖5－346）。

(6) 左腳向前上步，右轉身180度，同時右手向前下運棍，當棍運行到右臂下方時，用右腋壓棍鏈瞬間停棍（圖5－347）。

(7)右轉身同時右腳撤步，同時向右運棍使棍從右腋下先向左然後向前、向右帶出，旋而向右上運棍，隨著轉體動作棍運行至左前上方（圖5－348）。

(8)右轉身180度，棍繼續在頭頂掃一周，棍運行至後

圖5－346

圖5－347

上方（圖5－349）。

(9)棍繼續由後向左、向前、向右掃，運行至右前上方（圖5－350）。

(10)運棍繞弧變為上撩，使棍向上、向後運行，當棍運行至右後時，右臂外側卸力停棍，成右搭棍姿勢收棍（圖5－351）。

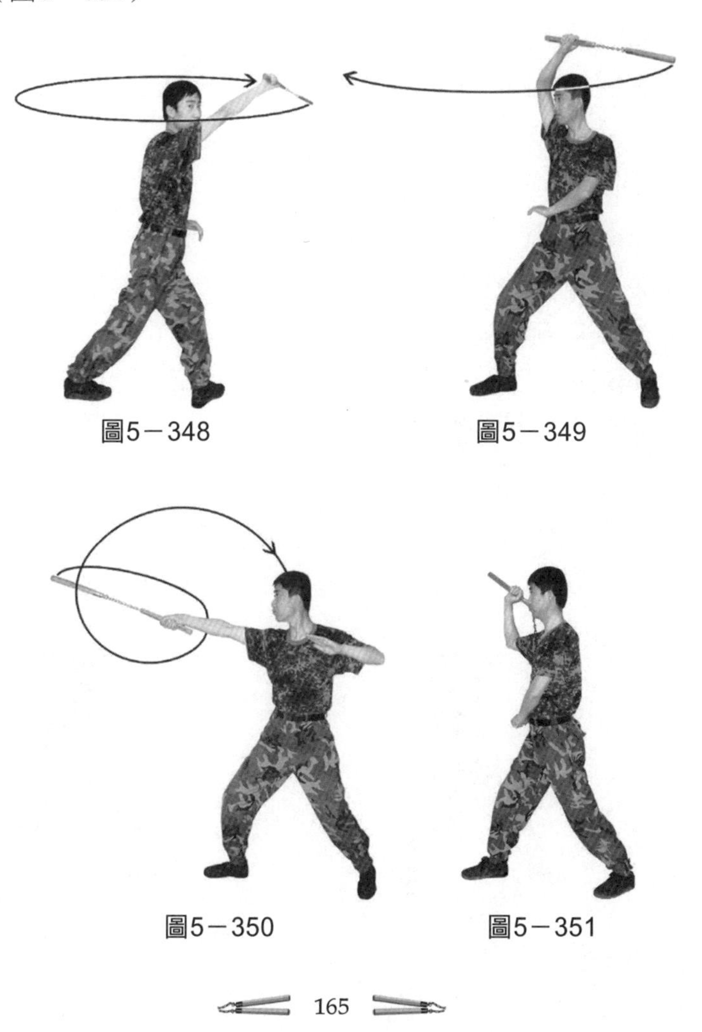

圖5－348　圖5－349

圖5－350　圖5－351

48.浪子踢球

挎棍。正「∞」，腳踢反彈，反「∞」，挎棍。

【技法特色】此技法主要訓練腳反彈的技巧。

【動作要領】腳迎棍要柔和，反彈要助力。

【圖譜詳解】

(1)右腳在前，成右挎棍姿勢（圖5－352）。

(2)左手向後撥棍的同時鬆開左手，右手向前下運棍，使棍從後側向上、向前運行至前方（圖5－353）。

(3)繼續成正「∞」形運棍，一個正「∞」形循環後，棍回至前方（圖5－354）。

(4)棍繼續向下運行，當棍運行至前下方時，抬右腿，以右腳的內側向上蹬踢棍鏈（圖5－355）。

(5)棍向前、向上運行至前方（圖5－356）。

(6)繼續成反「∞」形運棍，一個反「∞」形循環後，棍回至前方（圖5－357）。

圖5－352

圖5－353

圖5－354　圖5－355

圖5－356　圖5－357

(7)棍繼續向上、向後運行，當棍運行至右後時，右臂外側卸力停棍，左手在右腋下抓握另一棍節，棍鏈緊貼右臂，成右挎棍姿勢收棍（圖5－358）。

圖5－358

49.力挽狂瀾

挎棍。右立圓，左手手心向外、虎口向下，在右臂下反把接游離棍，順勢立圓，帶至左側左立圓，右手手心向外、虎口向下，在左臂下反把接游離棍，順勢立圓，帶至右側右立圓，反覆，反把夾棍。

【技法特色】與風火行空是姊妹技法，也是一個很具表演價值的技法，但實戰意義不大。

【動作要領】反把接棍前後要連貫自然，兩棍成你追我趕之勢。

【圖譜詳解】

(1)右腳在前，成右挎棍姿勢（圖5－359）。

(2)鬆開左手，右手向前運棍使棍運行至前方，繼而立圓一周使棍又運行至前方，棍繼續向下，向後運行，左手手心向外、虎口向下，在右臂下陰把抓握游離棍（圖5－360）。

(3)鬆開右手，左手運棍使棍在右側走立圓一周到達前上方，棍繼續向前、向左下、向左後、向上、向前走立圓運行至前上方，棍開始向下、向後運行，右手手心向外、虎口向下，在左臂下陰把接游離棍（圖5－361）。

圖5－359

(4)鬆開左手，右手運棍使棍在左側走立圓一周到達前上方，棍繼續向前、向右下、向右後、向上、向前走立圓運行至前上方，棍開始向下、向後運行，當運行至右臂下方時，右腋接

棍，成陰把右側夾棍姿勢收棍（圖5－362）。

50.靈蛇吐芯

夾棍。彈射出，夾棍。

【技法特色】屬基礎動作，也是簡潔實用的攻擊方法。

【動作要領】棍彈射出，不要變成劈擊的動作。

【圖譜詳解】

(1)右腳在前，成右夾棍姿勢（圖5－363）。

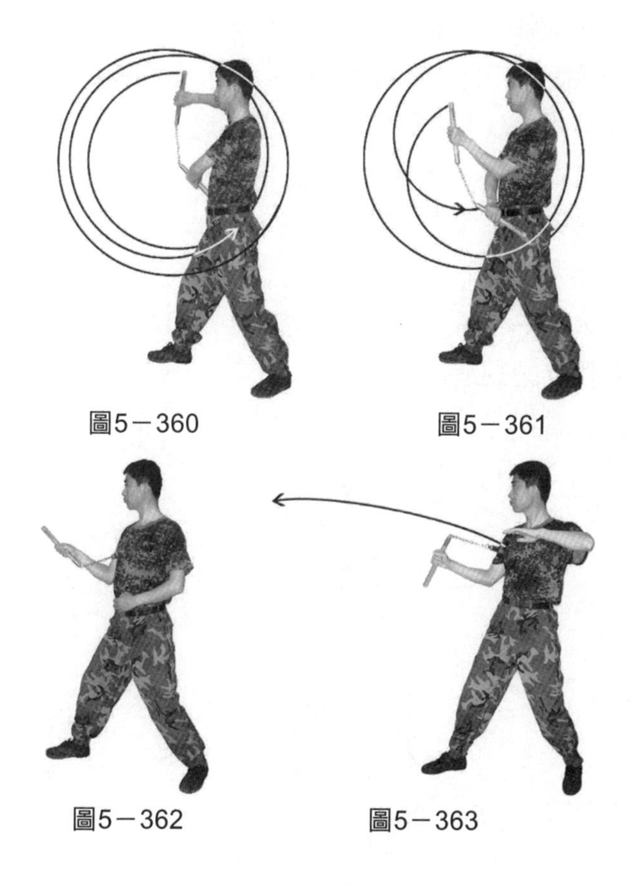

圖5－360　圖5－361

圖5－362　圖5－363

(2)右手運棍向前彈射出，棍直抵正前方（圖5－364）。

(3)棍運行至最前方後，受棍鏈拉力作用開始下落，順勢用右腋接棍，成右夾棍姿勢收棍（圖5－365）。

51.龍纏玉柱

後拉棍。右手持棍由後向前向左上掃，棍繞脖半周，左手在脖子右側接棍，（左轉身180度）鬆右手，棍向前向左下掃，後拉棍。重複。

【技法特色】屬基礎動作，用來練習在腰兩側和脖頸兩側的接棍換把能力，經常練習有助於提高控棍能力。

【動作要領】動作前後銜接要連貫自然，一手接棍則另一手立即鬆開，不要給人以停留感。

每次要進行多次的重複訓練，以增強雙棍在身體上下前後靈活運轉的能力。可以分組進行，每組重複的動作次數要因人而異。可以原地不動進行棍繞身的訓練，也可以配合身體的轉動進行訓練。

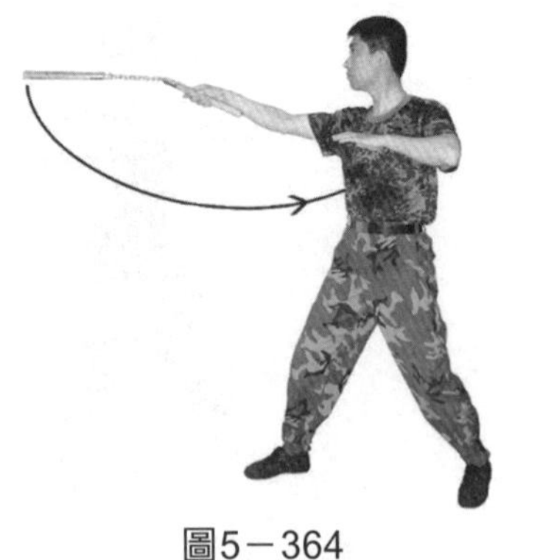

圖5－364

圖5－365

【圖譜詳解】

(1)左右開立，雙手於身後陽把握棍，成後拉棍姿勢（圖5－366）。

(2)鬆開左手，右手持棍從後側向右、向前、向左上、向後掃，當棍掃至左後方時，棍鏈開始繞脖，當游離棍運行到脖頸右側時，左手在脖頸右側陽把接棍，左右臂在體前交叉（圖5－367）。

圖5－366

(3)鬆右手，左手持棍從後側向右、向前、向左下掃，同時左腳向右後撤步並左轉身180度，棍繼續向左後掃，在身後，棍繼續向右運行，右手在右腰側陽把接棍，成後拉棍姿勢收棍（圖5－368）。

圖5－367

圖5－368

52.龍飛鳳舞

右側正立圓，左轉身帶棍至左側，鬆手，鏈過手腕，反握另一棍，棍立圓右轉身，帶至右側，鬆手，鏈過手腕，正握原來的棍，棍立圓，左轉身帶棍至左側，反覆（圖5－369～圖5－376）。

右側反立圓，鬆手，鏈過手腕，反握另一棍，棍立圓，左轉身帶棍至左側，鬆手，鏈過手腕，正握原來的棍，棍立圓，右轉身帶棍至右側，反覆（圖5－377～圖5－383）。

可順勢收棍。

【技法特色】這是一個經典的舞花動作，具有很強的觀賞性，適合於表演。同時此技法難度較大，演練此技法，需要較強的運棍控棍能力。

【動作要領】鏈過手腕時容易掉棍，必須持之以恆地進行練習才能達到較高水準。要求換把抓握準確，兩棍連續繞轉。

【圖譜詳解】

(1)起勢略，可以用各種姿勢作為起勢，陽把握棍。此時棍運行至前上方，棍運行方向為向前、向下（圖5－369）。

(2)棍繼續向前、向下、向後運行，上身左轉成左右開立勢，棍繼續向上運行至右後上方，棍緊貼右臂後側（圖5－370）。

(3)用右臂壓帶棍鏈，使棍繼續向右、向下、向左運行，棍運行至身體左下方（圖5－371）。

(4)鬆開右手，原來游離棍繼續向上、向右、向下、向左運行至右手的下方，原來所握的棍則向下、向左、向上運行至右手的上方，此時的棍鏈過右手的腕部（圖5－372）。

(5)原來的游離棍繼續向上運行，右手陰把抓握原來的游離棍，原來所握的棍則變為游離棍繼續向右、向下、向左運行至左下方（圖5－373）。

(6)右手陰把運棍，使棍繼續向上運行，上身右轉，棍繼續向前、向右下運行至右下方（圖5－374）。

圖5－369　圖5－370

圖5－371　圖5－372

(7)鬆開右手，原來游離棍繼續向後、向上、向前運行至右手的上方，原來所握的棍則向前、向下運行至右手的下方，此時鏈過右手腕部（圖5－375）。

(8)原來的游離棍繼續向前向下運行，右手陽把抓握原來的游離棍，原來所握的棍則變為游離棍繼續向後、向上、向前運行至前上方（圖5－376）。

可順勢以各種姿勢收棍，也可接「圖5－370」進行重複動作。注意圖5－376與圖5－377無關。

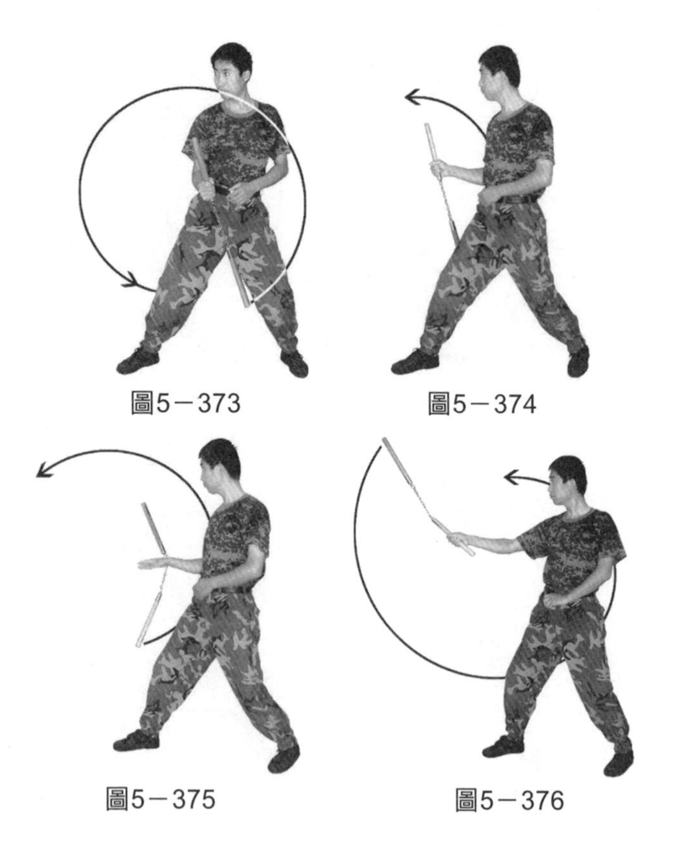

圖5－373　圖5－374

圖5－375　圖5－376

(9)起勢略，可以用各種姿勢作為起勢，陽把握棍。此時棍運行至前上方，棍運行方向為向上、向後（圖5－377）。

(10)棍繼續向上、向後運行，鬆開右手，則原來的游離棍繼續向後、向下運行至右手下方，原來所握的棍則向前、向上運行至右手上方，此時棍鏈過右手腕部（圖5－378）。

(11)原來的游離棍繼續向前、向上運行，右手順勢陰把抓握原來的游離棍，另一棍則變成游離棍繼續向後、向下運行至右下方（圖5－379）。

(12)右手陰把運棍，使棍繼續向前、向上運行，上身左轉，棍繼續向左、向下運行至左下方（圖5－380）。

(13)棍繼續向右運行，鬆開右手，原來游離棍繼續向上運行至右手的上方，原來所握的棍則變成游離棍向左、向下運行至右手的下方，此時棍鏈過右手的腕部（圖5－381）。

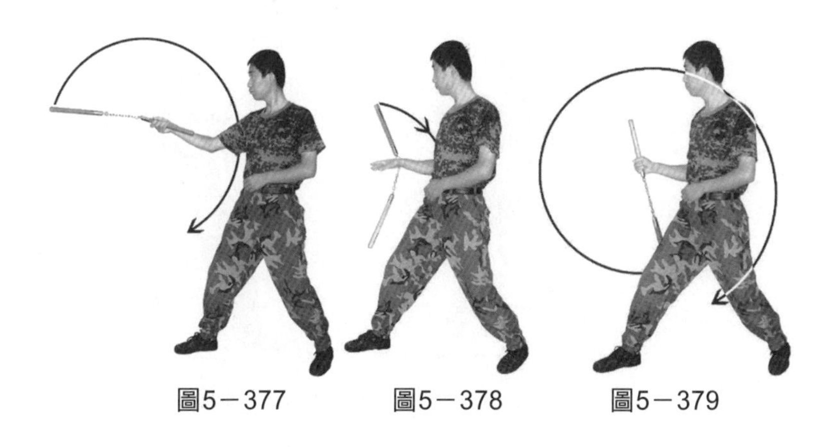

圖5－377　　圖5－378　　圖5－379

(14)原來的游離棍繼續向左、向下運行，右手順勢陽把抓握原來的游離棍，另一棍則變成游離棍繼續向右、向上、向左、向下運行至左下方（圖5－382）。

(15)棍繼續向右運行，上身右轉，右手陽把向前運棍，使棍繼續向前運行至前方（圖5－383）。可順勢以各種姿勢收棍，也可接「圖5－378」進行重複動作。

53.龍蟠虎踞

懸棍。右手左肩背棍。若右手棍伴動，左手棍左上撩，左搭棍（圖5－384～圖5－387）；若左手棍伴動，右

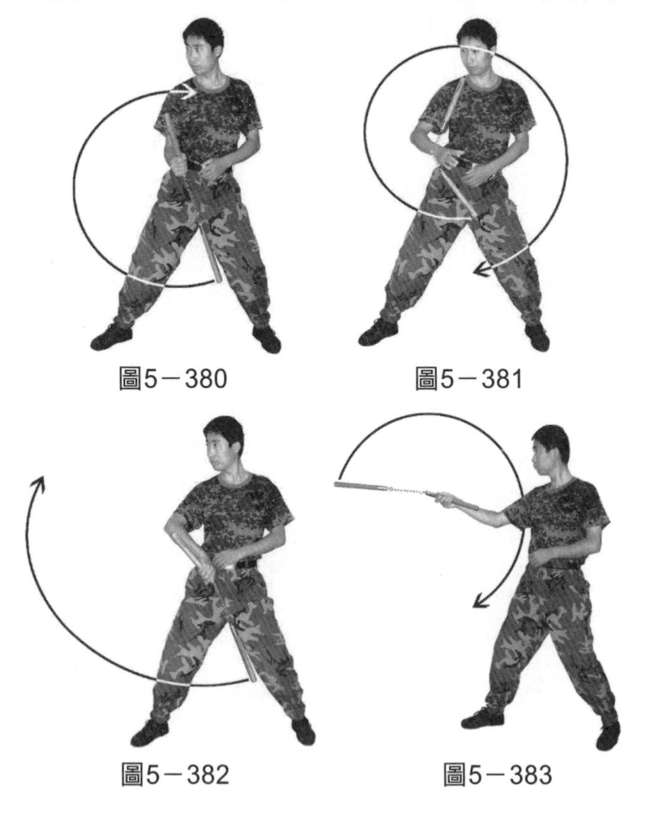

圖5－380　圖5－381

圖5－382　圖5－383

手棍右下劈，懸棍（圖5－388～圖5－391）。

圖5－384

【技法特色】這是一個具有迷惑性的進攻動作。

【動作要領】假動作要逼真，攻擊動作速度要快。

【圖譜詳解】

(1)右腳在前，成右側懸棍姿勢（圖5－384）。

(2)右手運棍向左上撩棍，使棍由右下向前、向左上、向後運行，棍開始向右後下落，當棍運行至右後時，左手在右腋下陽把接棍，成右手在左肩的背棍姿勢（圖5－385）。

(3)右手略向前佯動，然後鬆開右手，左手運棍，使棍從後側向下、向前、向左上方撩擊，棍運行至左前上方（圖5－386）。

圖5－385　圖5－386

圖5－387

(4)棍繼續向上、向後運行並開始下落，左臂外側卸力停棍，成左搭棍姿勢收棍（圖5－387）。

(5)右腳在前，成右側懸棍姿勢（圖5－388）。

(6)右手運棍向左上撩棍，使棍由右下向前、向左上、向後運行，棍開始向右後下落，當棍運行至右後時，左手在右腋下陽把接棍，成右手在左肩的背棍姿勢（圖5－389）。

(7)左手略向前佯動，然後鬆開左手，右手運棍，使棍從後側向上、向前、向右下方劈擊，棍運行至前方（圖5－390）。

圖5－388

圖5－389

(8)棍繼續向下運行至右下，成右側懸棍姿勢收棍（圖5－391）。

圖5－390

圖5－391

54.瞞天過海

前拉棍。上推棍，棍在頭上旋而下掃，前拉棍。

【技法特色】這是一個比較經典的防守反擊技法，上擋敵人兵器，既而下掃，攻其下盤。類似此種的防守反擊策略，平常的人很難諳達，因此也就最難防範。一個人在攻擊別人的時候往往疏於防範，因此這一類防守反擊的技法大多具有很強的實戰價值。

【動作要領】下掃要選擇好時機。如敵是鋒利兵器，則等敵抽回兵器的瞬間發動進攻；如敵人使用短棒等鈍器，則攔截後立即進行快速攻擊。此技法應該多進行假想訓練或與同伴進行模擬訓練，技法雖簡，卻屬上等技法，類似的技法很多，不一一點到，望學習者多加揣摩。

【圖譜詳解】

(1)右腳在前，雙手于體前陽把握棍，成前拉棍姿勢

（圖5－392）。

(2)雙手持棍上舉，成上推棍姿勢（圖5－393）。

(3)鬆開左手，右手運棍，使棍由左上向後、向右、向前、向左掃，棍運行至前方（圖5－394）。

(4)棍繼續向左下方運行，當棍運行至左腰側時，左手陽把接棍，成前拉棍姿勢收棍（圖5－395）。

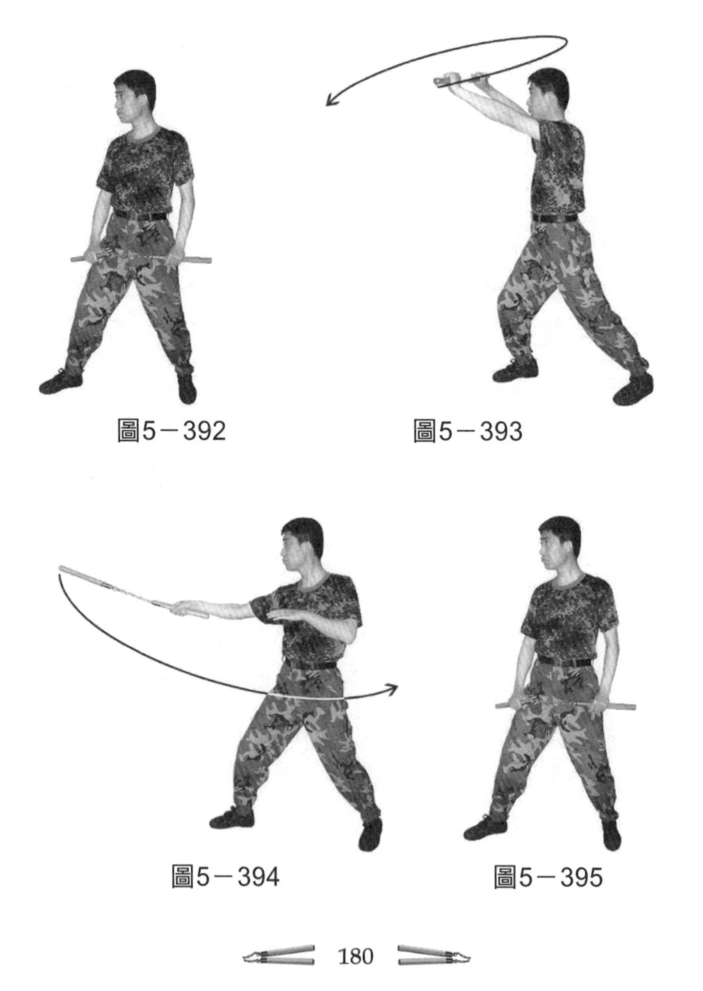

圖5－392　圖5－393

圖5－394　圖5－395

55.孟德獻刀

反握懸棍。上提鬆手，握另一棍，左掃，左手接棍，拉棍變推棍。

【技法特色】這是一怪招，上提換把迷惑敵人，棍突然改變方向，迅猛掃擊，最後的推棍則是攻擊後的防守。

【動作要領】

上提換把抓握要準，不能脫棍；掃棍要快要狠，掃棍前不要暴露掃棍意圖。

【圖譜詳解】

(1)右腳在前，右手陰把握棍，成懸棍姿勢（圖5－396）。

(2)右手向上提棍後鬆手，棍脫離右手後整體向上移動，右手順勢陽把抓握下面的棍，即原來的游離棍（圖5－397）。

(3)右手向前方運棍，使游離棍在右上圓弧繞轉之後向前方掃去，棍運行至前方（圖5－398）。

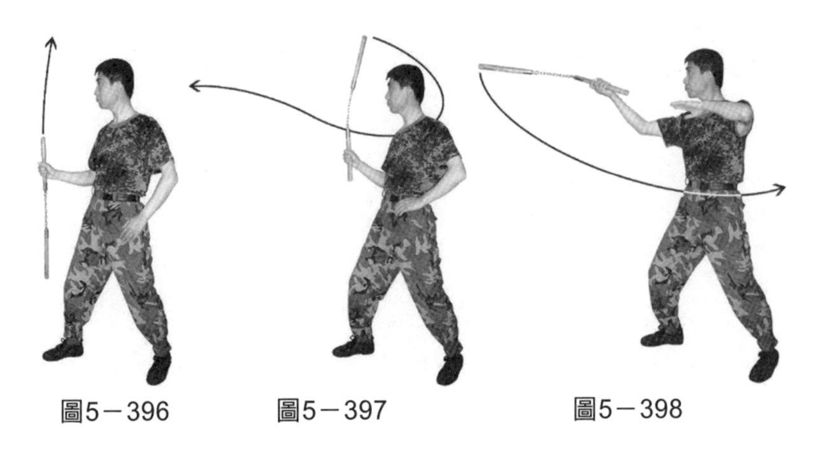

圖5－396　圖5－397　圖5－398

(4)棍繼續向左下方運行，當棍運行至左腰側時，左手陽把接棍，瞬間成前拉棍姿勢持棍（圖5－399）。

(5)雙手持棍上舉，成上推棍姿勢收棍（圖5－400）。

圖5－399

圖5－400

56.木筆書天

疊棍。配合步法左右擺擊。

【技法特色】這是疊棍情況下的基本擺擊技法。

【動作要領】擺擊要有力，可利用沙袋進行訓練。

【圖譜詳解】

(1)右腳在前，右手於胸前持棍，成疊棍姿勢（圖5－401）。

(2)右手持棍向右擺，仍舊為疊棍姿勢（圖5－402），下面的動作為向左擺。

57.扭轉乾坤

右挎棍。重複反倒棍最後成右挎棍（圖5－403、圖5－404），重複正倒棍最後成右挎棍（圖5－405、圖5－406）。

圖5－401

圖5－402

【技法特色】 這是雙節棍比較重要的基礎動作，需要經常訓練。

【動作要領】 換手時抓握要準。注意正倒棍時後腦部的安全，初學者最好使用泡棉雙節棍。

【圖譜詳解】

(1)右腳在前，成右挎棍姿勢（圖5－403）。

(2)鬆開右手，左手運棍，使棍從後側向下、向前、向左上運行，棍繼續向後、向下運行至左臂後側，右手在左腋下陽把接棍，瞬間成左挎棍姿勢（圖5－404）；上動不停，鬆開左手，右手運棍，使棍從後側向下、向前、向右上運行，棍繼續向後、向下運行至右臂後側，左手在右腋下陽把接棍，瞬間成右挎棍姿勢（圖5－403）。可繼續重複上述動作，也可成挎棍姿勢收棍。

(3)右腳在前，成右挎棍姿勢（圖5－405）。

(4)鬆開左手，右手運棍，使棍從後側向上、向前、向左下運行，棍繼續向後、向上運行至左肩後側，左手在左肩上面陽把接棍，瞬間成左挎棍姿勢（圖5－406）；上動不停，鬆開右手，左手運棍，使棍從後側向上、向前、向右下運行，棍繼續向後、向上運行至右肩後側，右手在右肩上陽把接棍，瞬間成右挎棍姿勢（圖5－405）。可繼續重複上述動作，也可成挎棍姿勢收棍。

58.怒鞭都郵

搭棍。左下劈，左腰反彈，右腰卸力上撩，搭棍，反覆。

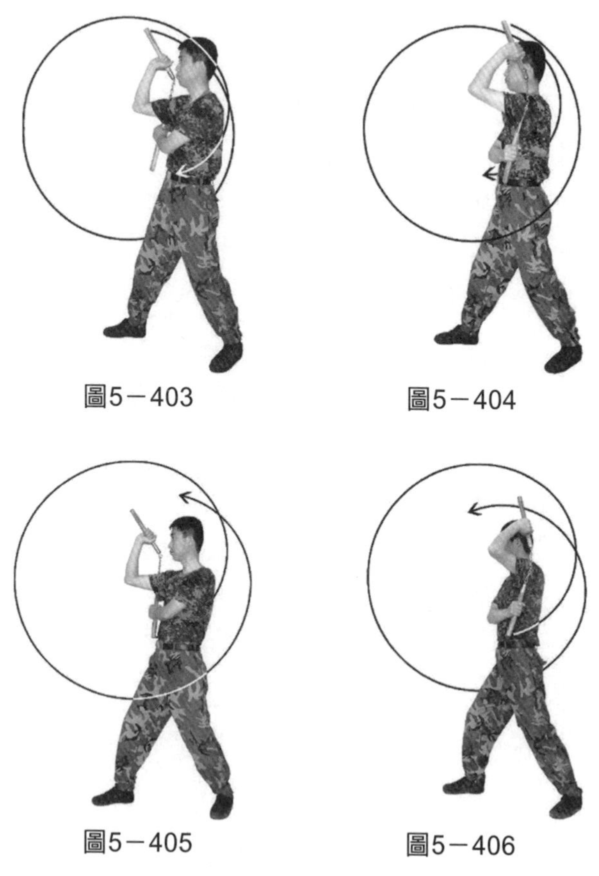

圖5－403　圖5－404

圖5－405　圖5－406

【技法特色】這是一個簡潔明快的技法，以左下劈為主，節奏感很強。

【動作要領】注意動作的節奏，運棍過程中要配合上身的轉動。

圖5－407

【圖譜詳解】

(1)左右開立，成右搭棍姿勢（圖5－407）。

(2)右手運棍向左下劈，使棍從後向上、向前、向左下運行至左腰側，左腰卸力反彈（圖5－408）。

(3)向右平掃，使棍從後向左、向前、向右、向後運行至右腰側，右腰卸力停棍（圖5－409）；向上撩棍，使棍由後向前、向上、向後運行至右臂後側，右上臂外側卸力停棍（圖5－407）。可繼續重複上述動作，也可成右搭棍姿勢收棍。

圖5－408

圖5－409

59.盤棍錯節

右腳在前夾棍。搭棍，右大腿內側反彈，棍從後側鑽襠，左手接棍，上左腳同時上撩搭棍，左大腿內側反彈，棍從後側鑽襠，右手接棍，上右腳同時上撩搭棍，反覆，夾棍。

【技法特色】這是一個具有迷惑性的技法，鑽襠後的上撩往往能給敵以意想不到的打擊。這一技法能夠很好地訓練大腿內側反彈的技巧，同時也能夠訓練兩腿之間前後穿插運棍的技巧。

【動作要領】鑽襠後的換把抓棍要準，撩擊要快速有力。

【圖譜詳解】

(1)右腳在前，成右夾棍姿勢（圖5－410）。

(2)右腋鬆開，右手向前上運棍，使棍向前、向上、向後運行至右臂後側，右上臂外側卸力反彈（圖5－411）。

(3)向前下運棍，棍從後側向上、向前、向下運行，當運行至前下方時，右大腿內側卸力反彈（圖5－412）。

(4)棍向前、向上、向後運行，棍繼續向下運行，棍在身體後側繼續向前運行，並從右後側鑽襠，當棍從兩腿之間運行到身體前方時，左手在襠前陽把抓握游離棍（圖5－413）。

(5)鬆開右手，上左腳同時左手向前上運棍，使棍向前、向上、向後運行至左臂後側，左上臂外側卸力反彈（圖5－414）。

(6)棍從後側向上、向前、向下運行，當運行至前下

方時，左大腿內側卸力反彈（圖5－415）。

(7)棍向前、向上、向後運行，棍繼續向下運行，棍在身體後側繼續向前運行，並從左後側鑽襠，當棍從兩腿之間運行到身體前方時，右手在襠前陽把抓握游離棍（圖5－416）。

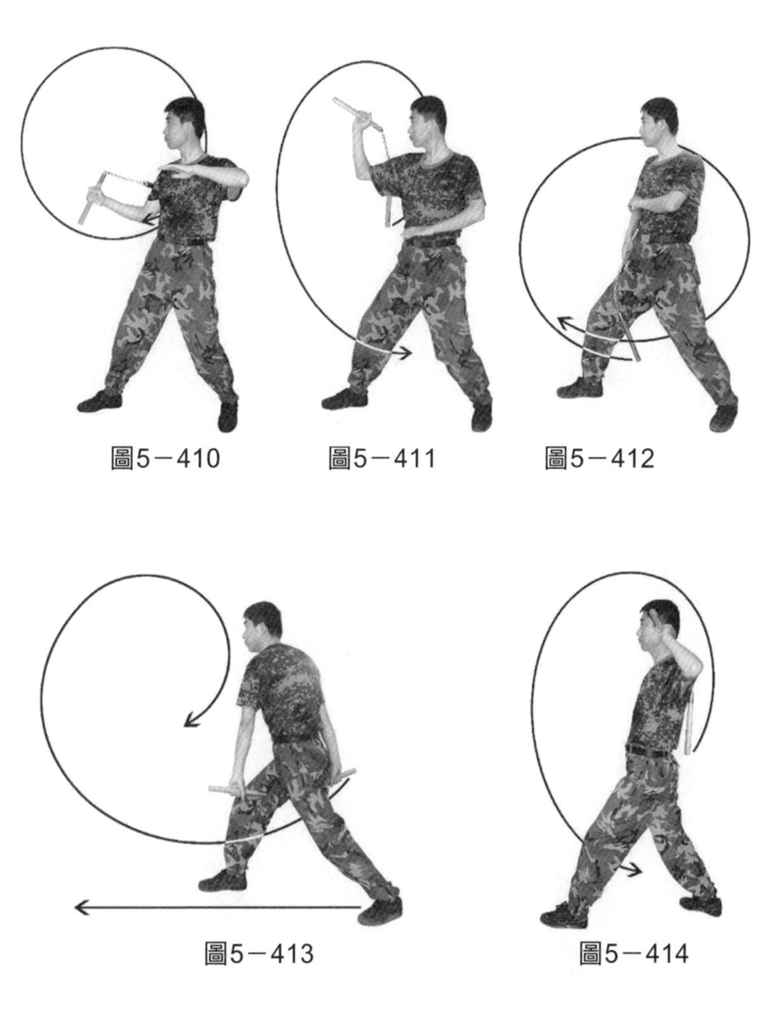

圖5－410　圖5－411　圖5－412

圖5－413　圖5－414

(8)鬆開左手，上右腳同時右手向前上運棍，使棍向前、向上、向後運行至右臂後側，右上臂外側卸力反彈（圖5－417）。

(9)棍從後側向上、向前、向下運行，當運行至右臂前下方時，用右腋接棍，成右夾棍姿勢收棍（圖5－418）。

60.盤馬回槍

右挎棍。左轉身90度後拉棍，微左轉身，左挎棍，

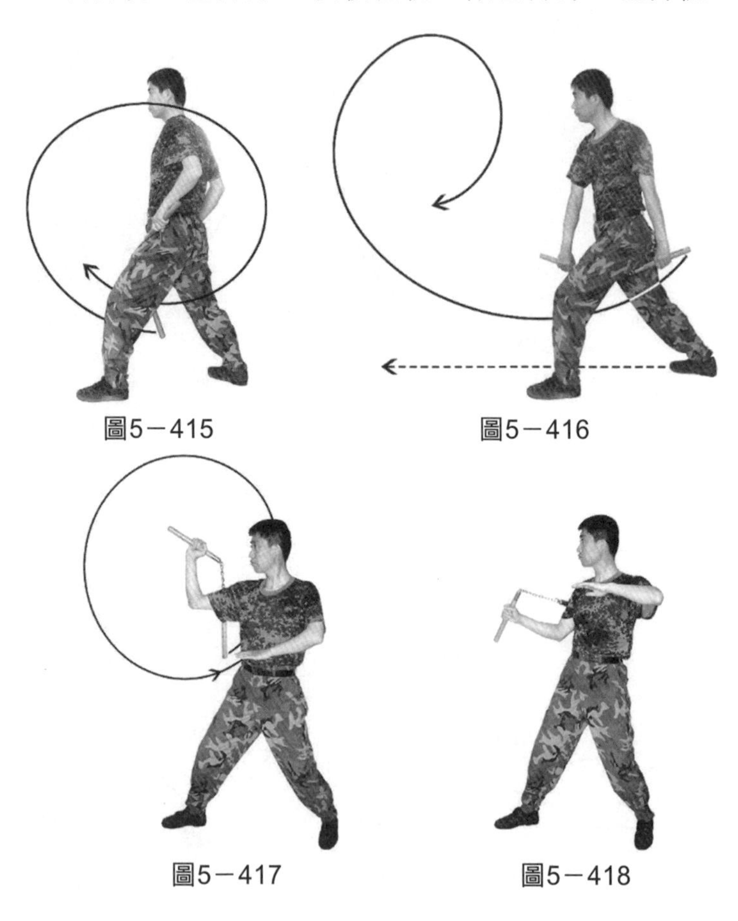

圖5－415　圖5－416

圖5－417　圖5－418

右轉身90度，掃棍，右後繞弧前撩，右挎棍（也可在左挎棍時直接右上撩變右挎棍，圖5－424，圖425），正「∞」舞花，異側夾棍，同把換手，左轉一周掃棍，左扛棍。

【技法特色】這是一個回身掃擊的經典技法，技法變幻莫測，攻擊性強。另外異側夾棍換手緊接一個回身掃擊是本技法的顯著特徵，也是應用異側夾棍的少有技法。

【動作要領】異側夾棍要自然，避免生硬。後掃配合身體的轉動，要迅猛有力。

【圖譜詳解】

(1)右腳在前，成右挎棍姿勢（圖5－419）。

(2)鬆開左手，右手運棍，使棍從後側向上、向前、向下運行，上身左轉成左右開立姿勢，棍在身體後側繼續向左運行，當棍運行至左腰後側時，左手在左腰側陽把接棍，瞬間成後拉棍姿勢（圖5－420）。

圖5－419

圖5－420

(3)鬆右手，上身微左轉，左手持棍上撩，使棍從後側向左前、向上運行，棍繼續向後、向下運行至左臂後側時，右手在左腋下陽把接棍，瞬間成左挎棍姿勢（圖5－421）。

(4)上身右轉同時鬆開左手，右手向右掃棍，棍運行至前方（圖5－422）。

(5)棍繼續向右後掃，在右後繞弧開始上撩（圖5－423），注意下接圖5－425。

(6)圖5－424為附圖，上接圖5－420，下接圖5－425，圖5－424前後動作描述從略。

(7)上接圖5－423，棍繼續向前、向上運行，棍又繼續向後、向下運行至右臂後側，左手在右腋下陽把接棍，瞬間成右挎棍姿勢（圖5－425）。

(8)鬆開左手，右手向前運棍，使棍從後側向上、向前運行至前方（圖5－426）。

圖5－421　圖5－422

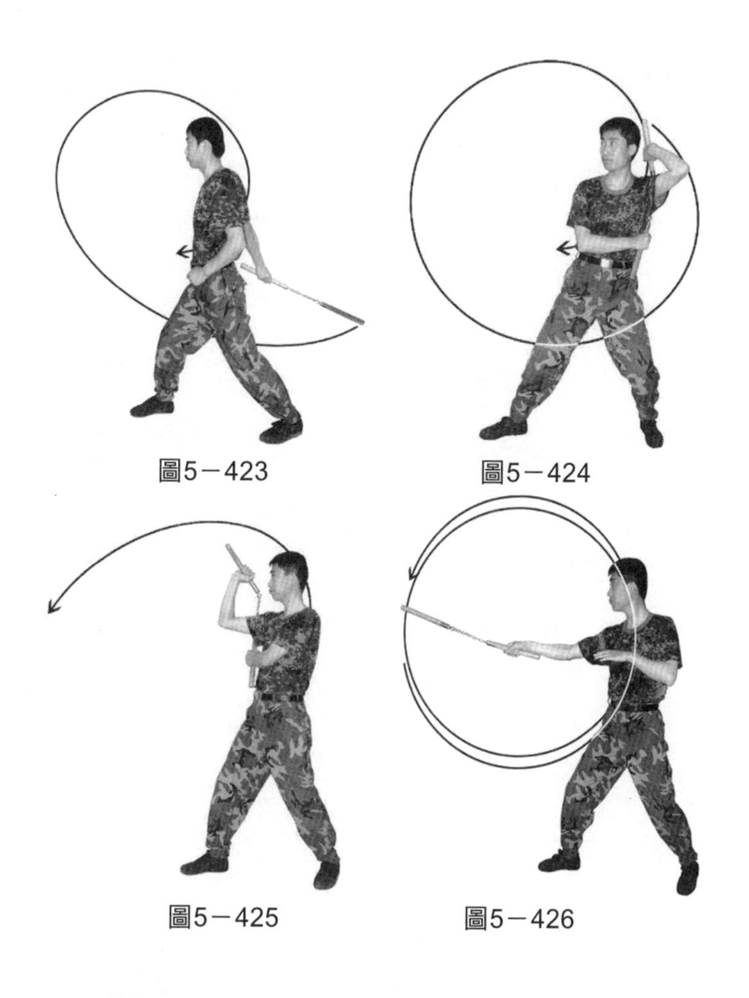

圖5－423　圖5－424

圖5－425　圖5－426

(9)繼續成正「∞」形運棍，一個正「∞」形循環後，棍回至前方（圖5－427）。

(10)棍繼續向左下、向後運行，當棍運行至左臂下方時，左腋接棍，瞬間成左夾棍姿勢，左手在左臂前抓握右手棍進行同把換手（圖5－428）。

(11)鬆開右手，左轉身90度，左腳向後撤步，繼續轉身180度的同時向左前方掃棍，使棍隨轉體動作掃至前方（圖5－429）。

(12)棍繼續向左、向後運行，當棍運行到左臂後側時，左上臂卸力停棍，成左搭棍姿勢收棍（圖5－430）。

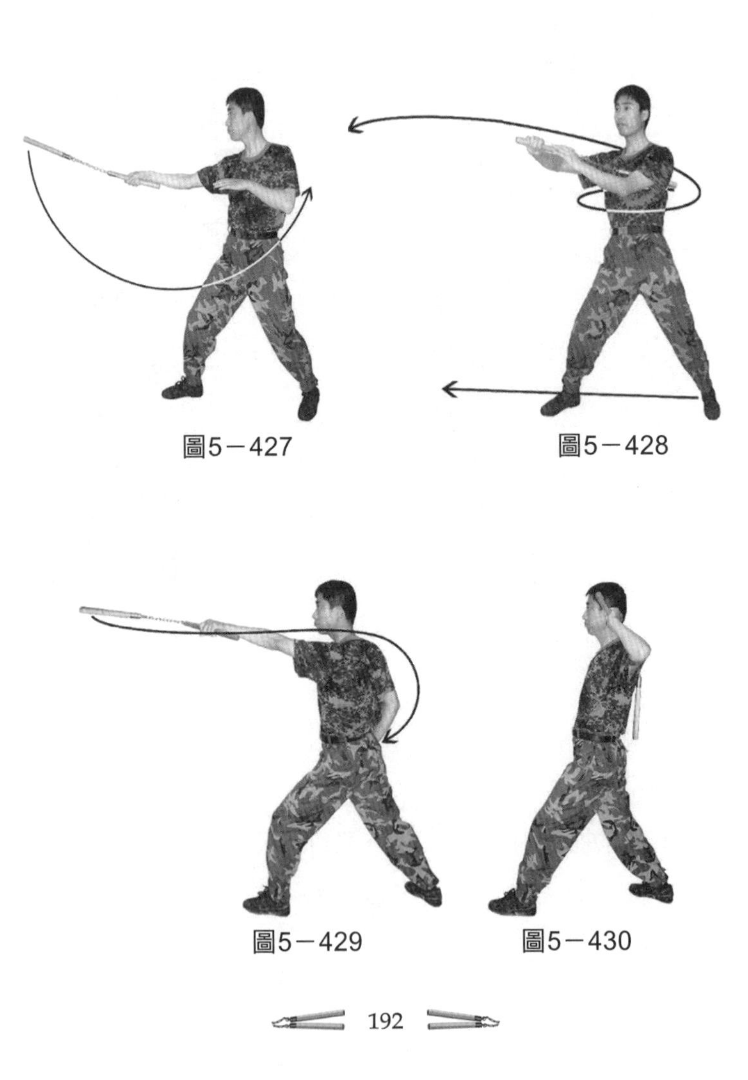

圖5－427 圖5－428

圖5－429 圖5－430

61.拋磚引玉

反疊棍。上拋，抓握，正疊棍，右上撩，扛棍，左下劈，腰反彈，右掃，腰卸力，上撩，挎棍，右臂內旋，棍鏈從臂上滑脫，下壓，下推棍。

【技法特色】這是一個迷惑性攻擊又帶有防守的技法。

拋棍具有迷惑性，撩擊和劈擊能給敵以有效打擊，下推棍能防止敵人短兵對中下盤的反擊。

【動作要領】上拋棍抓握要準，撩擊和劈擊要快，下推棍要有力。

【圖譜詳解】

(1)右腳在前，右手陰把握棍，成反疊棍姿勢（圖5－431）。

(2)右手向上提棍並鬆手，右手臂內旋，右手在空中陽把抓握雙棍，瞬間成正疊棍姿勢（圖5－432）。

圖5－431

圖5－432

(3)右手向前上運棍並鬆開其中一棍，使棍向前、向上運行，棍繼續向後運行，當棍運行至右後時，右肩背卸力停棍，瞬間成右扛棍姿勢（圖5－433）。

(4)右手向左下運棍，使棍從後側向上、向前、向左下運行至左側，左腰卸力反彈（圖5－434）。

(5)棍向前、向右平掃至右側，右腰卸力停棍（圖5－435）。

(6)右手向前上運棍，使棍向下、向前、向上運行，棍繼續向後運行至右臂後側，左手在右腋下陽把抓握棍，瞬間成右挎棍姿勢（圖5－436）。

(7)右臂內旋向前下伸，棍鏈從右上臂滑脫，成下推棍姿勢收棍（圖5－437）。

62.披荊斬棘

夾棍。前劈，自然回棍，搭棍，左下劈，腰反彈，右上撩，背棍。

【技法特色】這是一個經典的劈棍撩棍攻擊技法。

圖5－433

圖5－434

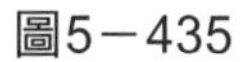

圖5－435　　圖5－436　　圖5－437

【動作要領】左劈右撩都要配合轉腰發力，做到快速有力。

【圖譜詳解】

(1)右腳在前，右手陽把持棍，成右夾棍姿勢（圖5－438）。

(2)右腋鬆開，右手持棍向前下運棍，使棍從右腋處開始向前、向下運行至右前下方（圖5－439）。

(3)右手控棍在右前下方減速制動，使棍自然停止，繼而向上撩棍，使棍向前、向上、向後運行，當棍運行至右臂後側時，右臂外側卸力停棍，瞬間成搭棍姿勢（圖5－440）。

圖5－438

(4)右手持棍向左下運棍，使棍從後側向上、向前、向左下運行至左側，左腰卸力反彈（圖5－441）。

(5)右手持棍繼續向右上運棍，使棍向前、向右上、向後運行，棍在後側繼續向左下運行，當運行至左腰後側時，左手在左腰側陽把接棍，成背棍的姿勢收棍（圖5－442）。

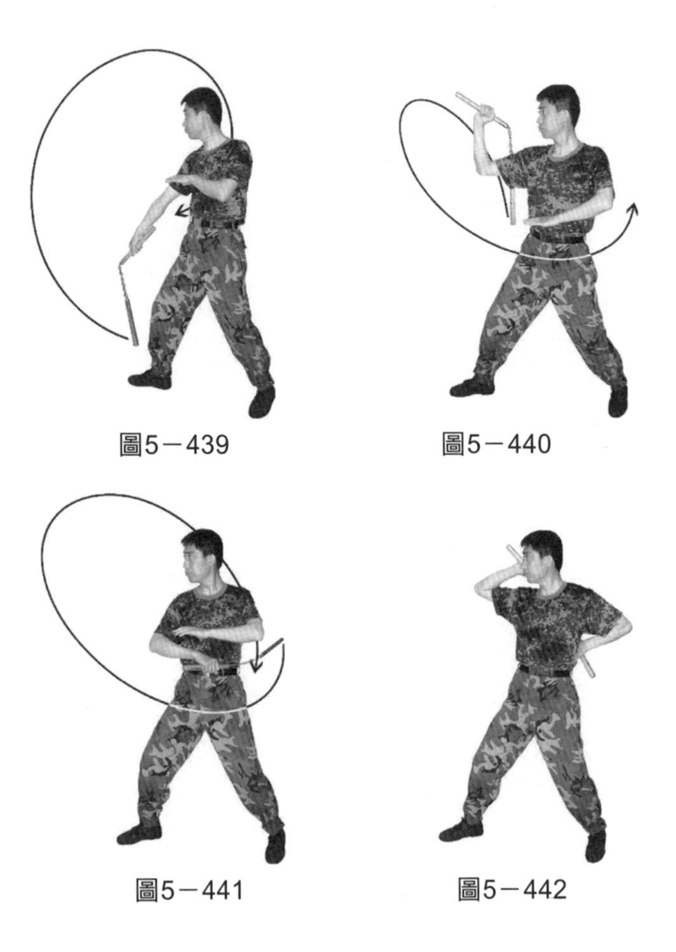

圖5－439

圖5－440

圖5－441

圖5－442

63.平沙落雁

前拉棍。撩棍，接棍，前拉棍，反覆多次，前向滑步蓋劈，懸棍，撩棍，接棍，前拉棍。

圖5－443

【技法特色】這是一個挑逗後進行攻擊的技法。撩棍是挑逗性動作，蓋劈是攻擊性動作，挑逗是在尋找攻擊時機，同時也具有迷惑性。

【動作要領】每次撩棍或漫不經心，或像要撩擊，尋找進攻的時機，在敵困惑之際發動快速的一劈。

【圖譜詳解】

(1)右腳在前，雙手握棍成前拉棍姿勢（圖5－443）。

(2)鬆開左手，右手運棍，從下向前上撩棍，使棍向下、向前、向上運行至前上方（圖5－444）。

(3)棍繼續向後運行並開始下落，左手陽把接棍（圖5－445）。

圖5－444

圖5－445

(4)左手撤回，瞬間成拉棍姿勢（圖5－446）。

(5)鬆開左手，右手持棍向前劈擊，使棍向上、向前運行至前方（圖5－447）。

(6)棍繼續向下、向後運行至右側下方（圖5－448）。

(7)自然停棍，右手運棍向前上撩棍，使棍向前、向上運行至前方（圖5－449）。

(8)棍繼續向後運行並開始下落，左手陽把接棍（圖5－450）。

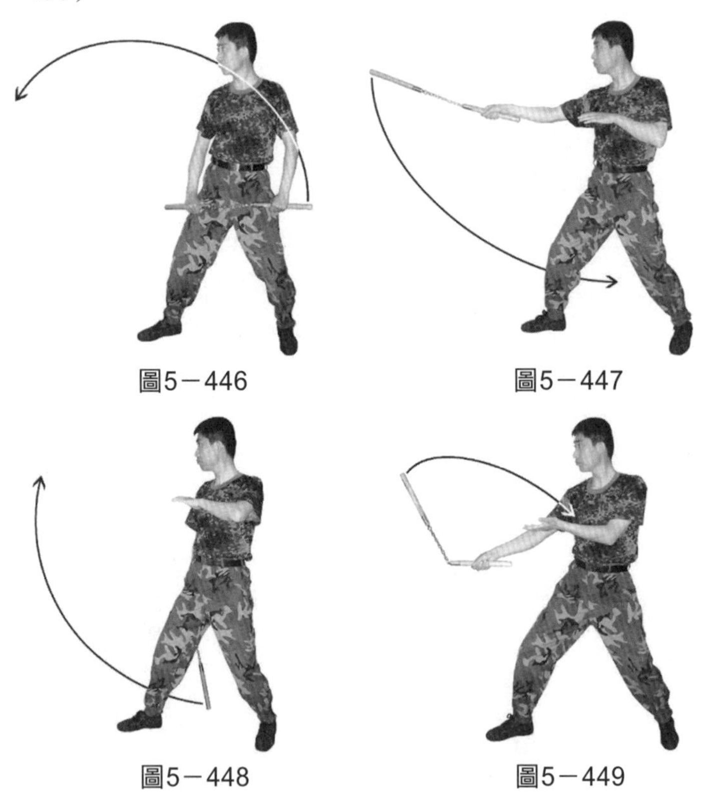

圖5－446　圖5－447

圖5－448　圖5－449

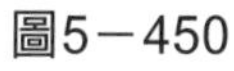

圖5－450

圖5－451

(9)左手撤回，成拉棍姿勢收棍（圖5－451）。

64.潛龍出水

挎棍。右手持棍佯攻然後復原，左手持棍左上掃，左搭棍或挎棍。

【技法特色】這是經典的佯攻技巧，簡潔實用。這是上好的技法，看似簡單實則很實用，需要多花功夫，要進行經常性的假想訓練或模擬訓練。

【動作要領】佯攻要逼真，左上掃要快速有力。

【圖譜詳解】

(1)右腳在前，成右挎棍姿勢（圖5－452）。

(2)右手持棍向前微動，佯裝攻擊（圖5－453）。

(3)隨即鬆右手，左手向左上掃棍，使棍向下、向前運行至前方（圖5－454）。

(4)棍繼續向左上、向後、向下運行至左臂後側，右手在左腋下陽把抓握棍，成左挎棍姿勢收棍（圖5－455）。

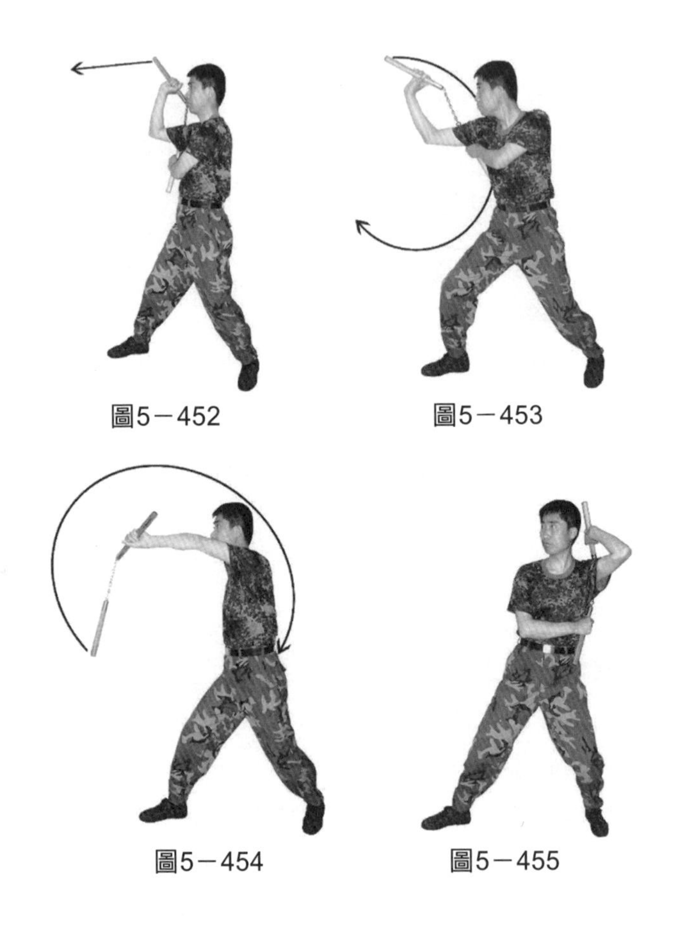

圖5－452　圖5－453

圖5－454　圖5－455

65.敲山震虎

擂棍。左手棍右擺，隨後右手棍左擺，兩棍交叉擊到一起，雙棍收回，擂棍，向前戳，收回，擂棍。

【技法特色】這是一個進攻後防守並再次攻擊的技法。擺棍擊敵，若敵抓棍不放，則用另一棍狠砸敵手，令其骨斷筋折；棍收回後緊接又一有力的戳擊，攻其中盤要

害，可令敵徹底失去戰鬥力。這是雙棍配合使用的技法，沒有揮舞動作，簡單實用，具有實戰性。

【動作要領】擺棍要有爆發力，戳棍要力達棍端。

【圖譜詳解】

(1)右腳在前，雙手握棍成擂棍姿勢（圖5－456）。

(2)左手棍向右擺擊（圖5－457），此一擺擊用來防守，當敵近身進攻時，用棍擺擊，一般攻擊部位為敵方手腕。

(3)右手棍向左擺擊，與左手棍敲擊到一起，發出聲響（圖5－458），棍被敵抓住的情況下，用另一棍砸其手是很好的解決方法。

(4)雙手收回，瞬間成擂棍姿勢（圖5－459），蓄勢待發。

(5)雙手持棍向前用力戳擊（圖5－460），雙棍向前戳擊時，上身要向前傾，雙腳蹬地，全身配合用力，而不是單獨用雙臂的力量。

(6)雙手收回，成擂棍姿勢收棍（圖5－461）。

圖5－456

圖5－457

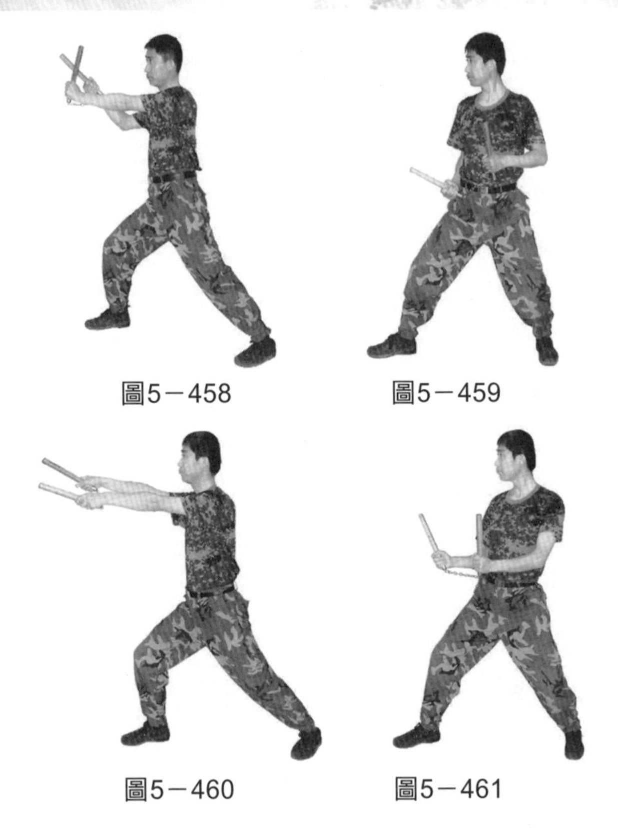

圖5－458　圖5－459

圖5－460　圖5－461

66.巧施妙手

反握夾棍。上撩，手臂外旋，鏈繞腕，鬆開手中棍，手臂內旋，反把抓握游離棍，重複，待游離棍蕩至前方，自然停棍回行，向後向上向前運行，鏈繞腕，鬆開手中棍，正把抓握游離棍，立圓，順勢夾棍。

【技法特色】這是舞花的技巧性動作，具有觀賞性，不具有攻擊性。

【動作要領】要求換把抓握準確，兩棍連續繞轉。鏈

繞手腕後的換把接棍是技術難點，容易造成脫棍，需反覆練習。

【圖譜詳解】

(1)右腳在前，右手陰把持棍，成右夾棍姿勢（圖5－462）。

(2)右手運棍向前上撩擊，棍運行至前方（圖5－463）。

(3)棍繼續向上運行，右臂外旋，棍繼續向後、向下運行，使棍鏈繞腕部，準備鬆開右手，此時游離棍處於右臂下方（圖5－464）。

(4)右手棍鬆開後變成游離棍向後運行至右後，右臂下方原來的游離棍繼續向前、向上運行，右手順勢進行陰把抓握（圖5－465）。

(5)右手陰把持棍繼續向前運棍，使棍蕩至前方（圖5－466）。

(6)自然停棍，向後向上運棍，棍運行至右臂後側，棍鏈貼右手腕（圖5－467）。

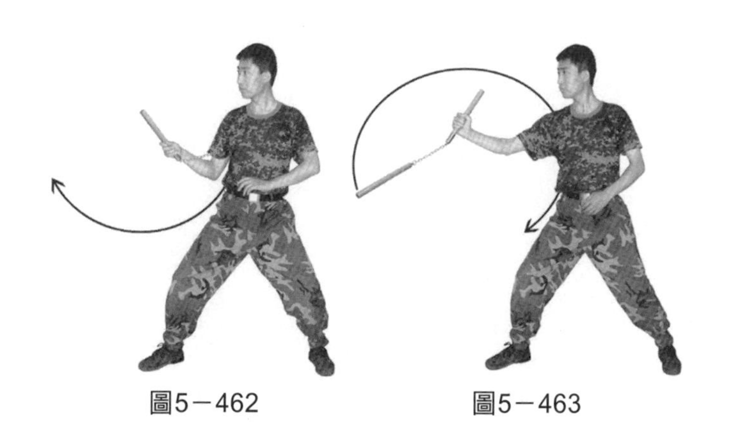

圖5－462　　圖5－463

(7)鬆開右手，右手棍向下運行至右臂下方，右臂後側原來的游離棍繼續向上、向前運行，右手順勢進行陽把抓握（圖5－468）。

(8)右手繼續向前下運棍，使棍由後側向上、向前、向下、向後運行，當棍運行至右臂下方時，右腋接棍，成右夾棍姿勢收棍（圖5－469）。

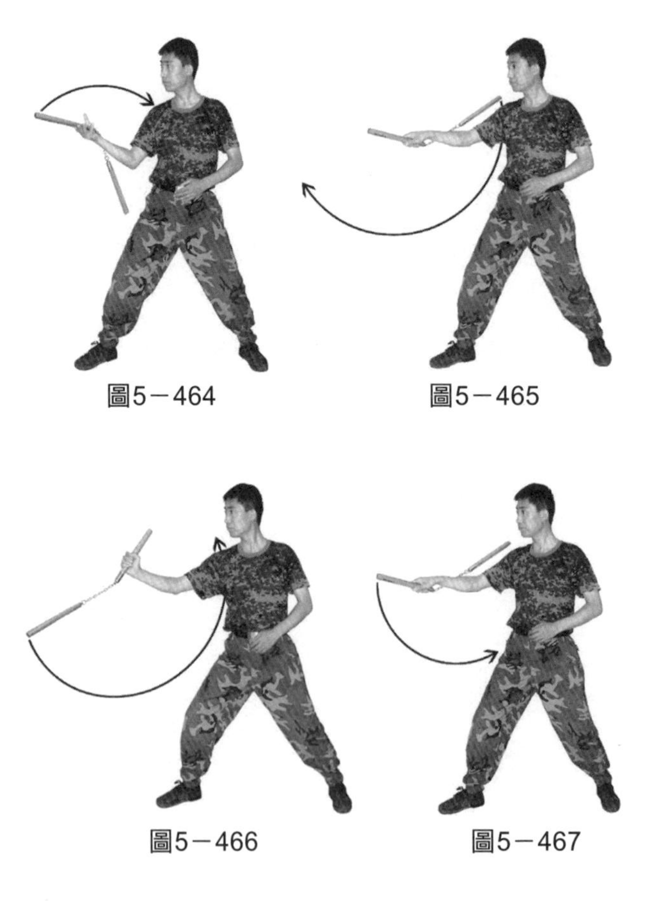

圖5－464 圖5－465

圖5－466 圖5－467

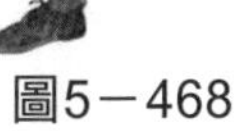
圖5－468

圖5－469

67.青龍絞尾

左手左肩背棍。上撩繞弧，左下劈，腰卸力，右上撩，右手右肩背棍。

【技法特色】這是一個經典的劈擊技法，同時也能訓練背棍式接棍的技巧。

【動作要領】左下劈與上身左轉合力。背棍式接棍要準，防止傷及手部。

【圖譜詳解】

(1)右腳在前，右手在右腰側陽把握棍，左手在左肩上方陽把握棍，成背棍姿勢（圖5－470）。

(2)鬆開左手，右手持棍向前上撩棍，使棍從後側向下、向前、向上運行至右前上方（圖5－471）。

(3)右手持棍繞弧向左下運棍，使棍向左下、向後運行至左後側，左腰卸力反彈（圖5－472）。

(4)右手向右上運棍，使棍向前、向右上、向後運行，棍在後側繼續向左下運行，當運行至左腰後時，左手

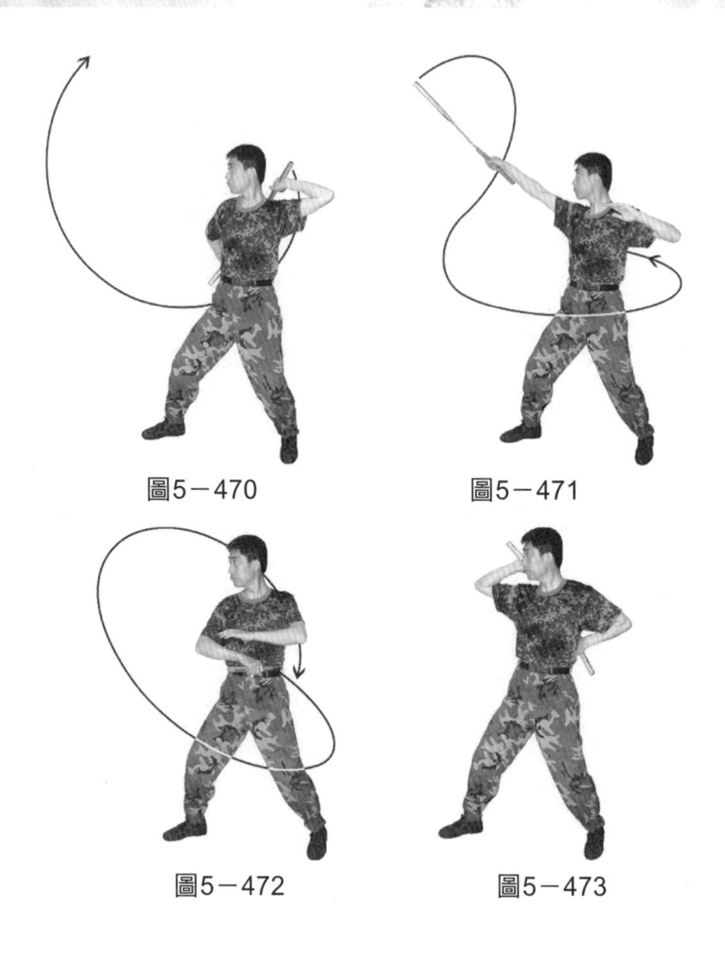

圖5－470　圖5－471

圖5－472　圖5－473

在左腰側陽把接棍，成背棍姿勢收棍（圖5－473）。

68.青龍攪海

懸棍（正握或反握）。上提，游離棍以所握棍為軸順（逆）時針在體前轉擺數周，左掃，腰卸力，右上撩，搭棍或扛棍。

【技法特色】這是一個封鎖之後進行攻擊的技法，

圖5－474

游離棍的攪動逼敵後退，同時尋找攻擊時機，對敵進行掃擊和撩擊。

【動作要領】游離棍的轉擺或快或慢，掃擊和撩擊要快速有力。

【圖譜詳解】

(1)右腳在前，右手持棍，成右側懸棍姿勢（圖5－474）。

(2)右手運棍，使棍由右下向左、向上、向右沿暫態針的圓周軌跡運行至右前上方（圖5－475）。

(3)棍繼續暫態針運行一周後回至右前上方（圖5－476）。

(4)右手向左下運棍，使棍由右上向左下掃，當棍掃至左側時，左腰進行卸力反彈（圖5－477）。

(5)棍向右上運行至右前方（圖5－478）。

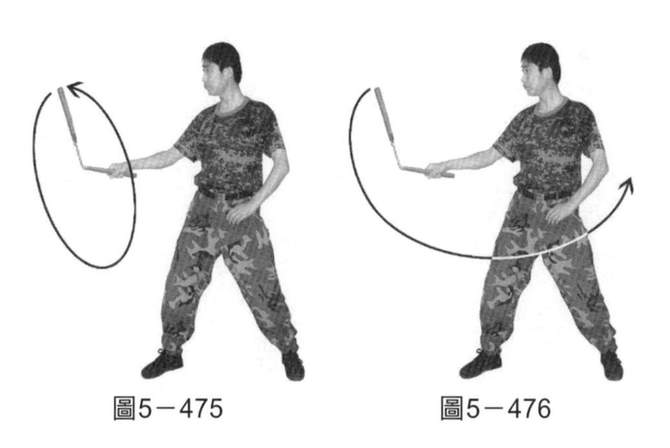

圖5－475　　圖5－476

(6)棍繼續向上、向右後運行，當棍運行至右肩後側時，右肩背卸力停棍，成扛棍姿勢收棍（圖5－479）。

(7)右腳在前，右手持棍，成右側懸棍姿勢（圖5－480）。

(8)右手運棍，使棍向右、向上、向左逆時針運行至前上方（圖5－481）。

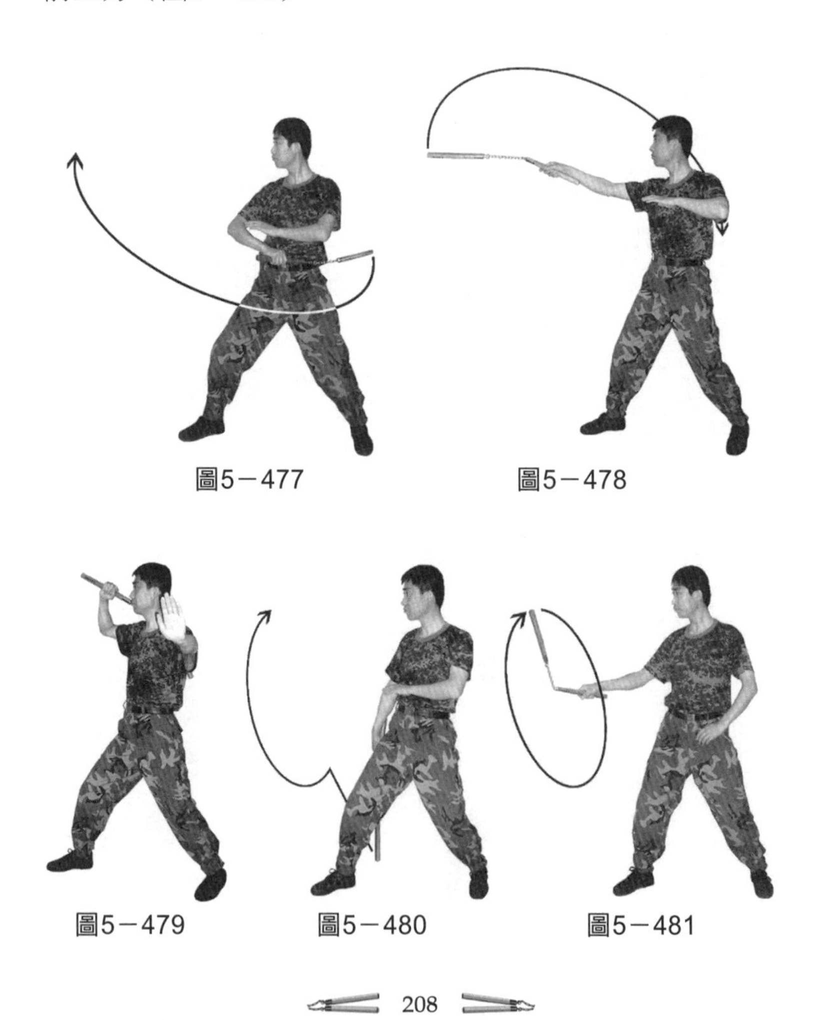

圖5－477　圖5－478

圖5－479　圖5－480　圖5－481

(9) 棍繼續逆時針運行一周後回至前上方（圖5－482）。

(10) 右手向左下運棍，使棍由前向左下掃，當棍掃至左側時，左腰進行卸力反彈（圖5－483）。

(11) 棍向右上運行至右前方（圖5－484）。

(12) 棍繼續向上、向右後運行，當棍運行至右肩後側時，右肩背卸力停棍，成扛棍姿勢收棍（圖5－485）。

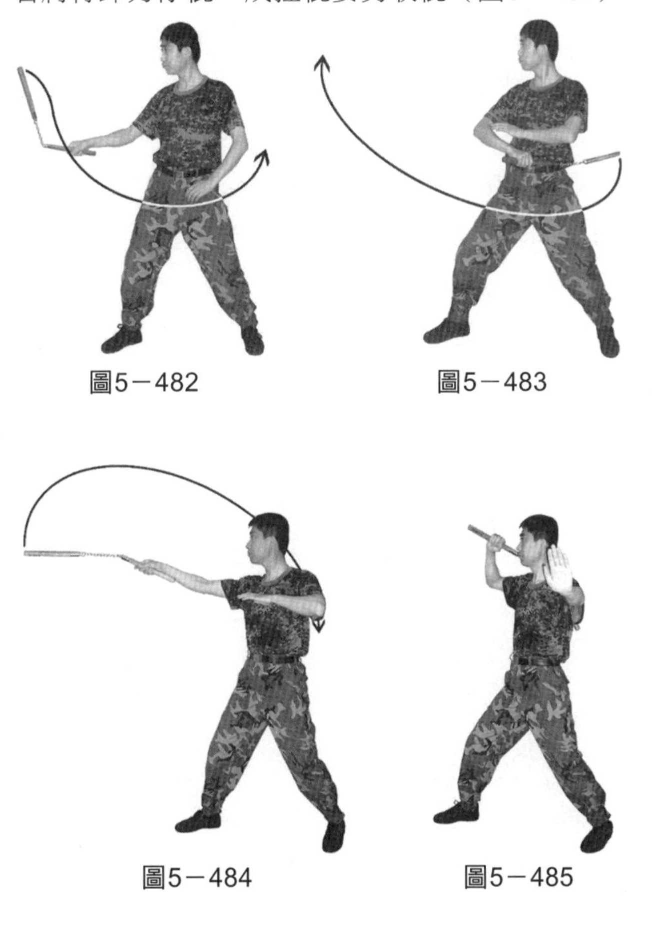

圖5－482　圖5－483

圖5－484　圖5－485

69. 青龍獻爪

夾棍。左轉，右掃，右上臂停棍，左掃，左上臂停棍，頭上掃一周，夾棍。

【技法特色】這是一個掃棍攻擊技法。夾棍時直接掃棍以及掃棍時進行夾棍是本技法的最大特點。

【動作要領】夾棍右掃，甩抖而出，要剛猛有力。

【圖譜詳解】

(1)右腳在前，右手持棍成右夾棍姿勢（圖5－486）。

(2)上身左轉，蓄勢待發（圖5－487）。

(3)上身右轉同時向右掃棍，當棍向前、向右運行至右側時，右上臂進行卸力反彈（圖5－488）。

(4)棍向左平掃，當棍向前、向左運行至左側時，左上臂卸力反彈（圖5－489）。

(5)棍向右上掃至右上方（圖5－490）。

(6)棍在頭頂繼續向右、向後、向左、向前沿圓周軌跡運行，棍繼續向右運行並下落，當棍運行至右臂下方時，右腋接棍成右夾棍姿勢收棍（圖5－491）。

圖5－486

圖5－487

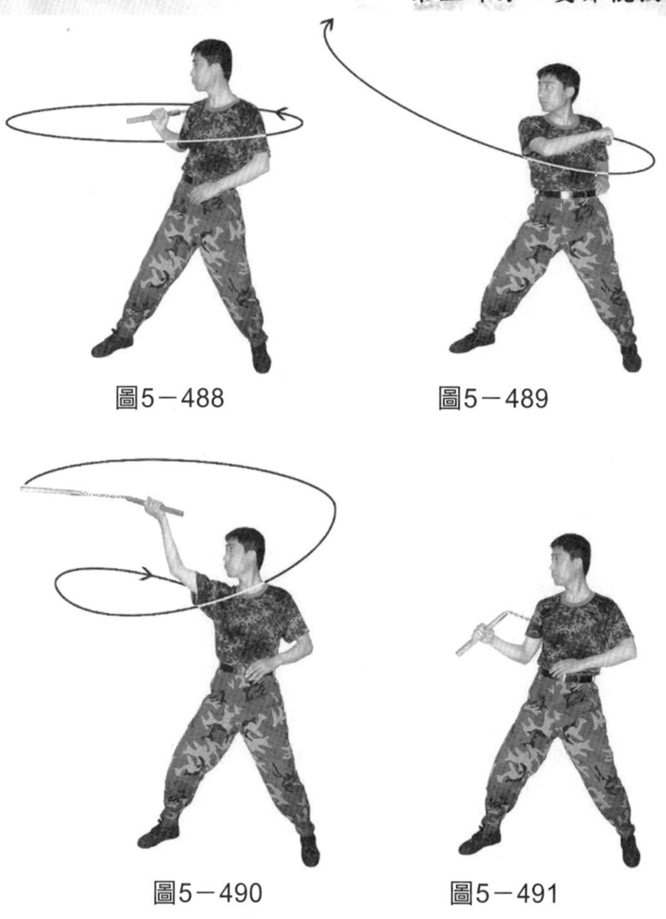

圖5－488　圖5－489

圖5－490　圖5－491

70.青梅竹馬

左右開立，右拖棍。鬆左手，右手運棍由後向前向下蓋打鑽襠，左手左後接棍，鬆右手，左手運棍由後向前向下蓋打鑽襠，右手右後接棍，鬆左手，右手運棍由後向前向下蓋打鑽襠，左手左後接棍，反覆，鬆右手，左手運棍由後向前向右下蓋打，右手接棍成右拖棍。

【技法特色】此技法具有訓練價值，訓練棍鑽襠後進行換把接棍的技巧。

【動作要領】換把接棍要準確，動作銜接要自然流暢。

【圖譜詳解】

(1)左右開立，左手陽把握棍在前，右手陽把握棍在後，成右側拖棍的姿勢（圖5－492）。

(2)鬆左手，右手運棍使棍向下、向後運行，棍繼續向上、向前、向下蓋打並鑽襠，棍繼續向後運行，左手在身體左後陽把接棍（圖5－493）。

(3)鬆右手，左手運棍，使棍從襠下向後鑽出，棍繼續向上、向前、向下蓋打並鑽襠，棍繼續向後運行，右手在身體右後陽把接棍（圖5－494）。

(4)鬆左手，右手運棍，使棍從襠下向後鑽出，棍繼續向上、向前、向下蓋打並鑽襠，棍繼續向後運行，左手在身體左後陽把接棍（圖5－495）。

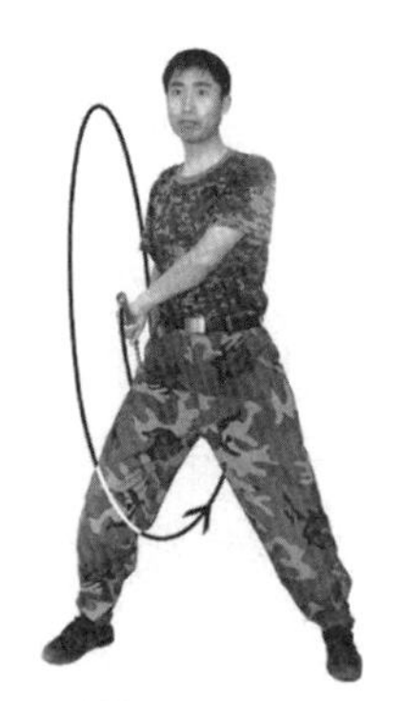
圖5－492

圖5－493

圖5－494

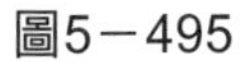

圖5－495

圖5－496

(5)鬆右手，左手運棍，使棍從襠下向後鑽出，棍繼續向上、向前、向右下蓋打，待棍運行至右後方時，右手陽把接棍，成右拖棍姿勢收棍（圖5－496）。

71.請君入甕

拉棍。上抬，用鏈部下格，同時左腳左踏，上身右移，右轉90度，隨後右棍向下、向裡、向上、向外繞，用鏈絞。左手向上抬棍繞解，體前立圓，左掃，左懸棍。

【技法特色】這是一個防守反擊對付長兵的技法。先攔截封絞敵長兵，而後發動攻擊。

【動作要領】在同伴的配合下做對抗練習，仔細體會攔截封絞後的進攻動作。

【圖譜詳解】

(1)右腳在前，左右手陽把握棍，成前拉棍姿勢（圖5－497）。

(2)左腳向左前上步，上身右轉，同時右手棍向上抬高，然後雙手用力向右下推（圖5－498）。

(3)隨後右手絞棍，使右手棍的頂端向下、向裡、向上、向外繞，此時棍鏈繞成環狀（圖5－499）。

(4)雙手將棍鏈拉直（圖5－500）。

(5)左手向上抬棍並鬆手，棍向上、向右、向下、向左、向上繞解，棍運行至前上方（圖5－501）。

(6)棍繼續向右、向下運行，運棍繼續向左掃，左腰卸力停棍，成懸棍姿勢收棍（圖5－502）。

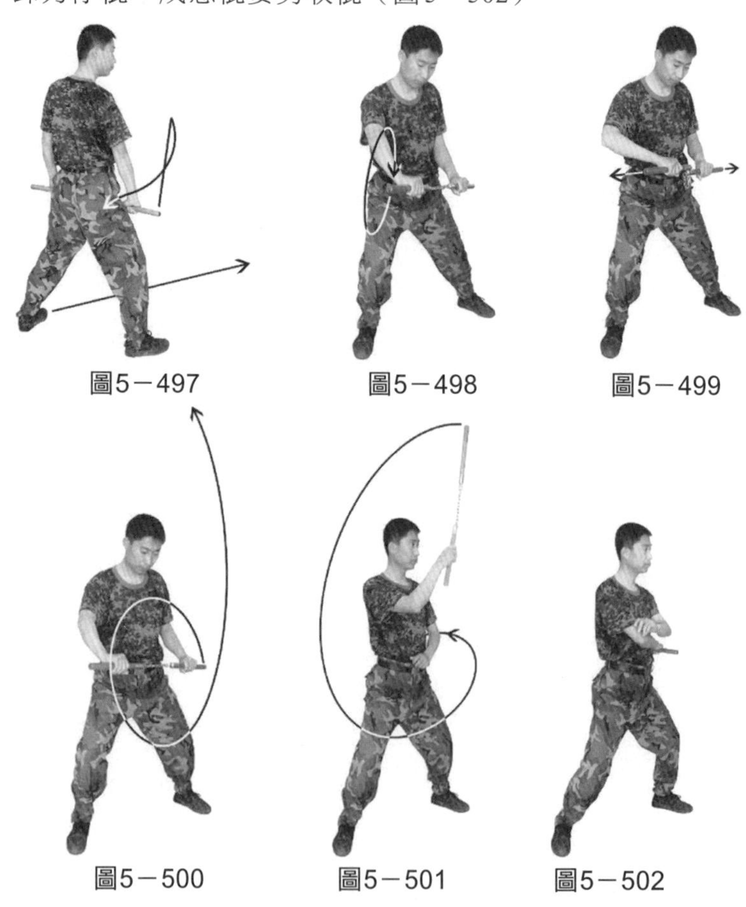

圖5－497 圖5－498 圖5－499

圖5－500 圖5－501 圖5－502

72.如封似閉

左右開立，上身微右轉，右後立圓，右腋帶棍，上身微左轉，前立圓，上身微左轉，帶棍至左側，左後立圓，當棍在左上方時，右轉身，將棍由頭前上方直接帶至右側，右後立圓，重複。

【技法特色】這是基礎技法，是訓練運棍能力的重要技法。此技法還具有較高的欣賞價值。

【動作要領】棍在右後、前、左後三處變換，腳不動，上身左右轉動。棍的軌跡為右正左反，棍由正到反時用右腋帶，由反到正時自然掄動。

【圖譜詳解】

(1)左右開立，目視右側，棍從右前下方開始運行（圖5－503）。

(2)上身右轉或保持不變，在右側運棍走立圓，棍運行至右前下方（圖5－504）。

圖5－503

圖5－504

圖5－505

(3)棍繼續向前、向下、向後運行，上身左轉成左右開立勢，棍繼續向上運行至右後上方，棍緊貼右臂後側（圖5－505）。

(4)用右臂壓帶棍鏈，使棍繼續向右、向下、向左、向上運行至身體左上方，棍鏈從右腋下解脫（圖5－506）。

(5)在體前成左右立圓運棍一周，使棍向右、向下、向左運行，上身左轉，棍繼續向上運行至左前上方（圖5－507）。

(6)棍繼續向後運行，在左側棍走立圓，棍運行至左前上方（圖5－508）。

圖5－506

圖5－507

圖5－508

圖5－509

(7)上身右轉，成左右開立勢，棍繼續向右、向下運行至右前下方，目視右側（圖5－509）。可重複上面動作，也可順勢收棍。

73.撒花蓋頂

挎棍。左下劈，左腰卸力，右掃，鬆右手，攬手臂，向右帶棍，雙棍以腕為軸順時針轉動，約一周，右手反握另一棍，頭頂旋轉一周，右下劈，右腰卸力，左掃，鬆右手，攬手臂，向左帶棍，雙棍以腕為軸逆時針轉動，約一周，右手正握另一棍，頭頂旋轉一周，左下劈，左腰卸力。反覆。

右掃右腰卸力，左上撩，換步左轉360度的同時，頭頂鬆右手攬手臂反握換把，左下劈，左腰卸力，換步右轉360度的同時，頭頂鬆右手攬手臂正握換把，右下劈，右腰卸力。可反覆。上撩，挎棍。

【技法特色】這是一種較為高難的舞花動作，要求有較強的控棍能力。此技法具有較高的欣賞價值，很適合表演場合。

【動作要領】要求換把抓握準確，兩棍連續繞轉。鏈繞手腕後的換把接棍是技術難點，容易造成脫棍，需反覆練習，同時要注意保護頭部。

【圖譜詳解】

(1)右腳在前，雙手持棍成右挎棍姿勢（圖5－510）。

(2)上身左轉成左右開立，同時向左下劈棍，左腰卸力反彈（圖5－511）。

(3)向右掃棍，鬆開右手，手掌伸直，使棍鏈向手背貼靠，此時原來的游離棍在右手的右側，原來所握的棍在右手的左側（圖5－512）。

(4)攪動手臂，兩棍節繞手腕部運轉，右手陰把抓握右側的棍（原來的游離棍），左側的棍運行至右下方（圖5－513）。

圖5－510

圖5－511

(5)棍繼續在體前沿小平圓的軌跡運行一周，繼而向右上運行至頭頂上方的右側（圖5－514）。

(6)在頭頂上方，棍繼續向後、向左、向前成圓周運行，棍繼續向右下運行，當運行至右側時，右腰卸力反彈（圖5－515）。

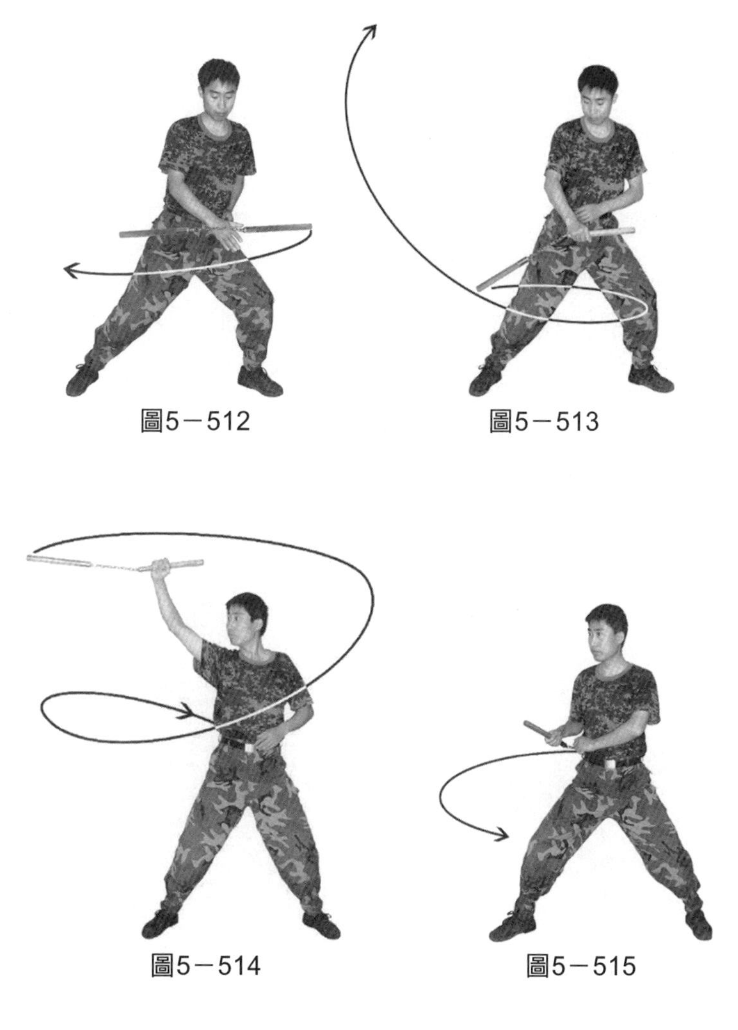

圖5－512　圖5－513

圖5－514　圖5－515

圖5－516

(7)右手陰把握棍呈逆時針運棍，棍運行至身體右前方（圖5－516）。

(8)棍繼續向左運行，鬆開右手，手掌伸直，使棍鏈向手背貼靠，此時原來的游離棍在右手的左側，原來所握的棍在右手的右側（圖5－517）。

(9)攬動手臂，兩棍節繞手腕部運轉，右手陽把抓握左側的棍（原來的游離棍），右側的棍運行至右前方（圖5－518）。

(10)棍繼續在體前沿小平圓的軌跡運行一周，繼而向左上運行至頭頂上方的左側（圖5－519）。

(11)在頭頂上方，棍繼續向後、向右、向前沿圓周運行，棍繼續向左下運行，當運行至左側時，左腰卸力反彈（圖5－520）。

圖5－517

圖5－518

(12)右手持棍向右平掃，使棍向前、向右運行至身體右側，右腰進行卸力反彈（圖5－521）。

(13)右手運棍由後向前、向左上掃，同時上身左轉並且右腳上步，上身繼續左轉成左右開立，此時棍運行至頭頂上方左側（圖5－522）。

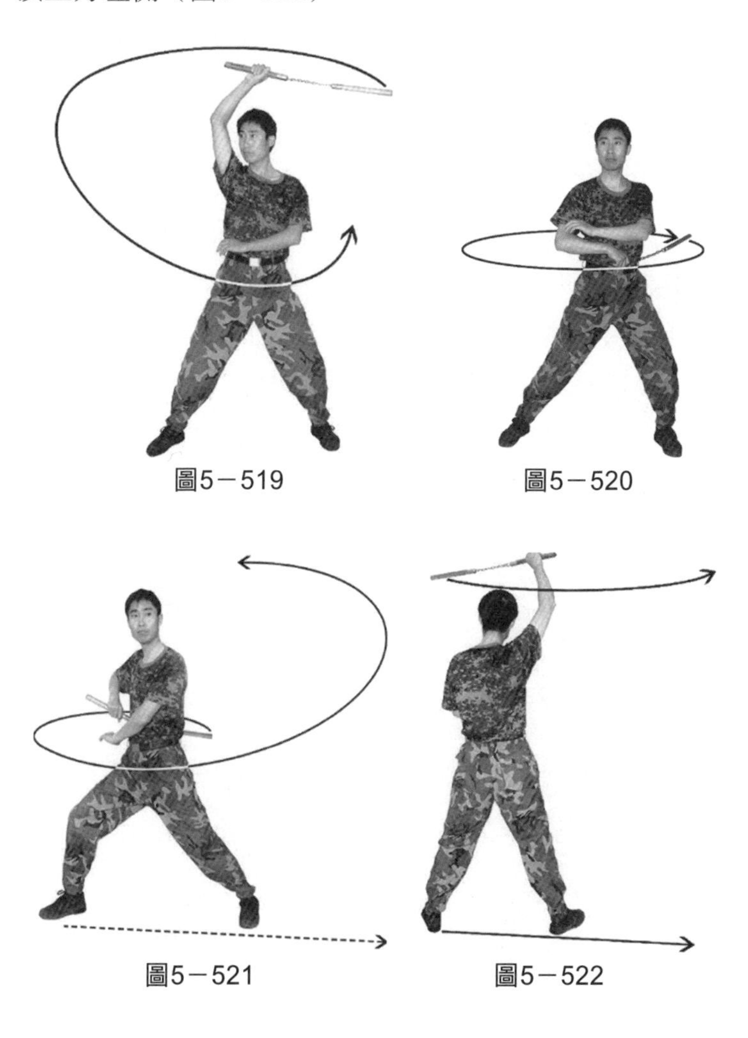

圖5－519　圖5－520

圖5－521　圖5－522

(14)左腳向右後方向插步，棍繼續向後、向右運行，鬆開右手，手掌伸直，使棍鏈向右手背貼靠，此時原來的游離棍在右手的右側，原來所握的棍在右手的左側（圖5－523）。

(15)微左轉身的同時攪動手臂，兩棍節繞手腕部運轉，右手陰把抓握右側向前向左運行的棍（原來的游離棍），左側的棍向後、向右運行至右側（圖5－524）。

(16)繼續向左轉身，同時向左下劈棍，當棍運行至左腰側時，左腰進行卸力反彈（圖5－525）。

(17)右手陰把運棍由後向前、向右上掃，同時上身右轉並且左腳上步，上身繼續右轉成左右開立，此時棍運行至頭頂上方右側（圖5－526）。

(18)右腳向左後方向插步，棍繼續向後、向左運行，鬆開右手，手掌伸直，使棍鏈向手背貼靠，此時原來的游離棍在右手的左側，原來所握的棍在右手的右側（圖5－527）。

圖5－523　　圖5－524

(19)攪動手臂，兩棍節繞手腕部運轉，右手陽把抓握左側向前向右運行的棍（原來的游離棍），右側的棍向後、向左運行，右轉身180度，棍繼續運行至左上方（圖5－528）。

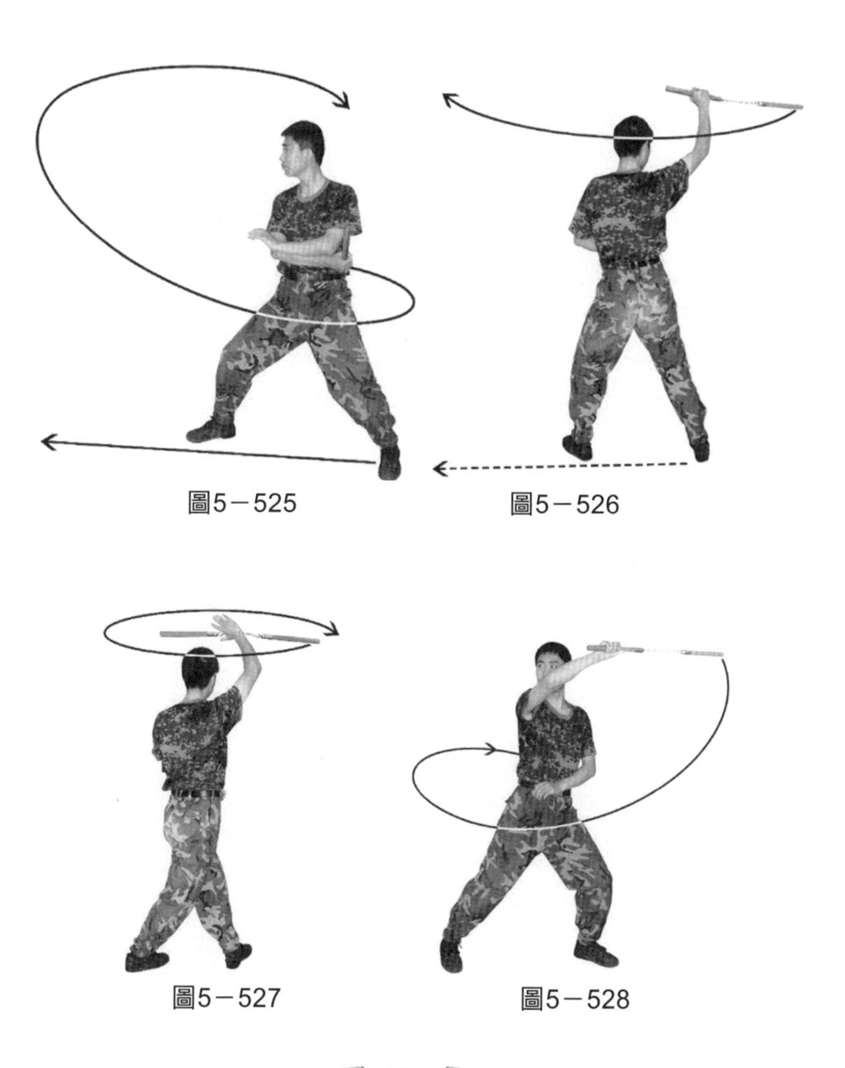

圖5－525　圖5－526

圖5－527　圖5－528

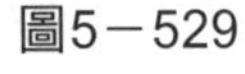
圖5－529

圖5－530

(20)向右下劈棍，當棍運行至右側時，右腰進行卸力停棍（圖5－529）。

(21)向前上撩棍，使棍向前、向上、向後運行，當棍運行至右臂後側時，左手在右腋下陽把接棍，成右挎棍姿勢收棍（圖5－530）。

74.神龍擺尾

雙手正握前拉棍。右手棍向左格擊，左手棍向右格擊，右手棍上挑或前戳，上抬，「八」字撐棍，雙棍向下摟或戳擊，同時頂膝，撐棍（圖5－531～圖5－537）。

雙手正握前拉棍。右手棍向右格擊，左手棍向左格擊，右手棍上挑或前戳，上抬，「八」字撐棍，雙棍向下摟或戳擊，同時頂膝，撐棍（圖5－538～圖5－544）。

雙手正握前拉棍。右手棍向右格擊，左手棍向右擺擊，右手棍上挑或前戳，上抬，「八」字撐棍，雙棍向下摟或戳擊，同時頂膝，撐棍（圖5－545～圖5－551）。

【技法特色】這是經典的防守反擊技法，簡單有效。連續兩次格擊，阻擊敵進攻的手臂或短兵，然後戳擊敵空檔部位，利用敵俯身機會，「八」字撐棍戳擊敵背或掛住敵頭頸，頂膝撞其面門。

【動作要領】格擊時要反應迅速，戳擊時找準空檔，摟棍與頂膝要合力。可與同伴進行模擬訓練。

【圖譜詳解】

(1)右腳在前，雙手陽把握棍成前拉棍姿勢（圖5－531）。

(2)右手持棍向左格擊（圖5－532）。

(3)右手棍向右下收回，左手持棍向右格擊（圖5－533）。

(4)左手棍收回，右手持棍向前戳擊（圖5－534）。

圖5－531

圖5－532　圖5－533　圖5－534

(5)雙手持棍成「八」字形向上抬，棍鏈高過頭頂（圖5－535）。

(6)雙棍向下戳擊，同時右腿向上頂膝（圖5－536）。

(7)右腳落地，雙手向前封棍，成「八」字撐棍姿勢收棍（圖5－537）。

(8)右腳在前，雙手陽把握棍成前拉棍姿勢（圖5－538）。

圖5－535 圖5－536

圖5－537 圖5－538

(9)右手持棍向右格擊（圖5－539）。

(10)右手棍向右下收回，左手持棍向左格擊（圖5－540）。

(11)左手棍收回，右手持棍向前戳擊（圖5－541）。

(12)雙手持棍成「八」字形向上抬，棍鏈高過頭頂（圖5－542）。

圖5－539　圖5－540

圖5－541　圖5－542

(13)雙棍向下戳擊，同時右腿向上頂膝（圖5－543）。

(14)右腳落地，雙手向前封棍，成「八」字撐棍姿勢收棍（圖5－544）。

(15)右腳在前，雙手正握棍成前拉棍姿勢（圖5－545）。

(16)右手持棍向右格擊（圖5－546）。

(17)左手持棍向右擺擊（圖5－547）。

圖5－543　圖5－544　圖5－545

圖5－546

圖5－547

(18)左手棍收回，右手持棍向前戳擊（圖5－548）。

(19)雙手持棍成「八」字形向上抬，棍鏈高過頭頂（圖5－549）。

(20)雙棍向下戳擊，同時右腿向上頂膝（圖5－550）。

(21)右腳落地，雙手向前封棍，成「八」字撐棍姿勢收棍（圖5－551）。

圖5－548　圖5－549

圖5－550　圖5－551

75.神牛擺首

前拉棍。左轉身，同時將棍重疊有聲，右轉身棍崩出，左回棍，左拖棍或前拉棍。

【技法特色】這是一個重視打擊力和破壞力的技法。棍崩出，有如甩鞭梢，打擊力度超過普通的掃棍。

【動作要領】棍崩出，不要成為掃棍。

【圖譜詳解】

(1)右腳在前，雙手陽把握棍，成前拉棍姿勢（圖5－552）。

(2)左轉身180度，將兩個棍節重疊到一起，棍節重疊時要撞擊發出清脆的響聲（圖5－553）。

(3)右轉身180度的同時，鬆開一棍向前崩出，游離棍猶如被扔出去一樣，剛甩出時不受棍鏈的制約，棍運行至前方（圖5－554）。

(4)棍開始向右下落，運行至右側下方時，右手控棍制動減速，使棍自然停止，瞬間成懸棍姿勢（圖5－555）。

圖5－552　圖5－553

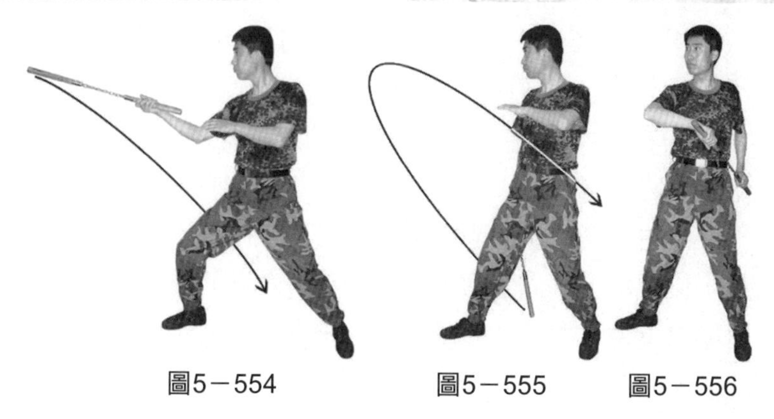

圖5－554　圖5－555　圖5－556

(5)運棍斜掃，使棍由右下向左上掃至前方，棍繼續向左下掃，當運行至左側時，左手陽把接棍，成左拖棍姿勢收棍（圖5－556）。

76.獅子抖毛

挎棍。左掃，左上臂反彈，右掃，右上臂反彈，反覆，左掃，左上臂反彈，右下劈，回棍，挎棍。

【技法特色】這是一個具有訓練價值的基礎技法，主要訓練上臂反彈技巧。

【動作要領】掃棍與反彈要配合上身的轉動。

【圖譜詳解】

(1)右腳在前，雙手陽把持棍成挎棍姿勢（圖5－557）。

(2)右手運棍左掃，使棍由後向前、向左運行至左側，左上臂的外側進行卸力反彈（圖5－558）。

(3)右手運棍右掃，使棍由後向前、向右運行至右側，右上臂的外側進行卸力反彈（圖5－559）。

(4)右手運棍左掃，使棍由後向前、向左運行至左側，左上臂的外側進行卸力反彈（圖5－560）。

(5)右手運棍右下劈，使棍向前、向右下運行至右前下方（圖5－561）。

(6)右手控棍使棍減速，當棍自然停止時，向上撩棍，使棍向上、向後運行，當運行至右臂的後側時，棍鏈緊貼右上臂，左手在右腋下陽把接棍，成右挎棍姿勢收棍（圖5－562）。

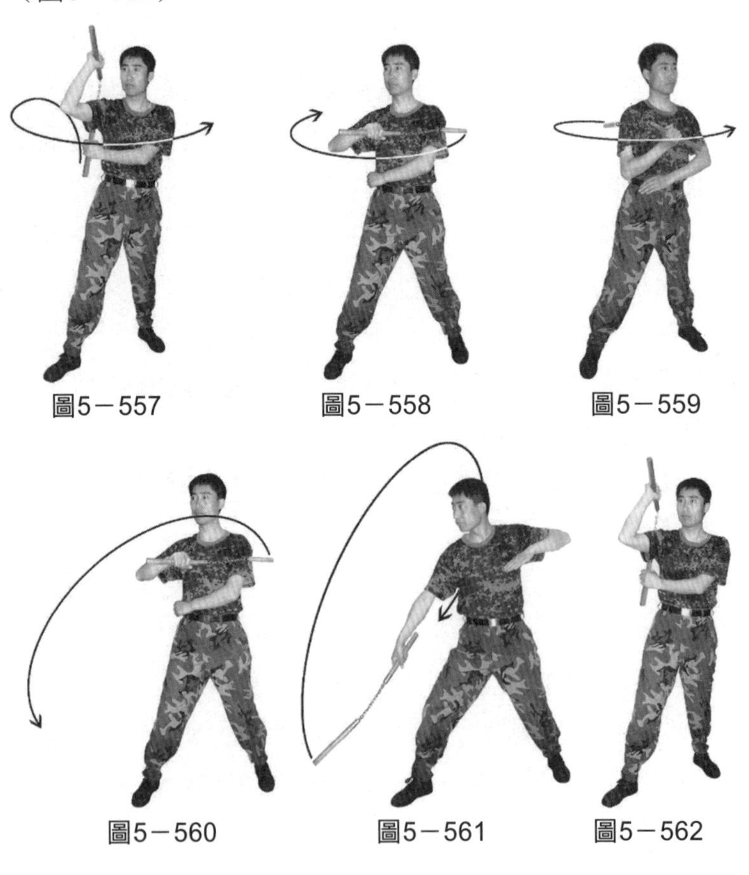

圖5－557　圖5－558　圖5－559

圖5－560　圖5－561　圖5－562

77.獅子滾球

前拉棍。左手撥轉，棍右立圓（左腳在前時無右立圓），前劈，回棍，拉棍。

【技法特色】這是一個簡潔的前劈進攻技法，與其他技法不同的是，前劈時借助了手的撥轉來蓄力或助力。

【動作要領】左手撥轉棍與右手掄棍要合力配合，使棍加速。

【圖譜詳解】

(1)右腳在前，雙手陽把握棍，成前拉棍姿勢（圖5－563）。

(2)左手向上撥轉左手棍並鬆開左手，使棍向上、向前運行至胸前（圖5－564）。

(3)棍繼續向前、向右下、向後、向上立圓運行一周，棍繼續向右下劈擊，棍運行至右側下方（圖5－565）。

(4)棍在右下方自然停棍瞬間成懸棍姿勢，右手持棍向左上撩擊，使棍從右下向前、向左上運行至身體前方（圖5－566）。

圖5－563

圖5－564

圖5－565

圖5－566

圖5－567

(5)棍繼續向左上運行，然後下落，左手在左側陽把接棍，成前拉棍的姿勢收棍（圖5－567）。

78.順風擺柳

夾棍。正「∞」，後拉棍，左手反「∞」，體前同把換手，正「∞」，反覆，夾棍。

【技法特色】這是一個訓練運棍能力的基礎技法，經常練習，有助於增強手感和提高控棍能力。

【動作要領】倒手換把與棍的運行協調一致，不要因為換把而減低棍的速度。

【圖譜詳解】

(1)右腳在前，右手陽把持棍，成右夾棍姿勢（圖5－568）。

(2)右手向前下運棍，使棍運行至身體前方（圖5－

569）。

(3)繼續成正「∞」運棍，使棍運行回到身體前方（圖5－570）。

(4)棍在右側繼續走立圓一周，運行回到身體前方，上身左轉成左右開立勢，棍在身後繼續向下、向左、向上運行至左後側，左手在左腰側陽把接棍，瞬間成後拉棍姿勢（圖5－571）。

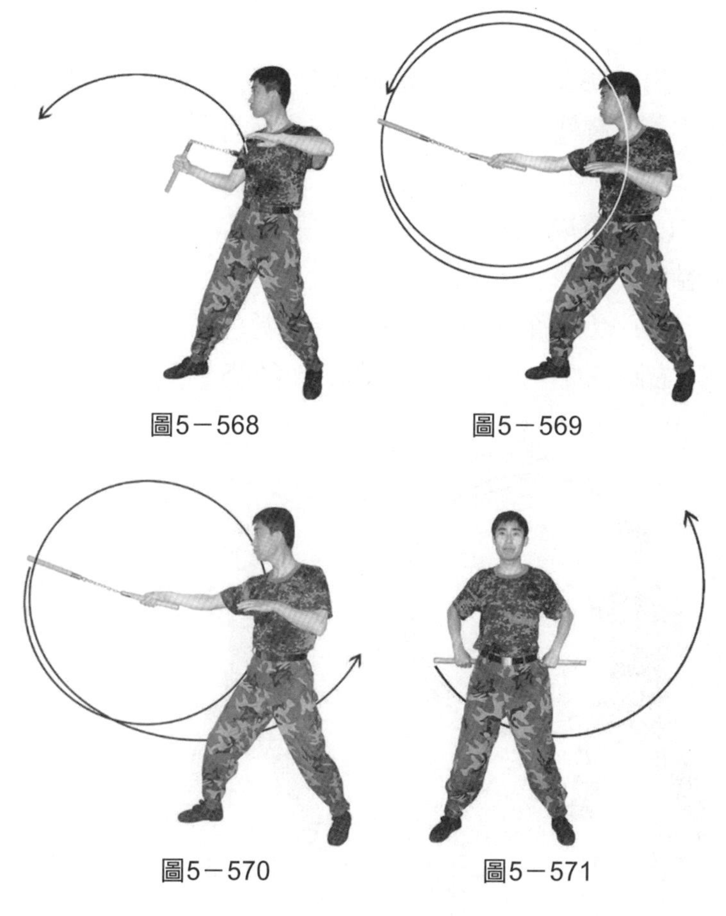

圖5－568　圖5－569

圖5－570　圖5－571

(5)鬆開右手，上身左轉，左手持棍向前上運棍，使棍從後側向下、向前、向上運行至身體的前上方（圖5－572）。

(6)繼續成反「∞」運棍，使棍運行回到身體前上方（圖5－573）。

(7)上身右轉成左右開立勢，棍在體前繼續向上、向右、向下運行至右下方，右手陽把抓握左手棍（圖5－574）。

(8)鬆開左手，完成體前同把換手，棍繼續向左運行，上身右轉，棍繼續向上、向前運行至身體前方（圖5－575）。

(9)繼續成正「∞」運棍，使棍運行回到身體前方（圖5－576）。

(10)棍繼續向下、向後運行，當棍運行到右臂下方時，右腋接棍，成右夾棍姿勢收棍（圖5－577）。

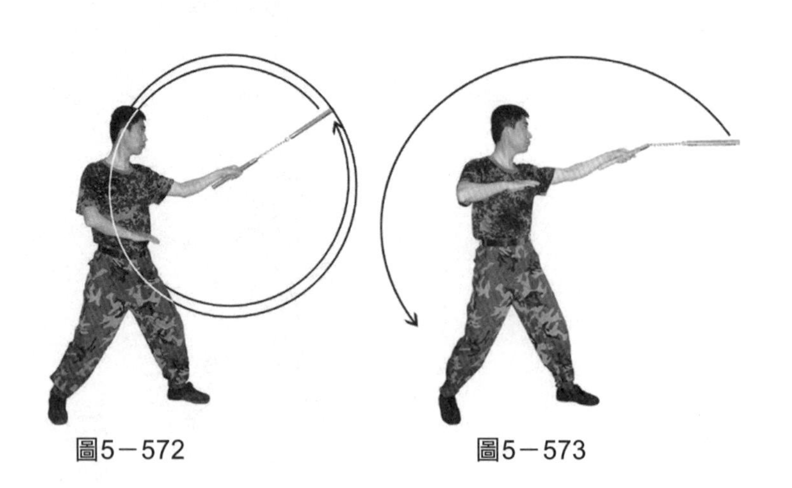

圖5－572　　圖5－573

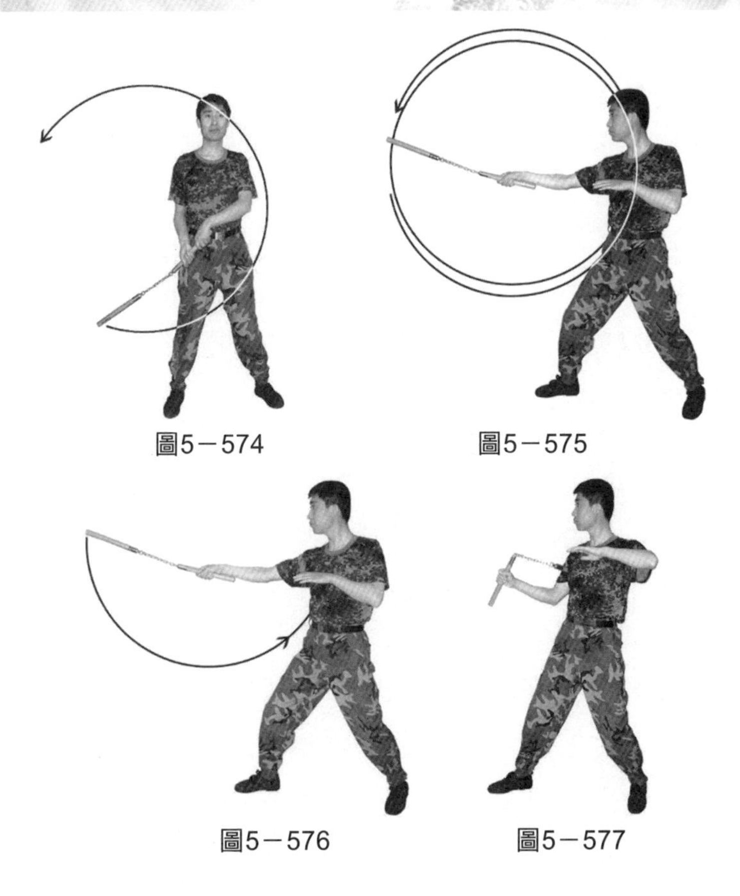

圖5－574　圖5－575

圖5－576　圖5－577

79.順水推舟

撐棍（「八」字撐或「十」字撐，圖略）。前上推，撐棍（「八」字前撐見圖5－578，「十」字前撐見圖5－579），變左拖棍，前戳，左拖棍。

【技法特色】這是一個經典的撐棍防守反擊技法。前上撐棍阻截敵進攻手臂或短兵，緊接一個戳擊，攻敵要害。

【動作要領】戳棍要迅猛，力達棍端。

【圖譜詳解】

(1)右腳在前，雙手陽把握棍，成「八」字撐棍姿勢（圖略）。

(2)「八」字撐棍姿勢不變，雙手用力前上推（圖5－578）。

(3)雙棍收回至身體左側，瞬間成左拖棍姿勢（圖5－580）。

(4)雙手持棍，向前戳擊（圖5－581）。

(5)雙棍收回至身體左側，成左拖棍姿勢收棍（圖5－580）。

(6)右腳在前，雙手陽把握棍，成「十」字撐棍姿勢（圖略）。

(7)「十」字撐棍姿勢不變，雙手用力前上推（圖5－579）。

(8)雙棍收回至身體左側，瞬間成左拖棍姿勢（圖5－580）。

圖5－578

圖5－579

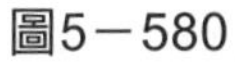

圖5－580　　圖5－581

(9)雙手持棍，向前戳擊（圖5－581）。

(10)雙棍收回至身體左側，成左拖棍姿勢收棍（圖5－580）。

80.蘇秦背劍

右手右肩背棍。左手向前向上向後撩，左手左肩，右手腰後接棍，背棍，右手向前向上向後撩，右手右肩，左手腰後接棍，背棍（圖5－582）。可反覆。

右手右肩背棍。右手向前下運棍並向後向上撩，左手左肩接棍，背棍，左手向後向上撩，右手右肩接棍，背棍（圖5－584）。可反覆。

【技法特色】背棍式接棍換把在很多技法中都有，這一技法是專門訓練背棍式接棍換把的，屬於基礎技法，經常進行訓練有助於提高用棍的靈活性。

【動作要領】接棍換把要準，防止砸傷手指，更要注意後腦部的安全，初學者最好使用泡棉雙節棍。

【圖譜詳解】

(1)右腳在前，雙手陽把持棍，成右手右肩的背棍姿勢（圖5－582）。

(2)鬆開右手，左手運棍向前上撩，使棍從身體後側向下、向前、向上、向後運行，當棍在身後下落到右後時，右手在右腰後陽把接棍，瞬間成左手左肩的背棍姿勢（圖5－583）。

(3)鬆開左手，右手運棍向前上撩，使棍從身體後側向下、向前、向上、向後運行，當棍在身後下落到左後時，左手在左腰後陽把接棍，瞬間成右手右肩的背棍姿勢（圖5－582）。可重複動作，也可收棍。

(4)右腳在前，雙手陽把持棍，成右手右肩的背棍姿勢（圖5－584）。

(5)鬆開左手，右手向前下運棍，使棍從身體後側向上、向前、向下、向後運行，當棍在身後上升到左肩上方時，左手在左肩上方陽把接棍，瞬間成左手左肩的背棍姿

圖5－582

圖5－583

圖5－584　　圖5－585

勢（圖5－585）；

(6)鬆開右手，左手向前下運棍，使棍從身體後側向上、向前、向下、向後運行，當棍在身後上升到右肩上方時，右手在右肩上方陽把接棍，瞬間成右手右肩的背棍姿勢（圖5－584）。可重複動作，也可收棍。

81.太公釣魚

挎棍。前劈，回棍，挎棍。

【技法特色】這是一個簡單實用的劈棍技法，是基礎技法。動作雖然簡單，但要達到棍走帶風的程度很不容易。

【動作要領】劈擊有力，制動迅速，回棍要穩，整個動作要乾淨俐落。

【圖譜詳解】

(1)右腳在前，雙手陽把握棍，成右挎棍姿勢（圖5－586）。

圖5－586

圖5－587

(2)鬆開左手，右手持棍向前下運棍，使棍由後側向上、向前、向下劈擊，棍運行至前下方（圖5－587）。

(3)自然停棍，右手持棍向前上撩棍，使棍向上、向後、向下運行，當棍運行至右臂後側時，左手在右腋下陽把接棍，成右挎棍姿勢（圖5－586）。可重複動作，也可以收棍。

82.螳螂捕蟬

拉棍。戳棍，前劈，拉棍，戳棍，頭頂上旋而下掃，拖棍。

【技法特色】技法簡單實用，是不可多得的好技法。可以分成兩個獨立的技法。每一技法都包括兩個連續的攻擊動作，前一個攻擊容易躲避，後一個攻擊則防不勝防。

【動作要領】戳擊要有力，不要暴露下一個進攻動作的意圖。

【圖譜詳解】

(1)右腳在前，雙手陽把握棍，成前拉棍姿勢（圖5－588）。

(2)雙手持棍，向前戳擊，瞬間成戳棍姿勢（圖5－589）。

(3)鬆開左手，右手運棍前劈，使棍運行到前方（圖5－590）。

(4)棍繼續向左下運行，當棍運行至左側時，左手陽把接棍，瞬間成前拉棍的姿勢（圖5－591）。

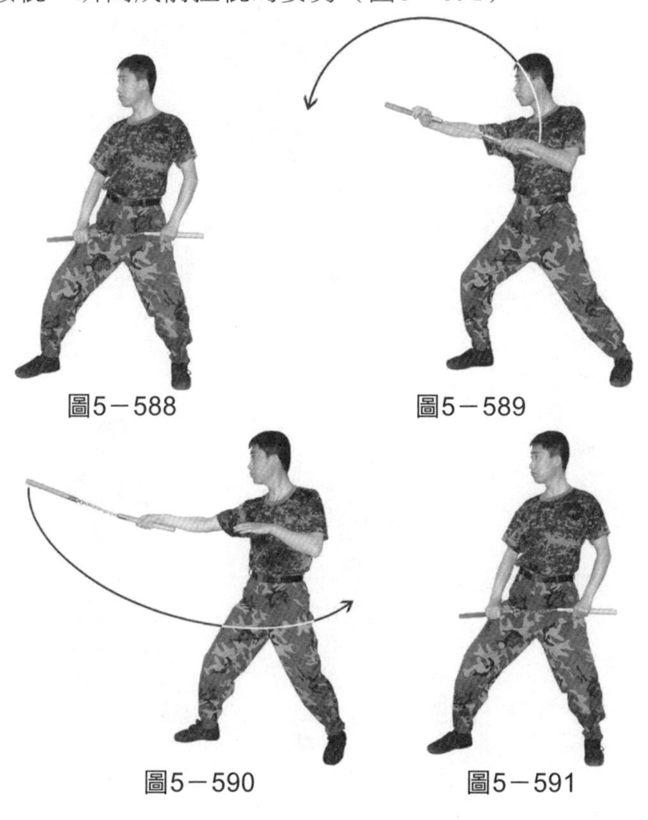

圖5－588　圖5－589

圖5－590　圖5－591

(5) 雙手持棍，向前戳擊，瞬間成戳棍姿勢（圖5－592）。

(6) 左手棍向上抬舉高過頭頂，鬆開左手，右手向前下掃棍，使棍向右、向前運行至前方（圖5－593）。

(7) 棍繼續向左下掃，當棍運行至左側時，左手陽把接棍，左拖棍的姿勢收棍（圖5－594）。

圖5－592

圖5－593

圖5－594

83.偷樑換柱

懸棍。運用腕力使游離棍收回手裡，鬆開原來手中棍，可反覆，左上撩，左後落棍，左拖棍，右下劈，懸棍。

懸棍。上撩游離棍的同時，鬆開原來手中棍，雙棍在空中自由旋轉180度，接棍，可反覆，向棍運行的反方向帶棍，左下劈，左拖棍，右下劈，懸棍。

【技法特色】這是一個訓練單手控棍換把的基礎技法。

【動作要領】接棍要準確，倒手換把與棍的運行要協調一致，不要因為換把造成棍在手中的停滯。

【圖譜詳解】

(1)右腳在前，右手陽把握棍成右懸棍姿勢（圖5－595）。

(2)右手運用腕力使游離棍向上撩至前上方（圖5－596）。

圖5－595

圖5－596

(3)棍下落，打開右手，接握游離棍，同時準備鬆開原來所握棍節（圖5－597）。

(4)鬆開原來所握棍節，並使棍向前撩，棍運行至前方（圖5－598）。

(5)棍繼續向左上撩，當棍從左上下落到左側後方時，左手陽把接棍，瞬間成左側拖棍姿勢（圖5－599）。

(6)鬆開左手，右手運棍，使棍向前、向上、向右下劈擊，棍運行至右下，成懸棍姿勢收棍（圖5－600）。

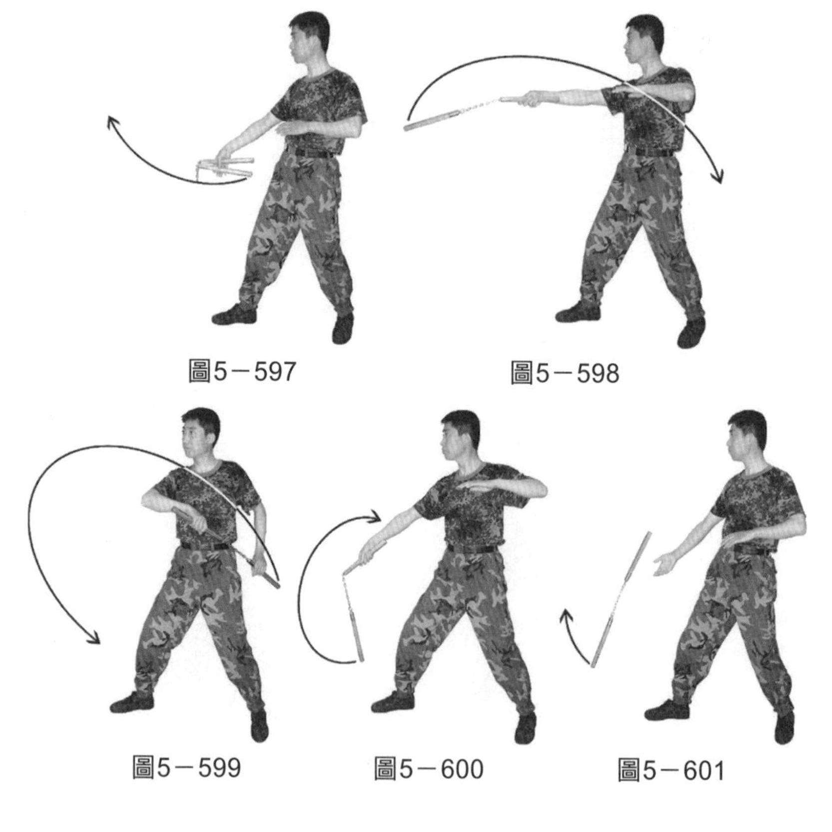

圖5－597　圖5－598

圖5－599　圖5－600　圖5－601

(7)右腳在前，右手陽把握棍成右懸棍姿勢（圖5－600）。

(8)右手上撩游離棍的同時，鬆開原來手中的棍，雙棍在空中自由旋轉180度，原來的游離棍運行到上方，原來手中的棍運行到下方（圖5－601）。

(9)右手接握原來的游離棍，另一棍自然停棍（圖5－602）。

(10)向原來棍運行的反方向帶棍，使棍向後、向上、向前、向左下劈，左手在左側陽把接棍，瞬間成左拖棍姿勢（圖5－603）。

(11)鬆開左手，右手運棍，使棍向前、向上、向右下劈擊，棍運行至右下，成懸棍姿勢收棍（圖5－604）。

84.圖窮匕見

挎棍。前下運棍，左手在右腋前反把接棍，鬆右手，左手向後向上運棍，棍鏈繞臂，右手接棍，挎棍，可反覆，前下運棍，左手在右腋前反把接棍，左上掃棍，左轉身90度，左挎棍，右手右上掃棍，挎棍。

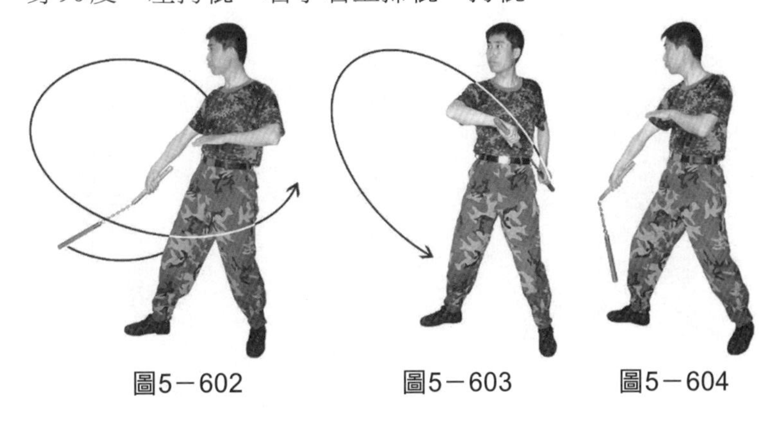

圖5－602　圖5－603　圖5－604

【技法特色】這是一個具有迷惑性的進攻技法，棍以上臂為軸繞轉，突然掃棍出擊，令敵難以防範。

【動作要領】換把接棍要連貫自然。要注意後腦部的安全，初學者最好使用泡棉雙節棍。

【圖譜詳解】

(1)右腳在前，雙手陽把握棍，成右挎棍姿勢（圖5－605）。

(2)鬆開左手，右手向前下運棍，使棍從後側向上、向前、向下運行至右臂前下方，左手虎口向右下，掌心向前，在右腋下陰把接棍（圖5－606）。

(3)鬆開右手，左手向前下運棍，使棍從上向前、向下、向後、向上運行至右臂後上方，棍鏈貼於右上臂後側，右手虎口向上，掌心向前，在右臂上方陽把接棍，瞬間成右挎棍姿勢（圖5－607）。

(4)鬆開左手，右手向前下運棍，使棍從後側向上、向前、向下運行至右臂前下方，左手虎口向右下，掌心向

圖5－605

圖5－606

圖5－607

前，在右腋下陰把接棍（圖5－608）。

(5)鬆開右手，左手向左上掃棍，使棍運行到前方（圖5－609）。

(6)棍繼續向左、向左後掃，左轉身90度，當掃至左臂後側時，鏈挎于左上臂，右手在左腋前陽把抓棍，瞬間成左挎棍姿勢（圖5－610）。

(7)鬆左手，右手運棍向右上掃，使棍從後側向下、向前、向右上運行至前方（圖5－611）。

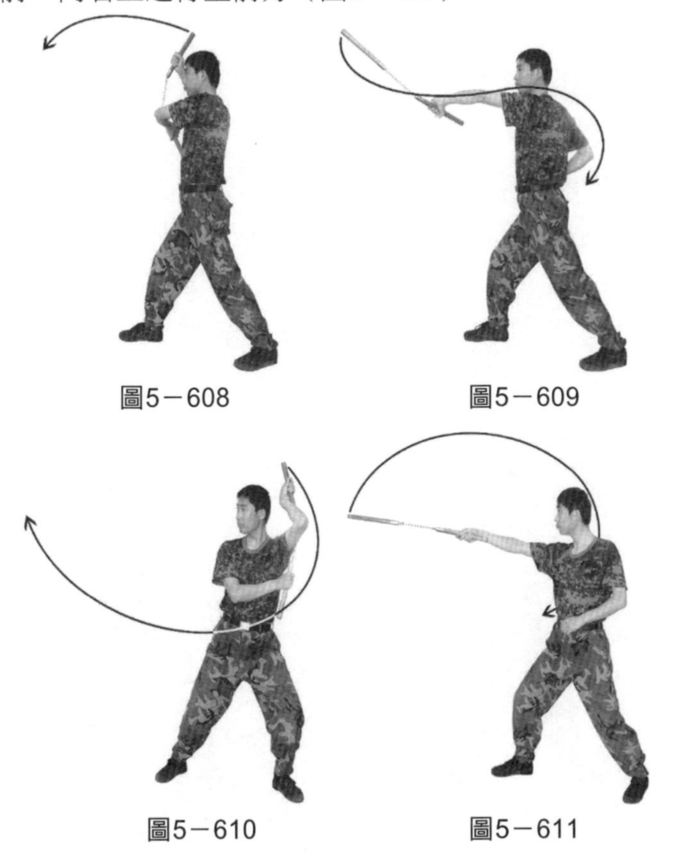

圖5－608　圖5－609

圖5－610　圖5－611

(8) 棍繼續向右上、右後運行，當運行至右臂後側時，鏈挎於右上臂，左手在右腋下陽把抓棍，成右挎棍姿勢收棍（圖5－612）。

85.兔營三窟

懸棍。上撩繞弧，左下劈，左腰停棍，右下劈，懸棍。可反覆。

【技法特色】這是一個經典技法，也是一個具有很強殺傷力的技法。其節奏鮮明，簡潔明快，實屬不可多得的好技法。

【動作要領】左下劈和右下劈都要借助轉腰來發力，做到棍走帶風。

【圖譜詳解】

(1)右腳在前，右手陽把持棍成右懸棍姿勢（圖5－613）。

(2) 右手向前上撩棍，棍運行至右前上方（圖5－614）。

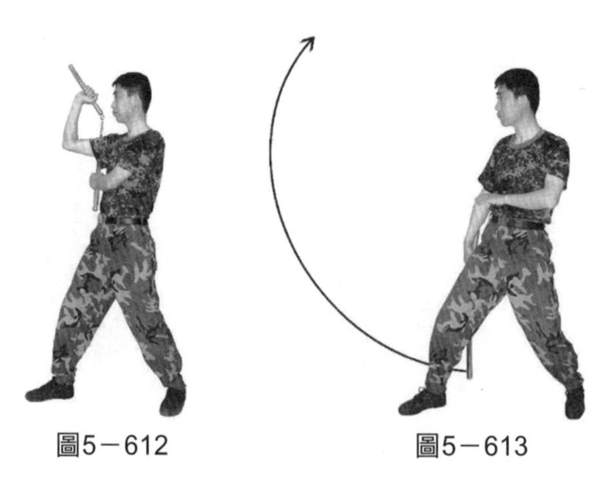

圖5－612　圖5－613

(3)運棍繞弧變左下掃劈，使棍向左運行至左側，左腰卸力反彈（圖5－615）。

(4)棍向前、向右下掃劈，運行至右前下方（圖5－616）。

(5)棍繼續向右後掃，掃至右後，自然停棍，成右懸棍姿勢收棍（圖5－617）。

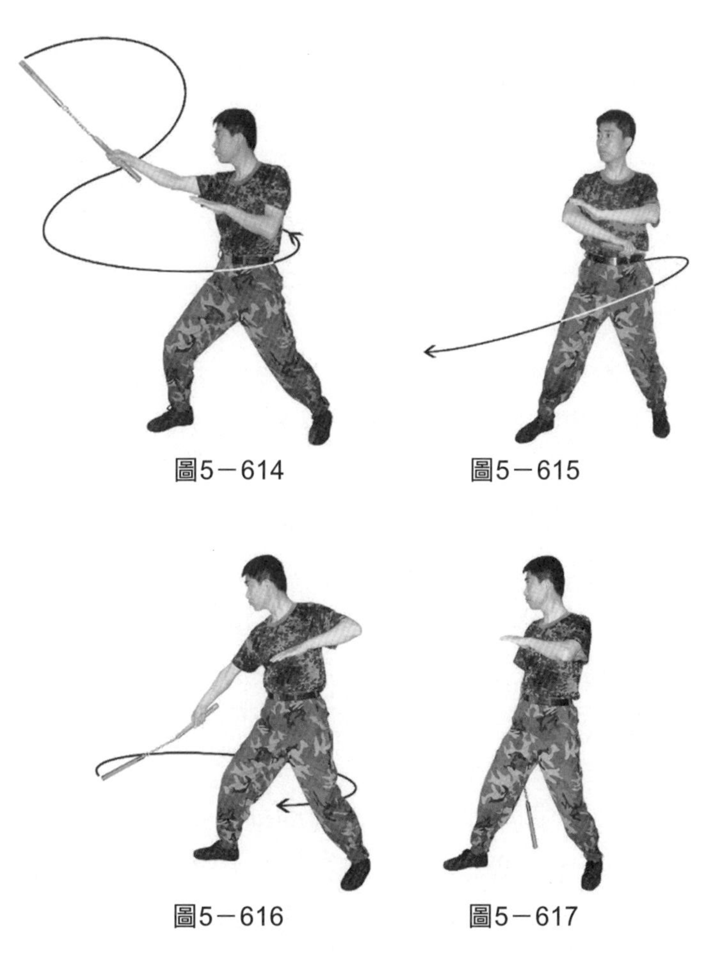

圖5－614　圖5－615

圖5－616　圖5－617

86.退避三舍

挎棍。右腳蹬離地面，左腳後越落地，左腳蹬離地面，右腳前落時左下劈棍，後滑步，右上撩棍，挎棍。

【技法特色】這是一個退避防守後的反擊技法，後撤是為了躲避敵人的進攻，敵進攻剛過，隨即跟進劈擊。

【動作要領】進身與劈擊同時進行。在實戰中，進攻的時機是非常重要的，在防守反擊中，趁敵進攻剛剛結束而正要撤手時發動進攻，此時敵往往疏於防範。因此，在訓練中要注重進攻時機的掌握。

另外，這是一個帶有戰術性質的技法，技法的描述只是其中的一種可能，不要泥於技法的描述，練習時要靈活掌握，只要抓住「後退接進攻」這個特點並且注意進攻的時機和節奏就可以了。

【圖譜詳解】

(1)右腳在前，雙手陽把握棍，成右挎棍姿勢（圖5－618）。

(2)右腳蹬離地面，左腳後越落地，持棍姿勢不變（圖5－619）。

(3)左腳蹬離地面，右腳前落時鬆左手，右手運棍左下劈，使棍從後側向上、向前運行至前方（圖5－620）。

(4)雙腳向後滑步，棍繼續向左下運行，棍運行至左側後方（圖5－621）。

(5)右手運棍向右上撩，棍向前、向右上、右後運行，當運行至右臂後側時，鏈挎於右上臂，左手在右腋下陽把抓棍，成右挎棍姿勢收棍（圖5－622）。

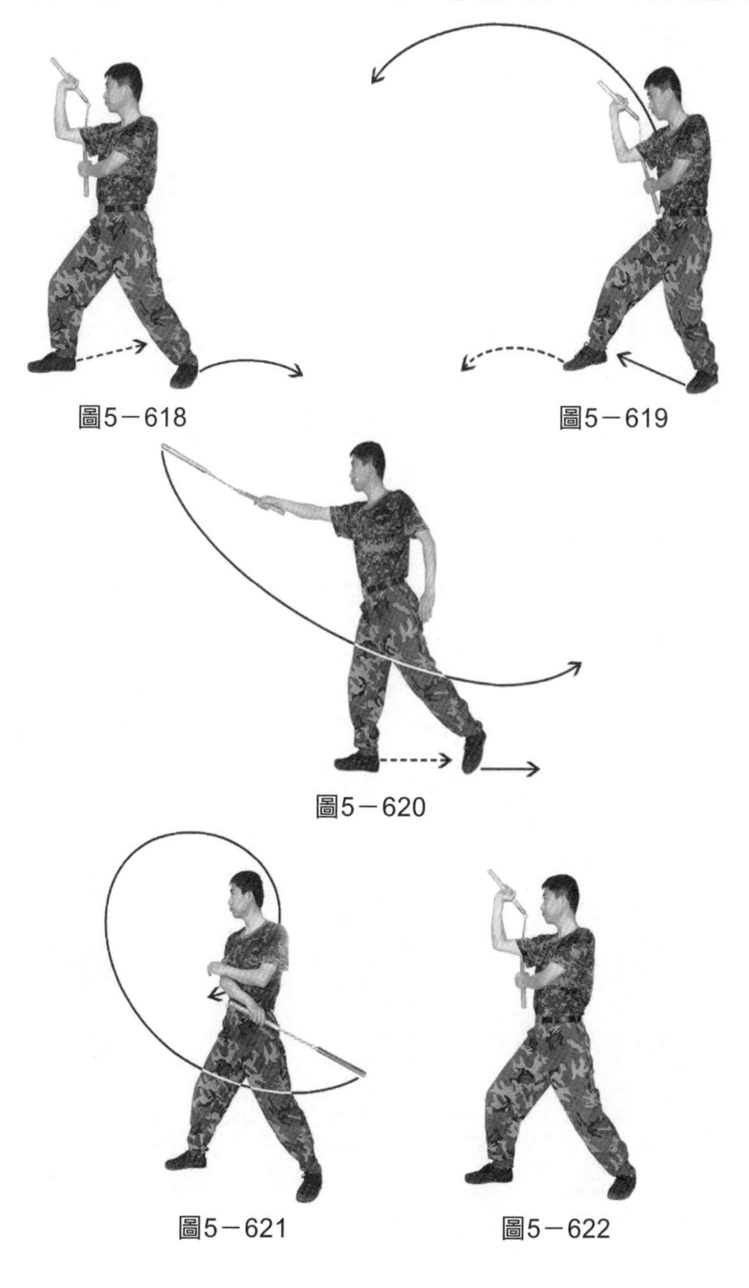

圖5－618

圖5－619

圖5－620

圖5－621

圖5－622

87.甕中捉鱉

拉棍。右側推棍（左手在下），雙手絞棍，具體為右手胸前劃平圓環繞向右，左手向左，拉棍 。

拉棍。右側推棍（右手在下），雙手勒棍，具體為左手胸前劃半圓環繞向左，右手向右，拉棍 ，同時向後用力。

【技法特色】用於格擋敵手臂後，絞或勒敵人頸部，這是實戰中應用棍鏈制敵的技法。

【動作要領】多做假想訓練或模擬訓練，靈活使用技法。

【圖譜詳解】

(1)左腳在前，左右手陽把握棍，成前拉棍姿勢（圖5－623）。

(2)右手棍上抬，雙手向右側推棍（圖5－624）。

(3)右手棍在胸前由右向前、向左、向後、向右劃平圓環繞，棍的鏈部形成環狀（圖5－625）。

圖5－623

圖5－624

圖5－625

(4)左手向左，右手向右，用力將棍鏈拉直，成拉棍姿勢收棍（圖5－626）。

(5)左腳在前，左右手陽把握棍，成前拉棍姿勢（圖5－627）。

(6)左手棍上抬，雙手向右側推棍（圖5－628）。

(7)左手棍在胸前由右向前、向左、向後環繞，棍鏈鬆弛（圖5－629）。

(8)左手向左後，右手向右後，用力將棍鏈拉直，成拉棍姿勢收棍（圖5－630）。

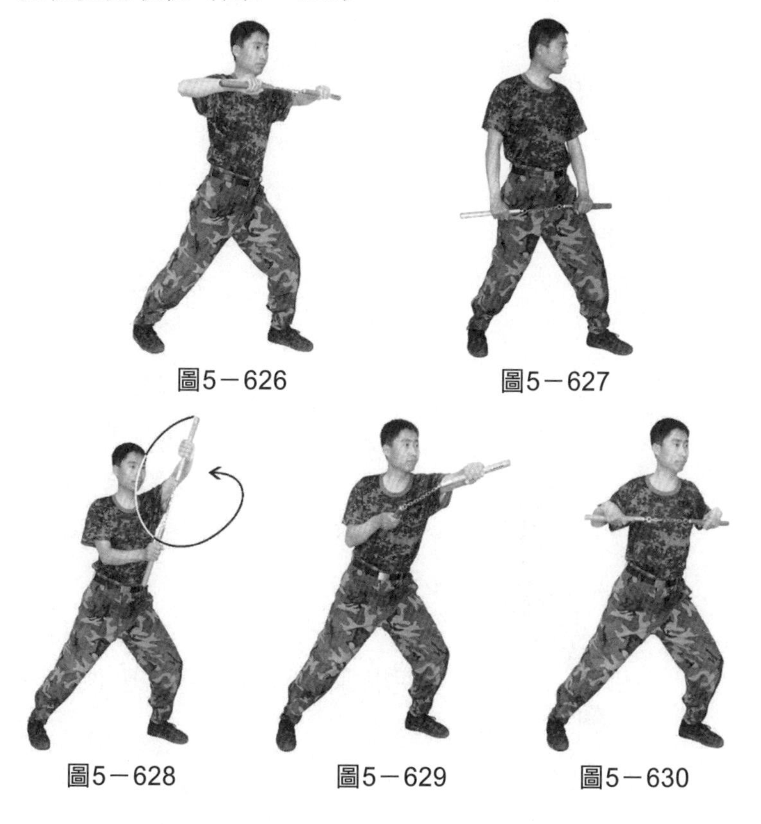

圖5－626　圖5－627

圖5－628　圖5－629　圖5－630

88.仙人換影

搭棍（正握、反握）。體側立圓一周（或正「∞」，圖5－633），繼續下行，上臂內側停棍，同時左手同把抓握（可正握可反握，握把位置隨意），左上撩，左搭棍反彈，體側立圓一周（或正「∞」，圖5－638），繼續下行，上臂內側停棍，同時右手同把抓握（可正握可反握，握把位置隨意），右上撩，搭棍反彈或停止。

可反覆。

【技法特色】這是一個經典的技法，實戰中，主要用於正面主動進攻。

【動作要領】

同把換手前，動作可快可慢，同把換手後的撩擊要迅猛有力，可以上步以增大打擊範圍。

【圖譜詳解】

(1)右腳在前，右手陽把持棍，成右搭棍姿勢（圖5－631）。

圖5－631

(2)右手向前下運棍，使棍運行至身體前方（圖5－632）。

(3)棍在右側繼續走立圓一周，運行回到身體前方（圖5－633）。

(4)繼續成正「∞」運棍，使棍運行回到身體前方（圖5－634）。

(5)棍繼續向前、向下運

行，當運行到右臂下方時，右臂內側卸力反彈，同時，左手陽把抓握右手棍（圖5－635）。

(6)右手鬆開，左手向前上撩棍，使棍向前、向上、向左後運行，當運行至左臂後側時，左上臂卸力反彈，瞬間成左搭棍姿勢（圖5－636）。

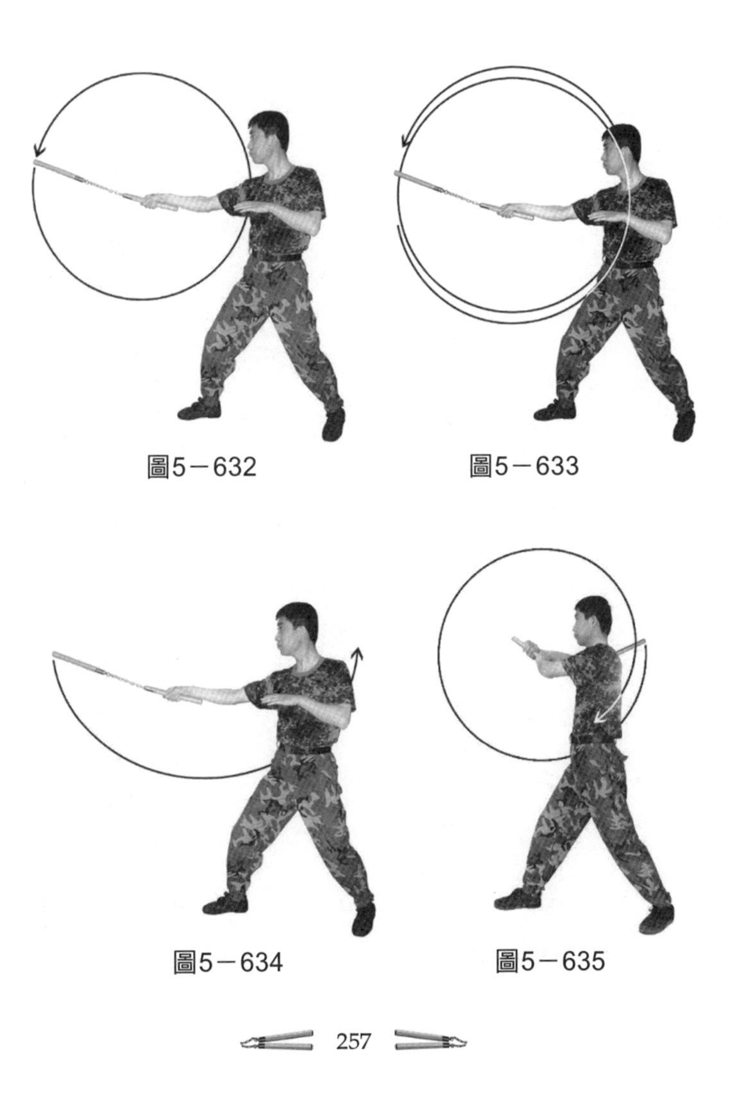

圖5－632　圖5－633

圖5－634　圖5－635

(7)左手向前下運棍，使棍運行至身體前方（圖5－637）。

(8)棍在左側繼續走立圓一周，運行回到身體前方（圖5－638）。

(9)繼續成正「∞」運棍，使棍運行回到身體前方（圖5－639）。

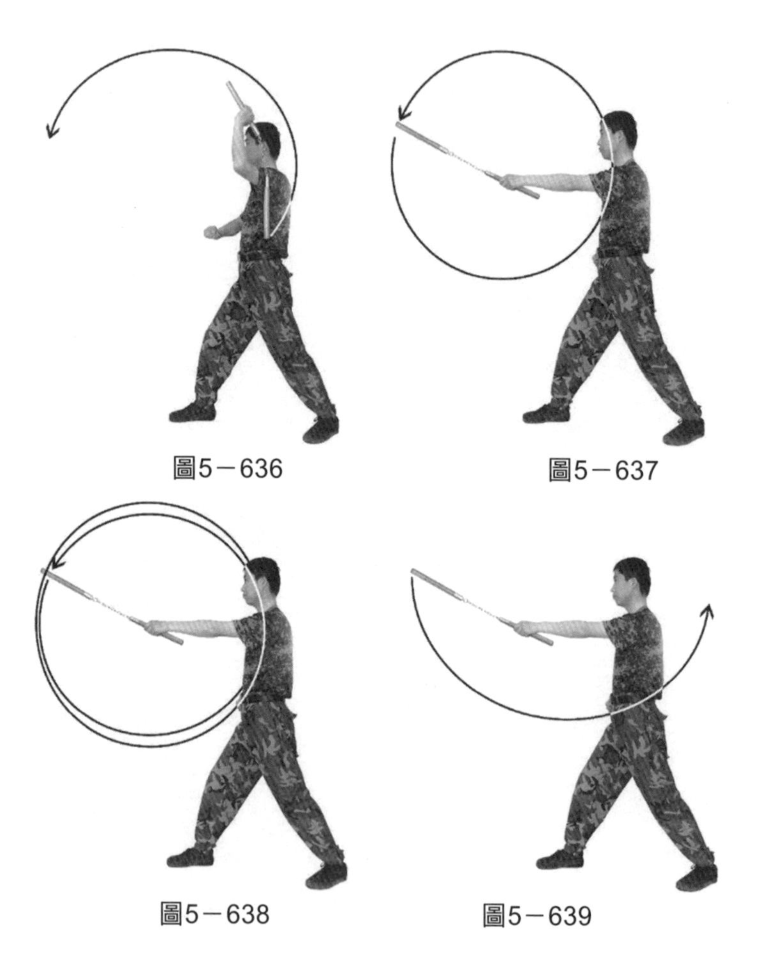

圖5－636 圖5－637

圖5－638 圖5－639

圖5－640　　　圖5－641

(10)棍繼續向前、向下運行，當運行到左臂下方時，左臂內側卸力反彈，同時，右手陽把抓握左手棍（圖5－640）。

(11)左手鬆開，右手向前上撩棍，使棍向前、向上、向右後運行，當棍運行至右臂後側時，右上臂卸力停棍，成右搭棍姿勢收棍（圖5－641）。

89.仙人指路

疊棍。射出，正「∞」，下劈懸棍，腕帶棍上撩，疊棍。

【技法特色】這是一個攻擊性很強的技法。正面射擊，一招不中則舞棍逼敵後退，適時一劈，解決戰鬥。疊棍出擊，疊棍收回，穩紮穩打，懾敵魂魄。

【動作要領】劈棍可配合進步，以增大打擊範圍。

【圖譜詳解】

(1)右腳在前，右手陽把握雙棍，成疊棍姿勢（圖5－

642）。

(2)右手持棍上抬，棍的尾端朝前（圖5－643）。

(3)向前迅速伸直手臂，同時鬆開上面的棍節，使棍射出（圖5－644）。

(4)棍開始下落，右手順勢成「∞」運棍，使棍運行回到前方（圖5－645）。

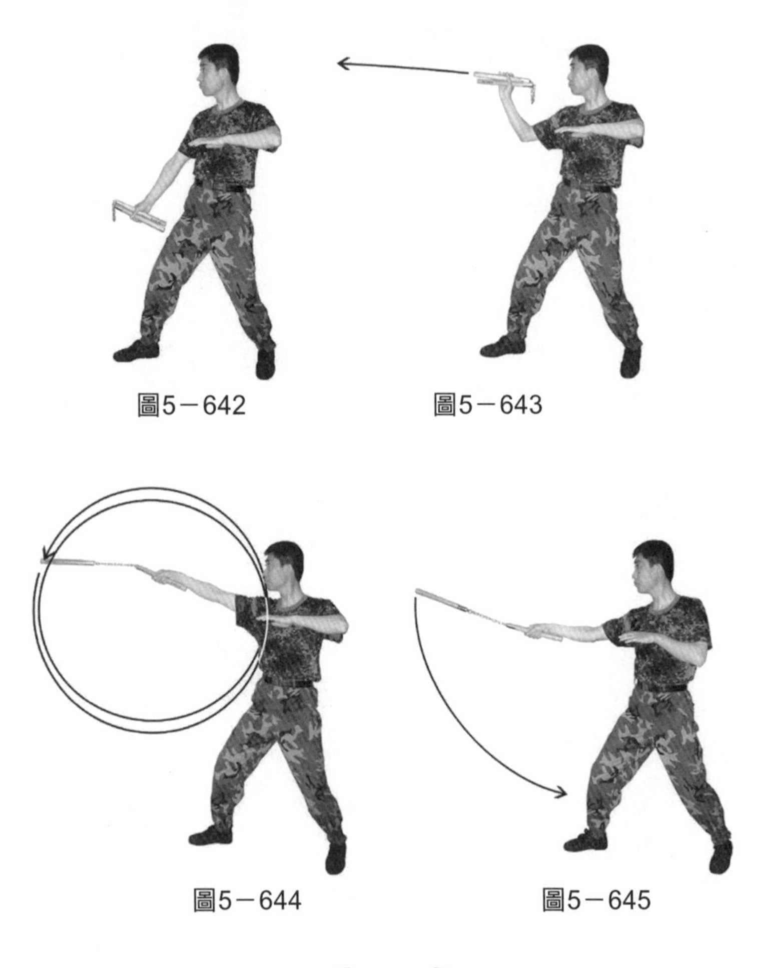

圖5－642 圖5－643

圖5－644 圖5－645

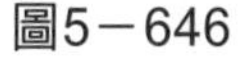
圖5－646

圖5－647

(5)棍繼續向下運行，運行到前下方（圖5－646）。

(6)自然停棍，運用腕部力量上撩棍，使棍向前、向上運行，當棍從上向下落到腰前時，右手掌打開接棍，成疊棍姿勢收棍（圖5－647）。

90.相如引駕

拉棍。左腳左前上步，右腳跟進，隨後右腳右前上步，左腳跟進，在上步右轉的同時右下劈棍，上撩棍，接棍，拉棍。

【技法特色】這是一個躲避（長兵攻擊）防守後進行反擊的技法，左前上步是為了躲避敵人的進攻，右前上步的同時給出重重的一劈。

【動作要領】步行路線為「之」字形，劈棍與右前上步同時進行。另外，這是一個帶有戰術性質的技法，技法的描述只是其中的一種可能，不要泥於技法的描述，練習時要靈活掌握，只要抓住「側面避開緊接進攻」這個特點並且注意進攻的時機和節奏就可以了。

【圖譜詳解】

(1)右腳在前，雙手陽把握棍，成前拉棍姿勢（圖5－648）。

(2)左腳左前上步，右腳跟進，持棍姿勢不變（圖5－649）。

(3)隨後右腳右前上步，左腳跟進，在上步右轉的同時右下劈棍，棍運行至右前下方（圖5－650）。

(4)自然停棍，右手運用腕部力量向前上撩棍，使棍由下向前、向上運行，當棍從上向下落到胸前時，左手陽把接棍（圖5－651）。

(5)左手棍後撤，成拉棍姿勢收棍（圖5－652）。

91.鴨子上架

疊棍。上撩，挎棍，前下運棍，小臂反彈，挎棍，向前立圓後前劈，懸棍，上撩，挎棍。

【技法特色】這是一個帶有挑逗性的技法，以上撩及上臂反彈作為開場來迷惑和挑逗敵人，立圓蓄勢後前劈，

圖5－648

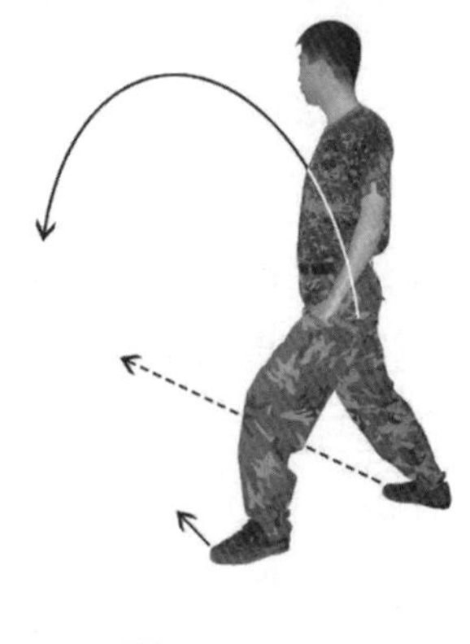

圖5－649

給敵以有效的打擊。

【動作要領】前劈可配合上步，以增大打擊的距離。

【圖譜詳解】

(1)右腳在前，右手陽把握雙棍，成疊棍姿勢（圖5－653）。

(2)鬆開一棍，向前上運棍，使棍向前、向上、向後運行，當棍運行至右臂後側時，棍鏈貼右上臂後側，左手在右腋下接棍，瞬間成右挎棍姿勢（圖5－654）。

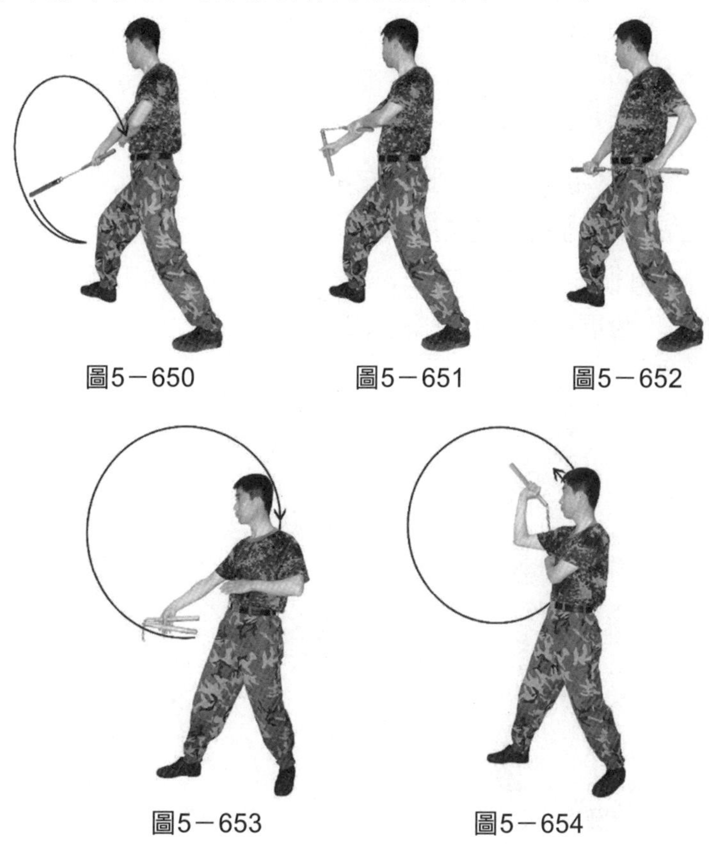

圖5－650　圖5－651　圖5－652

圖5－653　圖5－654

圖5－655

(3) 鬆開左手的同時，左手向後撥棍，與此同時右手向前下運棍，使棍由身體後側向上、向前、向下、向後運行，當棍運行至右臂下方時，右上臂內側卸力反彈（圖5－655）。

(4) 棍向下、向前、向上、向後運行，當棍運行至右臂後側時，棍鏈貼右上臂後側，左手在右腋下陽把接棍，瞬間成右挎棍姿勢（圖5－656）。

(5) 鬆開左手的同時，左手向後撥棍，與此同時右手向前運棍，棍運行至右上方（圖5－657）。

(6) 棍在右側走立圓一周後繼續向前、向下運行至前下方，瞬間成懸棍的姿勢（圖5－658）。

圖5－656

圖5－657

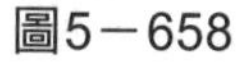
圖5－658

圖5－659

(7)自然停棍，向前上撩棍，使棍向上、向後運行，當棍運行至右臂後側時，棍鏈貼右上臂後側，左手在右腋下陽把接棍，成右挎棍姿勢收棍（圖5－659）。

92.鷂子盤旋

夾棍。正「∞」，夾棍，右轉身180度，同時正「∞」，夾棍，反覆；左轉身180度，同時反「∞」，後夾棍，左轉身180度，同時正「∞」，夾棍，反覆；左轉身180度，同時腋帶棍，反「∞」，上臂帶棍，左轉身180度，同時正「∞」，反覆，最後夾棍。

【技法特色】這是一個專門訓練「∞」舞花動作的基礎技法，具有很高的訓練價值，經常訓練有助於提高運棍和控棍能力。

【動作要領】運棍要貼身，注意棍左右劃立圓的交叉線，刻意縮小其剪刀差。

【圖譜詳解】

圖5－660

(1) 右腳在前，右手陽把持棍，成右夾棍姿勢（圖5－660）。

(2) 右手向前下運棍，使棍運行至身體前方（圖5－661）。

(3) 繼續成正「∞」運棍，使棍運行回到身體前方（圖5－662）。

(4) 棍繼續向下、向後運行，當棍運行至右臂下方時，右腋接棍，瞬間成右夾棍姿勢（圖5－663）。

(5) 左腳向前上步，右轉身180度，持棍姿勢不變（圖5－664）。

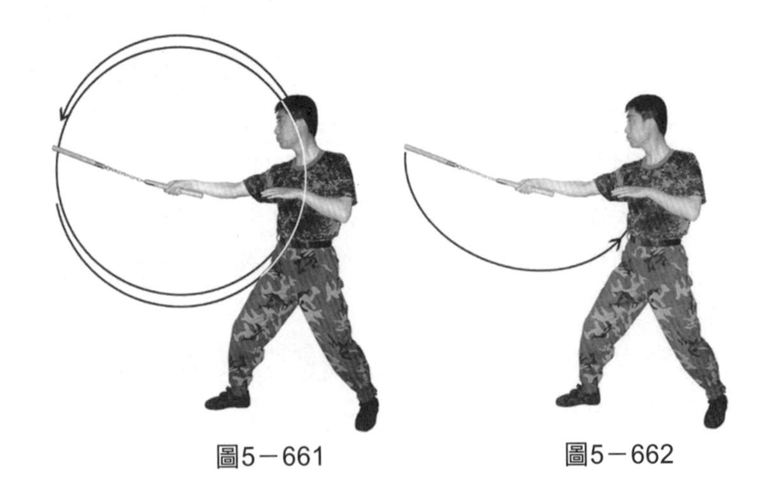
圖5－661　圖5－662

(6)右手向前下運棍，使棍運行至身體前方（圖5－665）。

(7)繼續成正「∞」運棍，使棍運行回到身體前方（圖5－666）。

(8)棍繼續向前、向下運行，當棍運行至右臂下方時，右腋接棍，瞬間成右夾棍姿勢（圖5－667）。

圖5－663

圖5－664

圖5－665

圖5－666

圖5－667

圖5－668

(9)左轉身180度，右腳向前上步，持棍姿勢不變（圖5－668）。

(10)右手向前上運棍，使棍運行至身體前方（圖5－669）。

(11)繼續成反「∞」運棍，使棍運行回到身體前方（圖5－670）。

(12)棍繼續向上、向後運行，當棍運行至右臂後方時，右腋接棍，瞬間成右側後夾棍姿勢（圖5－671）。

(13)左轉身180度，右腳向前上步，持棍姿勢不變（圖5－672）。

(14)右手向前下運棍，使棍從後側向上、向前運行至身體前方（圖5－673）。

圖5－669

圖5－670

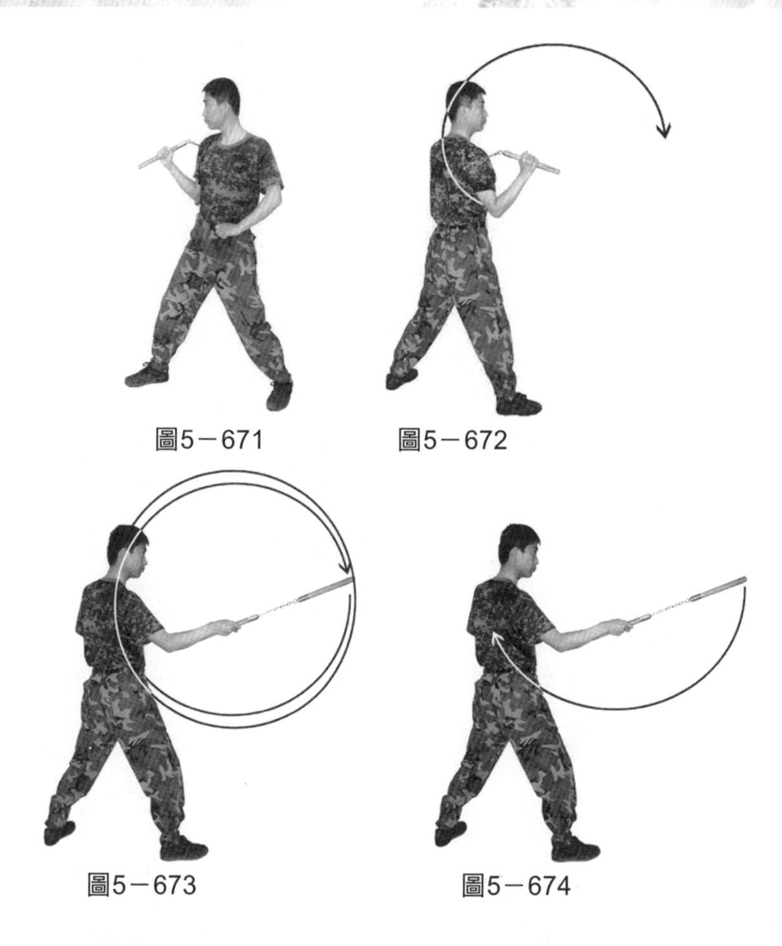

圖5－671 圖5－672

圖5－673 圖5－674

(15) 繼續成正「∞」運棍，使棍運行回到身體前方（圖5－674）。

(16) 棍繼續向下、向後運行，當棍運行至右臂下方時，右腋接棍，瞬間成右夾棍姿勢（圖5－675）。

(17) 右手向前下運棍，使棍運行至身體前方（圖5－676）。

(18)棍繼續向前、向下、向後運行，上身左轉成左右開立勢，棍繼續向上運行至右後上方，棍緊貼右臂後側（圖5－677）。

(19)用右臂壓帶棍鏈，使棍繼續向右、向下、向左運行，上身左轉並且右腳向前上步，棍繼續向前、向上運行至前方（圖5－678）。

(20)繼續成反「∞」運棍，使棍運行回到身體前方

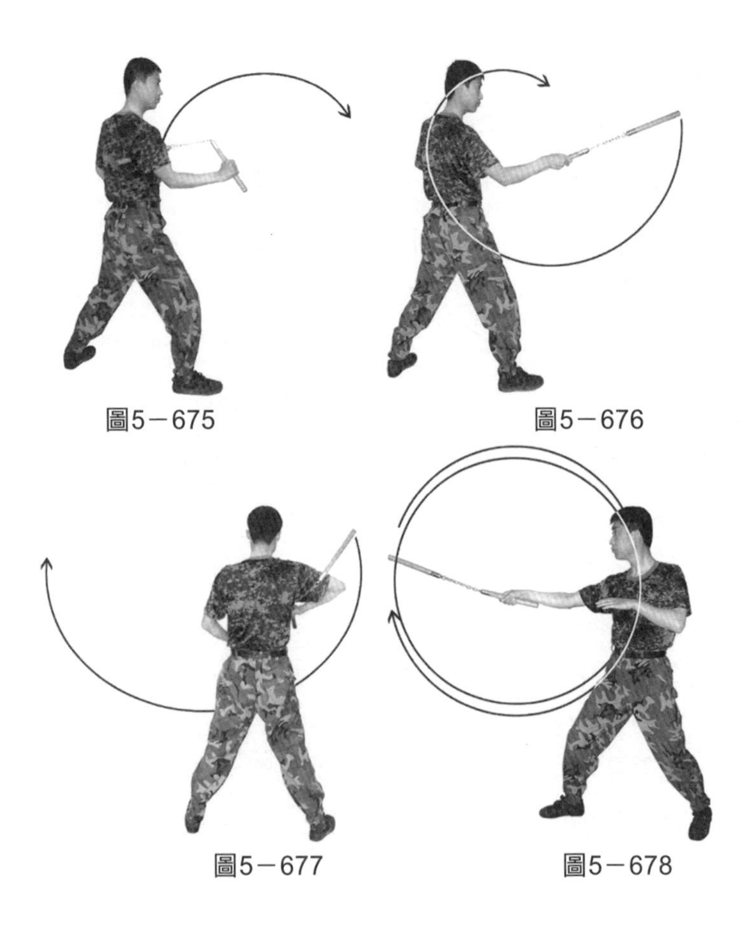

圖5－675

圖5－676

圖5－677

圖5－678

（圖5－679）。

(21) 棍繼續向上、向後運行，當棍運行至右臂後方時，右臂外側卸力反彈，瞬間成右搭棍姿勢（圖5－680）。

(22) 左轉身180度，右腳向前上步，持棍姿勢不變（圖5－681）。

(23) 右手向前下運棍，使棍從後側向上、向前運行至身體前方（圖5－682）。

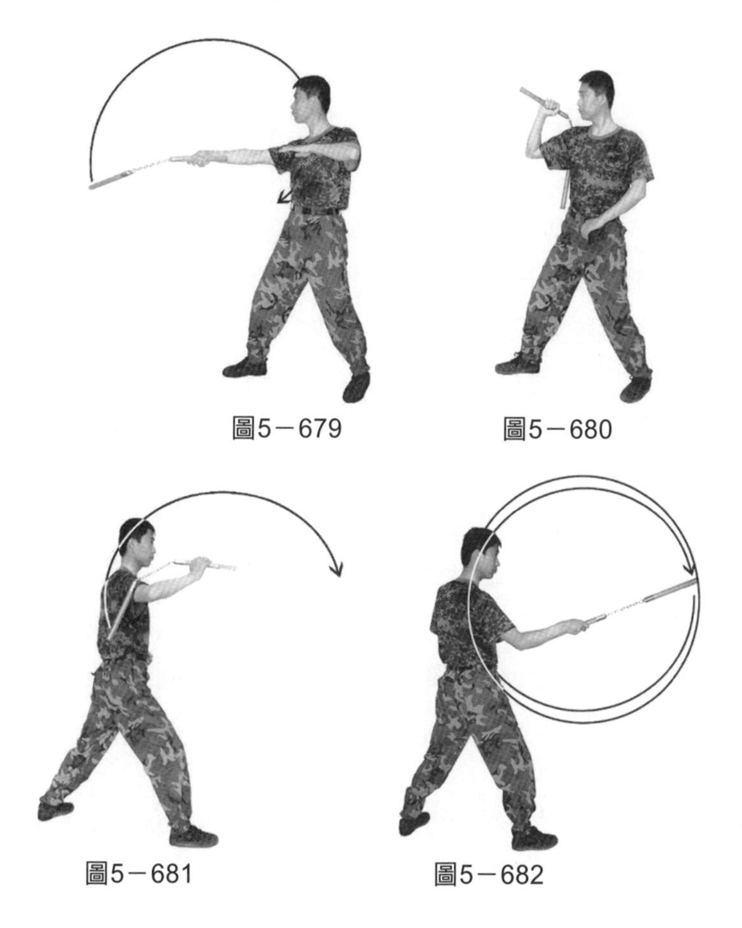

圖5－679　圖5－680

圖5－681　圖5－682

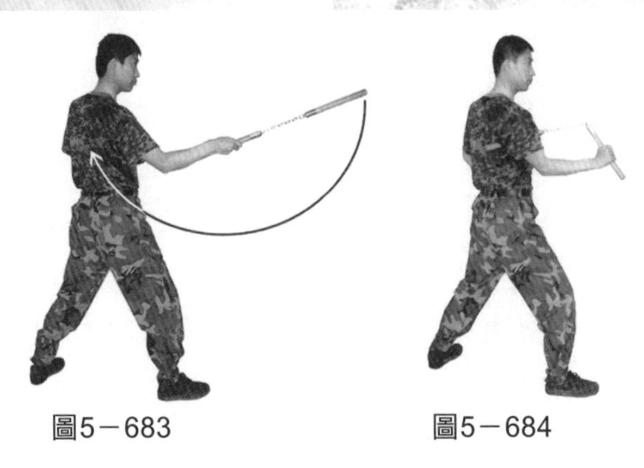

圖5－683　　圖5－684

(24)繼續成正「∞」運棍，使棍運行回到身體前方（圖5－683）。

(25)棍繼續向下、向後運行，當棍運行至右臂下方時，右腋接棍，成右夾棍姿勢收棍（圖5－684）。

93.葉底藏花

夾棍。左轉身180度，臂下平圓接頭頂平圓，左下掃，左腰反彈。臂下平圓接頭頂平圓，右轉身180度，右掃下落，右夾棍。可反覆。

【技法特色】這是一個蓄勢而發的掃棍技法，臂下平圓和頭頂平圓為蓄勢動作，下掃為攻擊動作。

【動作要領】掃棍要配合腰的轉動發力，動作要自然流暢。可不進行180度轉身，直接走臂下平圓接頭頂平圓再掃棍。

【圖譜詳解】

(1)左右開立，右手陽把持棍，成右夾棍姿勢（圖5－685）。

(2)右手運棍向左平掃，同時右腳左側上步，向左轉身180度，使棍處於身體的右側（圖5－686）。

(3)棍在右臂下走平圓逆時針懸擺一周，緊接著向左上掃，棍運行至頭頂的左上方（圖5－687）。

(4)棍繼續在頭頂上走平圓向後、向右、向前、向左下運行至左腰側，左腰卸力反彈（圖5－688）。

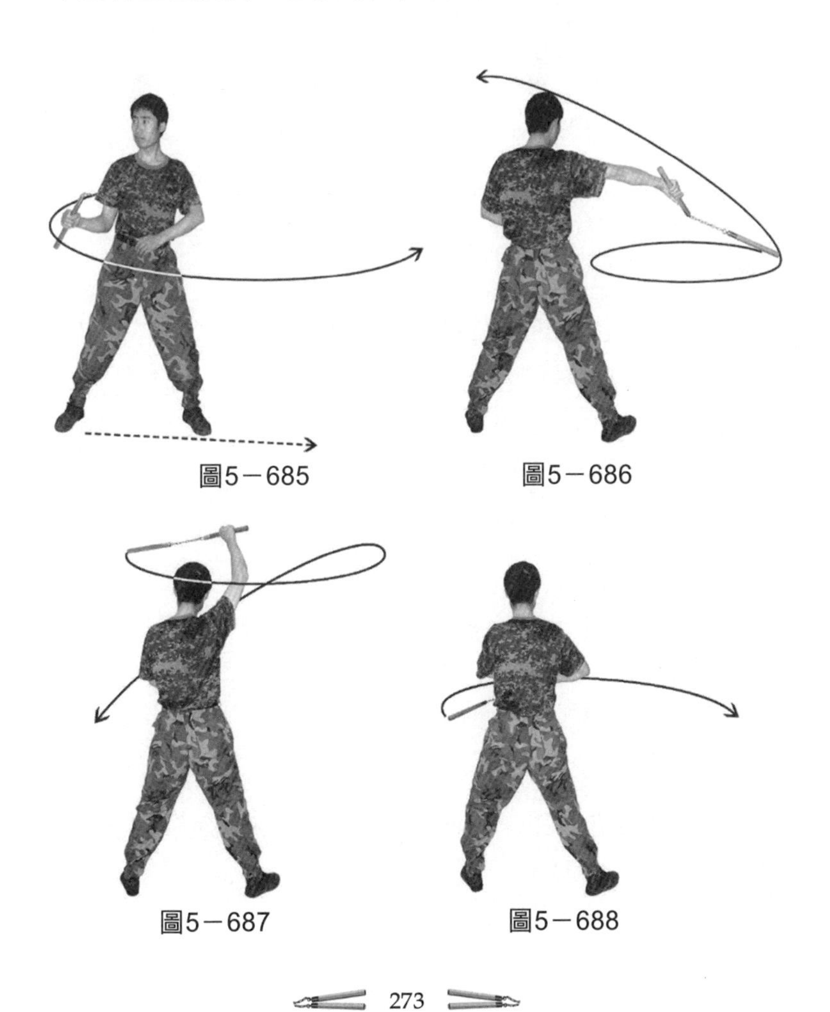
圖5－685　圖5－686
圖5－687　圖5－688

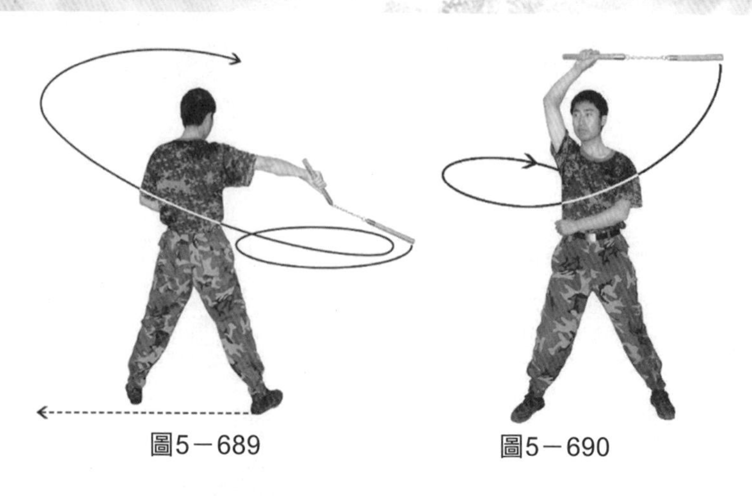

圖5－689　　圖5－690

(5)運棍向右平掃，使棍向前、向右運行至身體右側（圖5－689）。

(6)棍在右臂下走平圓順時針懸擺一周，緊接向右後上方掃棍，同時右腳左後插步向右轉身180度，使棍運行至頭頂左上方（圖5－690）。

(7)棍繼續向右掃並下落，當運行至右臂下方時，右腋接棍，成右側夾棍的姿勢收棍（圖5－691）。

94.夜叉探海

左拖棍。前上戳，掉轉棍頭，右拖棍，前下戳，收回，左拖棍。

接上左拖棍。前上戳，左轉身180度，右拖棍，前下戳，收回，拉棍。

【技法特色】這是一個簡單實用的戳擊技法，此時的雙節棍猶如一根木棒。

【動作要領】

戳擊要有力，力達棍端。掉轉棍頭要與下一個戳擊動作緊密銜接，不要脫節。

【圖譜詳解】

(1)右腳在前，雙手在身體左側陽把持棍，成左拖棍姿勢（圖5－692）。

(2)雙手持棍向前上戳擊，右手棍在前（圖5－693）。

(3)右手的棍向後收回，掉轉棍的朝向，使左手棍在前，瞬間成右拖棍的姿勢（圖5－694）。

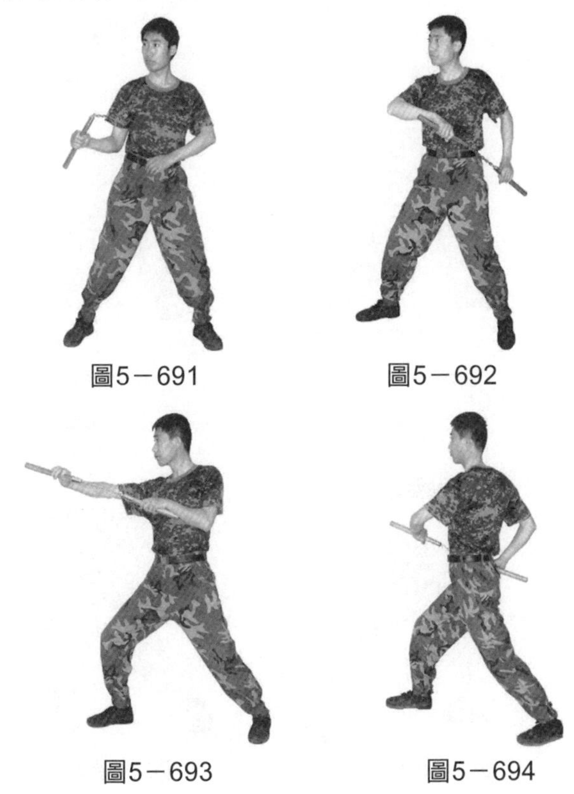

圖5－691　圖5－692

圖5－693　圖5－694

(4)雙手持棍向前下戳擊，左手棍在前（圖5－695）。

(5)左手的棍向後收回，掉轉棍的朝向，使右手棍在前，成左拖棍的姿勢收棍（圖5－696）。

(6)接左拖棍，雙手持棍向前上戳擊，右手棍在前（圖5－697）。

(7)左轉身180度，順勢成右側拖棍，使左手棍在前（圖5－698）。

(8)雙手持棍向前下戳擊，左手棍在前（圖5－699）。

(9)雙手向後收回，成前拉棍姿勢收棍（圖5－700）。

圖5－695　圖5－696

圖5－697　圖5－698

圖5－699

圖5－700

95.移花接木

挎棍。左下劈，左腰反彈，左臂在右臂前交叉，左手掌心向上，虎口向前，正握遊離棍，同時鬆開右手，左手持棍右掃，右腰反彈，右臂在左臂前交叉，右手掌心向上，虎口向前，正握游離棍，同時鬆開左手，右手持棍左掃，左腰反彈，可反覆，右上撩，挎棍。

【技法特色】這是一個訓練手臂交叉倒手換把技巧的技法，不具有實戰意義，僅具有訓練價值，用來增強控棍能力。有很多類似的不實用的技法，或為舞花，或為在身體上的纏繞，或為鑽來鑽去，看上去似無價值。如果單從實戰的角度出發確實顯得有點「華而不實」，然而此類技法大多帶有一定的技巧性，也都有一定的難度，因此對於提高控棍能力和增強棍感都有好處。

堅持經常的習練，久而久之，棍的運行就會變成自己的肢體語言，意到棍到。總之，為了更好地修練雙節棍，有些「華而不實」的技法也要訓練。

【動作要領】 倒手換把的前後動作一定要連貫自然，前後流暢，避免技法動作的呆板停滯。

【圖譜詳解】

(1)左右開立，雙手陽把握棍，成右挎棍姿勢（圖5－701）。

(2)鬆開左手，右手運棍向左下劈，使棍從後側向上、向前、向左下運行至左腰側，左腰卸力反彈（圖5－702）。

(3)棍向前、向右運行，左臂在右臂前交叉，左手掌心向上，虎口向前，正握游離棍（圖5－703）。

(4)鬆開右手，左手持棍右掃，使原來的右手棍向前、向右運行至右側，右腰反彈（圖5－704）。

(5)棍向前、向左運行，右臂在左臂前交叉，右手掌心向上，虎口向前，正握游離棍（圖5－705）。

(6)鬆開左手，右手持棍左掃，使原來的右手棍向前、向左運行至左側，左腰反彈（圖5－706）。

圖5－701

圖5－702

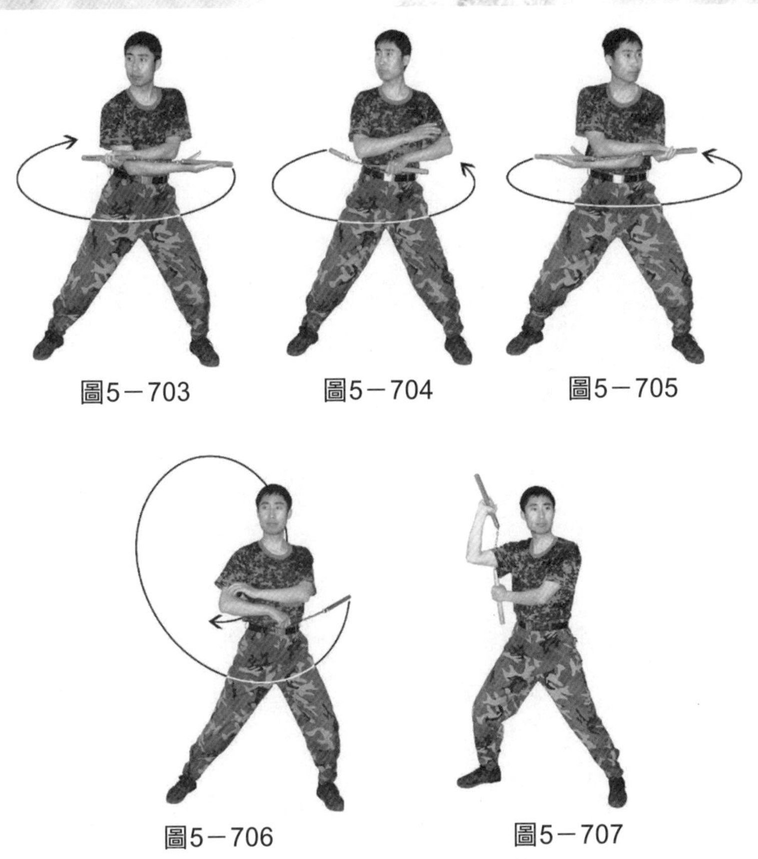

圖5－703　圖5－704　圖5－705

圖5－706　圖5－707

(7) 右手向右上撩棍，使棍由後向前、向右上、向後運行至右臂後側，棍鏈挎在右臂上，左手在右腋下抓棍，成右挎棍姿勢收棍（圖5－707）。

96. 迎風舞袖

懸棍。左上撩，左扛棍，右後下甩，向上向前甩，向左後下甩，自然停棍右上撩，右扛棍。

圖5－708

【技法特色】

此技法屬於撩擊棍法，動作開始和結束時的撩擊為攻擊重點，中間舞棍掄擊是正面阻擊逼敵後退的動作。

【動作要領】甩棍的過程中，胳膊要張開，以肩為軸掄棍，使動作舒展大方。另外撩擊要迅猛有力。

【圖譜詳解】

(1) 右腳在前，右手陽把持棍，成右側懸棍姿勢（圖5－708）。

(2)右手運棍向左上撩，使棍向前、向左上、向後運行至左後方，左肩背部卸力反彈（圖5－709）。

(3)右手繼續向右下方運棍，使棍從後側向上、向前、向右下、向後運行至右後方（圖5－710）。

圖5－709

圖5－710

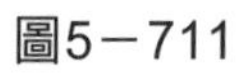
圖5－711

圖5－712

(4)右手繼續向前下運棍，使棍繼續向上、向前、向左下、向後運行至左後方（圖5－711）。

(5)自然停棍後，右手持棍向右上撩，使棍由後向前、向右上、向後運行至右後方，右肩背部卸力停棍，成右扛棍姿勢收棍（圖5－712）。

97.魚躍鳶飛

挎棍。右前下方立圓，由右前帶至左下、左後、左上，斜圓一周，右下劈，右後自然回棍，挎棍。

【技法特色】觀賞性技法，攻擊性不強。常練習有助於提高運棍能力。

【動作要領】動作要一氣呵成，乾脆俐落。

【圖譜詳解】

(1)右腳在前，雙手陽把握棍，成右挎棍姿勢（圖5－713）。

(2)鬆開左手，右手向前下運棍，使棍從後側向上、向前、向下運行至右前下方（圖5－714）。

(3)棍在右前下方繼續走立圓一周，立圓的直徑要小，棍運行回至右前下方（圖5－715）。

(4)棍繼續向左後運行至身體左後方（圖5－716）。

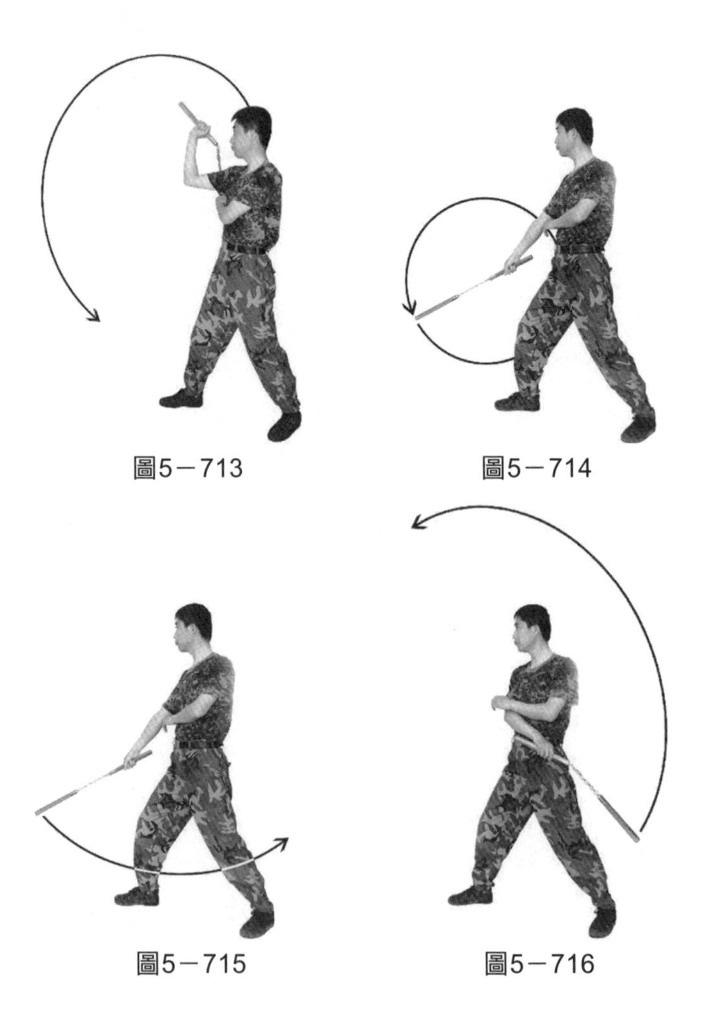

圖5－713 圖5－714

圖5－715 圖5－716

(5)向上運棍，棍繼續向上、向前運行至頭頂前上方（圖5－717）。

(6)棍繼續向右偏下的方向運行，順勢走斜圓一周，斜圓的方向為「左上—右下」傾斜，接著向右下劈棍，使棍運行至右後方（圖5－718）。

圖5－717

(7)向前上撩棍，棍向前、向上、向後運行至右臂後側，棍鏈挎在右臂上，左手在右腋下陽把抓棍，成右挎棍的姿勢收棍（圖5－719）。

98.玉帶纏腰

後拉棍。右手持棍前掃，腰反彈，後掃，左手接棍成後拉棍，左手持棍前掃，腰反彈，後掃，右手接棍成後拉棍。可反覆。

圖5－718

圖5－719

【技法特色】這是一個基礎技法，後拉棍換把與腰反彈進行組合，這也是實戰中常用的變換方式。

【動作要領】倒手換把的前後動作一定要連貫自然，前後流暢，避免技法動作的呆板停滯。

【圖譜詳解】

(1)左右開立，雙手陽把握棍，成後拉棍姿勢（圖5－720）。

(2)鬆開左手，右手運棍，使棍向後、向右、向前、向左運行，當棍運行至左側時，左腰卸力反彈（圖5－721）。

(3)棍向前、向右、向後、向左運行至左後，左手在左腰側陽把接棍，瞬間成後拉棍姿勢（圖5－722）。

(4)鬆開右手，左手運棍，使棍向後、向左、向前、向右運行，當棍運行至右側時，右腰卸力反彈（圖5－723）。

(5)棍向前、向左、向後、向右運行至右後，右手在右腰側陽把接棍，成後拉棍姿勢收棍（圖5－724）。

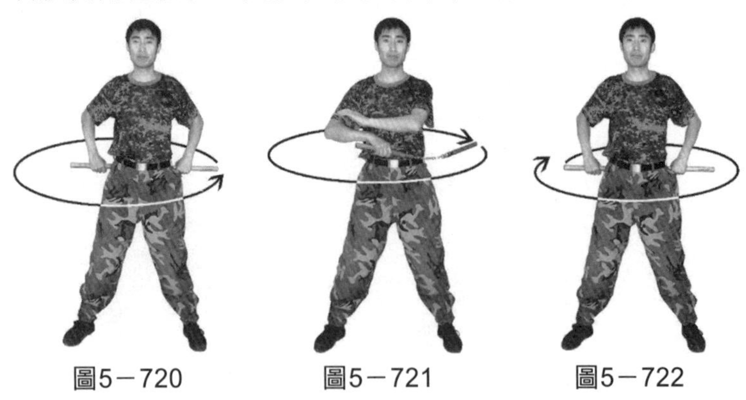

圖5－720　圖5－721　圖5－722

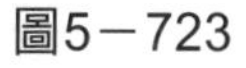

圖5－723

圖5－724

99.玉女穿梭

疊棍。頂端前戳，向頭部收回，尾端下戳，向右下收回，頂端左上戳，尾端右下戳，棍走弧形，尾端左下戳，頂端右上戳，尾端向下戳，疊棍。

【技法特色】這是一個疊棍戳擊的技法，簡單實用，適合近身攻擊。

【動作要領】戳棍要有力度，可以掛幾個沙袋來練習疊棍的各種戳擊動作，不要拘泥於技法的描述。

【圖譜詳解】

(1)右腳在前，右手陽把握雙棍，成疊棍姿勢（圖5－725）。

(2)右臂前伸，棍的頂端向前戳擊（圖5－726）。

(3)右臂收回成原來的疊棍姿勢（圖5－727）。

(4)右手持棍向下戳擊，棍的尾端朝下（圖5－728）。

(5)棍向右下收回（圖5－729）。

圖5－725　圖5－726

圖5－727　圖5－728

(6)右臂左前伸，棍的頂端向左上方戳擊（圖5－730）。

(7)棍的尾端向右下戳擊（圖5－731）。

(8)棍向右上抬，尾端朝向左下，棍的尾端向左下戳擊（圖5－732）。

(9)棍的頂端向右上戳擊（圖5－733）。

(10)棍的尾端向下戳擊，成疊棍的姿勢收棍（圖5－

734）。

圖5－729　圖5－730

圖5－731　圖5－732

圖5－733　圖5－734

100.轅門射戟

前引棍（圖5－735）或後引棍（圖略）。向前彈射出（圖5－736），接棍成前引棍或後引棍。

【技法特色】這是一個彈射技法，簡潔實用。

【動作要領】棍彈射而出，避免成為劈棍動作。

【圖譜詳解】

(1)右腳在前，雙手陽把握棍，右手在前，左手在後，成前引棍的姿勢起式（圖5－735）。

(2)鬆開左手，右手向前運棍，棍向前彈射而出，棍運行至前方（圖5－736）。

(3)棍運行到前方後開始下落，當運行到左側時，左手陽把接棍，成前引棍的姿勢收棍（圖5－735）。

101.月鉤沉水

拉棍。側上方推棍，正前劈，懸棍。

【技法特色】這是一個防守反擊的經典技法，推棍阻截敵長兵，緊隨一劈，變被動為主動。

【動作要領】前劈要狠，根據攻擊距離可配合上步。

圖5－735

圖5－736

【圖譜詳解】

(1)右腳在前，雙手陽把握棍，成前拉棍姿勢（圖5－737）。

(2)雙手持棍向左上方推棍，右手棍在上，左手棍在下（圖5－738）。

(3)左手向上撥轉棍的同時鬆開，右手向前下運棍，使棍向上、向前運行至前上方（圖5－739）。

(4)棍繼續向右下運行，當運行到右側下方時自然停棍，成右側懸棍的姿勢收棍（圖5－740）。

102.月上花梢

拉棍。側下方推棍，正前撩，扛棍。

【技法特色】這是一個防守反擊的經典技法，推棍阻截敵長兵，緊隨一撩棍，變被動為主動。

【動作要領】撩棍要狠，根據攻擊距離可配合上步。

圖5－737

圖5－738

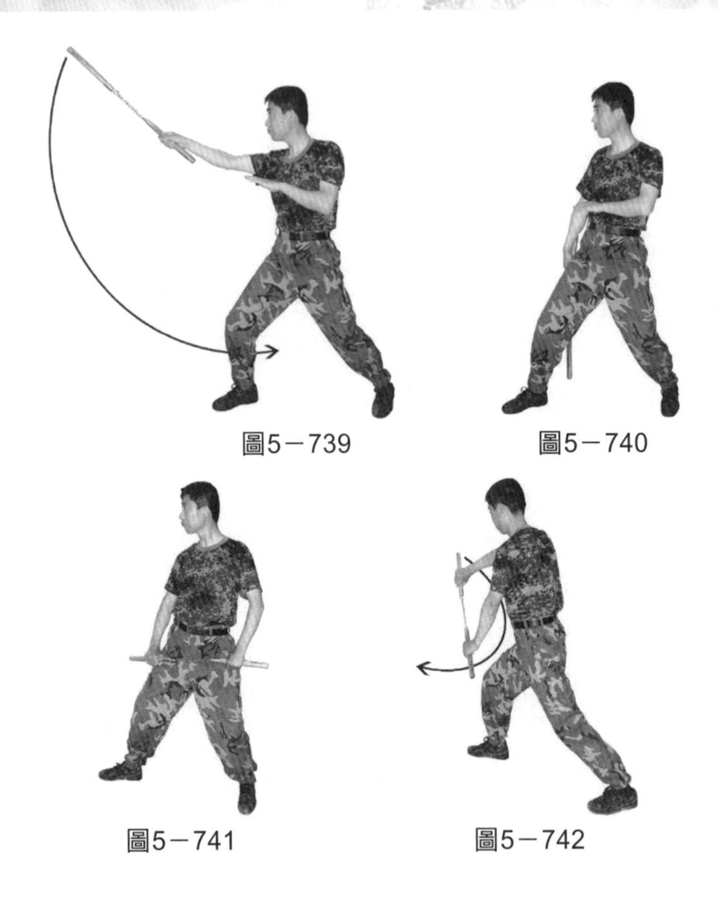

圖5－739 圖5－740

圖5－741 圖5－742

【圖譜詳解】

(1)右腳在前，雙手陽把握棍，成前拉棍姿勢（圖5－741）。

(2)雙手持棍向右下方推棍，右手棍在上，左手棍在下（圖5－742）。

(3)鬆開右手，左手持棍向前上運棍，使原來右手的棍向下、向前運行至前方（圖5－743）。

圖5－743

圖5－744

(4)棍繼續向左上、向後運行，當運行至左後時，左肩背卸力停棍，成左扛棍姿勢收棍（圖5－744）。

103.瞻前顧後

左挎棍。倒棍成右挎棍，左轉90度，同時下劈成後拉棍，左轉90度，左手上撩成左挎棍，上右腳的同時，倒棍成右挎棍，可重複（圖5－745～圖5－749）。

左挎棍。倒棍成右挎棍，左轉90度，同時下劈成前拉棍，左轉90度，左手上撩成左挎棍，上右腳的同時，倒棍成右挎棍，可重複（圖5－750～圖5－754）。

左挎棍。倒棍成右挎棍，左轉90度，同時棍過襠下，左後接棍，左轉90度，左手上撩成左挎棍，上右腳的同時，倒棍成右挎棍，可重複（圖5－755～圖5－759）。

【技法特色】這是一基礎技法，有很大的訓練價值，訓練綜合控棍能力，訓練身體與棍的協調能力。

【動作要領】棍的運行與身體要協調，身體要穩，動作快而不亂。

【圖譜詳解】

(1)右腳在前，雙手陽把持棍，成左挎棍姿勢（圖5－745）。

(2)鬆開左手，右手向右上運棍，使棍從後側向下、向前、向右上、向後運行至右臂的後側，棍鏈貼於右臂，左手在右腋下陽把抓棍，瞬間成右挎棍的姿勢（圖5－746）。

(3)鬆開左手，右手向前下運棍，同時上身左轉90度，使棍向右、向下運行，棍繼續在背後向左運行至左腰後，左手在左腰後陽把接棍，瞬間成後拉棍姿勢（圖5－747）。

(4)上身左轉90度，同時左手上撩，使棍向前、向上、向後運行至左臂後側，棍鏈緊貼左臂，右手在左腋下陽把抓棍，瞬間成左挎棍的姿勢（圖5－748）。

圖5－745

圖5－746

(5)右腳向前上步，同時鬆開左手，右手向右上運棍，使棍從後側向下、向前、向右上、向後運行至右臂的後側，棍鏈貼於右臂，左手在右腋下陽把抓棍，成右挎棍的姿勢收棍（圖5－749）。

(6)右腳在前，雙手陽把持棍，成左挎棍姿勢（圖5－750）。

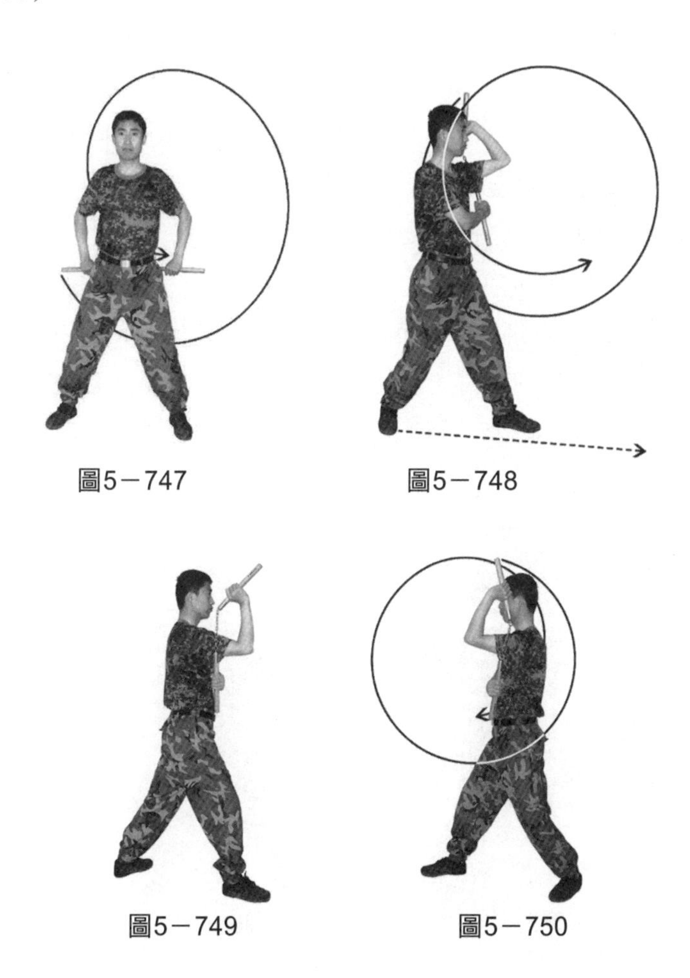

圖5－747　圖5－748

圖5－749　圖5－750

(7)鬆開左手，右手向右上運棍，使棍從後側向下、向前、向右上、向後運行至右臂的後側，棍鏈緊貼於右臂，左手在右腋下陽把抓棍，瞬間成右挎棍的姿勢（圖5－751）。

(8)鬆開左手，右手向前下運棍，同時上身左轉90度，使棍向右、向下運行，棍繼續在體前向左運行至左側，左手在左側陽把接棍，瞬間成前拉棍的姿勢（圖5－752）。

(9)上身左轉90度，同時左手上撩，使棍向前、向上、向後運行至左臂後側，棍鏈貼左臂，右手在左腋下陽把抓棍，瞬間成左挎棍姿勢（圖5－753）。

(10)右腳向前上步，同時鬆開左手，右手向右上運棍，使棍從後側向下、向前、向右上、向後運行至右臂的後側，棍鏈貼於右臂，左手在右腋下陽把抓棍，成右挎棍的姿勢收棍（圖5－754）。

圖5－751

圖5－752

(11)右腳在前，雙手陽把持棍，成左挎棍姿勢（圖5－755）。

(12)鬆開左手，右手向右上運棍，使棍從後側向下、向前、向右上、向後運行至右臂的後側，棍鏈緊貼於右臂，左手在右腋下陽把抓棍，瞬間成右挎棍的姿勢（圖5－756）。

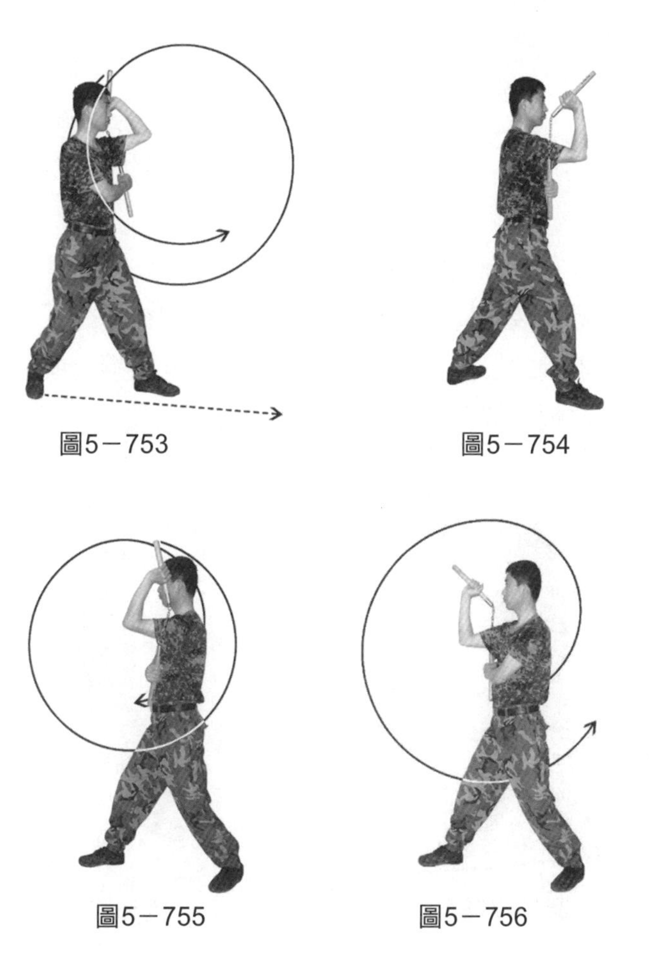

圖5－753　圖5－754

圖5－755　圖5－756

圖5－757

(13)鬆開左手，右手向前下運棍，同時上身左轉90度，使棍向右、向下運行，棍過襠下繼續向左運行至左後，左手在左後陽把接棍（圖5－757）。

(14)上身左轉90度，同時左手上撩，使棍向前、向上、向後運行至左臂後側，棍鏈貼左臂，右手在左腋下陽把抓棍，瞬間成左挎棍姿勢（圖5－758）。

(15)右腳向前上步，同時鬆開左手，右手向右上運棍，使棍從後側向下、向前、向右上、向後運行至右臂的後側，棍鏈貼於右臂，左手在右腋下陽把抓棍，成右挎棍的姿勢收棍（圖5－759）。

圖5－758

圖5－759

104.張飛騙馬

挎棍。前下劈，裡合腿，腿帶棍左轉身180度，右側反向立圓，繼續左轉身180度的同時向左後掃棍，左腰卸力，上提棍，左手反把抓握游離棍成翘棍。

【技法特色】這是一個訓練腿帶棍轉身的技巧性動作，實戰價值不大，但有很好的觀賞性，可用於表演場合。

【動作要領】轉身裡合腿帶棍時，手握棍貼在大腿內側，游離棍在腿外側，腿壓棍鏈。

【圖譜詳解】

(1)左腳在前，雙手陽把持棍，成右挎棍姿勢（圖5－760）。

(2)鬆開左手，同時右腿向上擺做裡合腿，右手向前下運棍，使棍從後側向上、向前、向下運行，棍鏈遇到右腿，棍繼續向後、向上、向前運行至右腿外上方（圖5－761）。

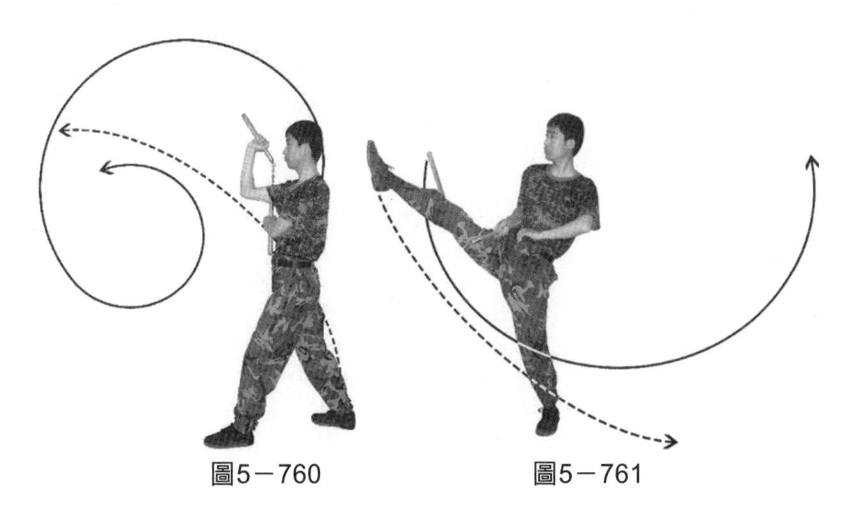

圖5－760　　圖5－761

(3)腿壓帶棍鏈，左轉身180度後，棍從右腿下方繼續向下、向前、向上運行至前方，同時右腳向前落地（圖5－762）。

(4)棍在右側繼續向上、向後、向下圓周運行，左轉身180度，順勢向左帶棍，使棍向左平掃一周運行至左側，左腰卸力停棍（圖5－763）。

(5)右手運用腕部力量向前上提棍，左手在前反把抓握游離棍，成翹棍姿勢收棍（圖5－764）。

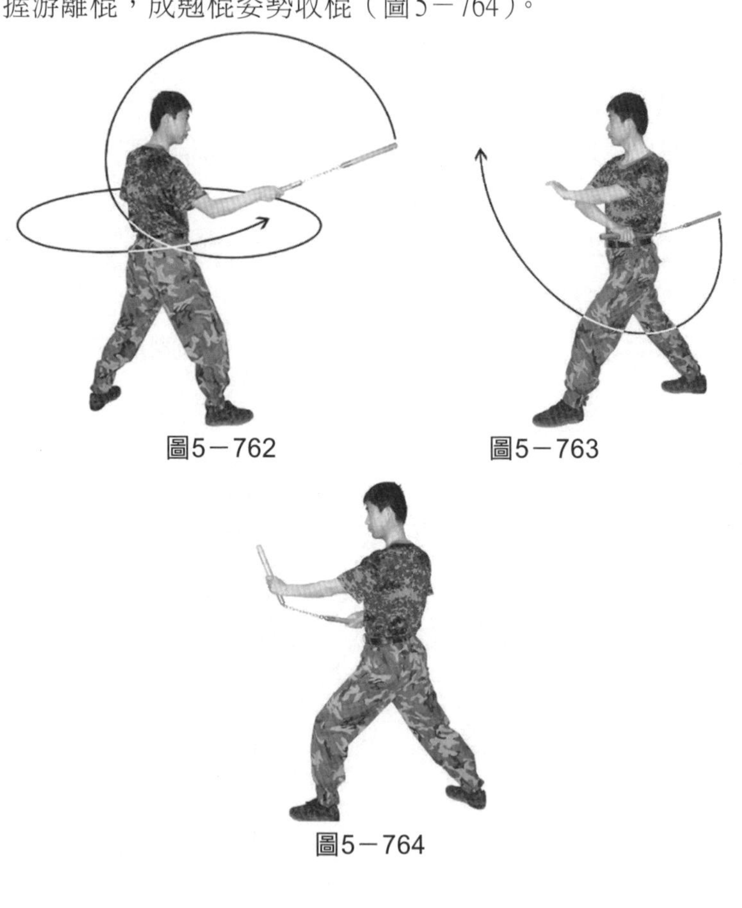

圖5－762　圖5－763

圖5－764

105.征雁銜蘆

右搭棍。左腰反彈，右腰反彈，纏脖鬆手左轉身180度，右手右肩上接棍，左下掃，腰反彈，上撩，搭棍。

【技法特色】這是訓練纏脖後同手換把技巧的技法，也可在前後受敵時使用。正面阻擊前面的敵人後，出其不意轉身攻擊後面進犯的敵人。

【動作要領】纏脖換把接棍要準，不要脫棍。

【圖譜詳解】

(1)左右開立，右手陽把持棍，成右搭棍姿勢（圖5－765）。

(2)上身左轉90度，右手向左下運棍，使棍從後側向前、向左運行至左側，左腰卸力反彈（圖5－766）。

(3)上身右轉90度，同時右手運棍向右平掃，使棍從後向前、向右、向後運行至右側，右腰卸力反彈（圖5－767）。

(4)上身向左轉90度，右腳向前上步，同時右手向左

圖5－765

圖5－766

上方運棍，上身繼續向左轉90度，使棍在向左上掃時遇脖纏繞，游離棍位於頭部右側，瞬間成掛棍的姿勢（圖5－768）。

(5)鬆開右手，左腳向右後插步，左轉身180度的同時，右手陽把抓握頭部右側的棍（圖5－769）。

(6)右手運棍向左下掃，同時左轉身，使棍從脖後向前運行後又平掃一周，棍運行至左側時左腰卸力反彈（圖5－770）。

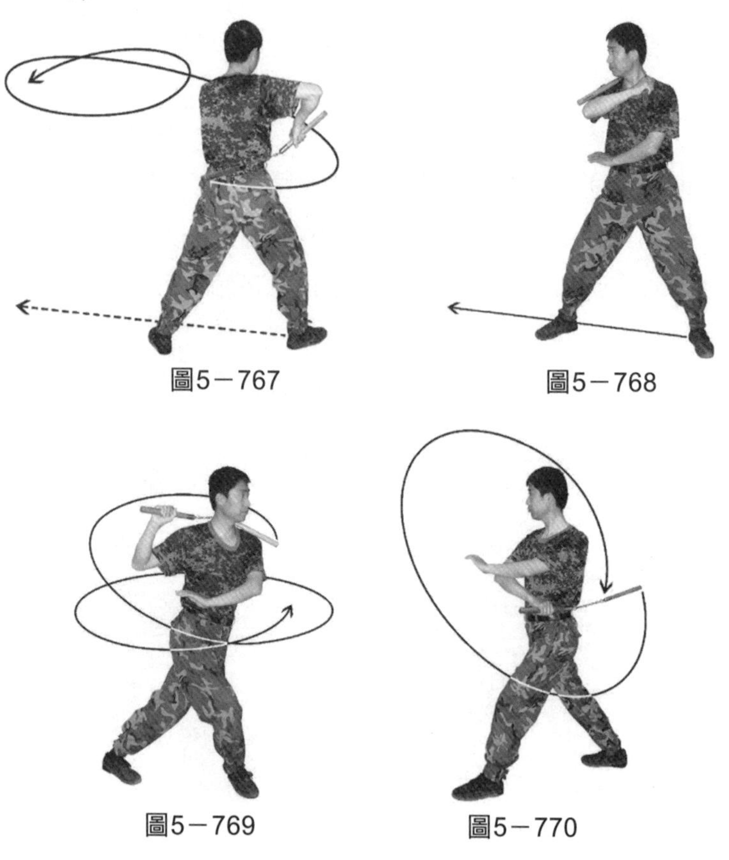

圖5－767　圖5－768

圖5－769　圖5－770

(7)右轉身90度，向右上撩棍，棍向前、向右上、向後運行至右後時，右臂卸力停棍，成右搭棍姿勢收棍（圖5－771）。

106.周處斬蛟

夾棍。下劈，左上撩，左扛棍，右下劈，自然回棍，左腰反彈，右上撩，背棍。

【技法特色】這是一個劈撩組合的經典攻擊性技法，技法精簡實用，可用於正面主動進攻。

【動作要領】運棍與轉腰發力要結合，以加大棍的速度。進攻時可根據攻擊距離選擇向前上步。

【圖譜詳解】

(1)右腳在前，右手陽把握棍，成右夾棍姿勢（圖5－772）。

(2)右手向前下運棍，使棍向前、向下運行至前下方（圖5－773）。

(3)右手運棍左上撩，使棍向左上、向後運行至左後，左肩背卸力停棍，瞬間成左扛棍姿勢（圖5－774）。

圖5－771

圖5－772

(4)右手向右下運棍，使棍從後側向上、向前、向右下、向後運行至右後下方（圖5－775）。

(5)自然停棍，右手運棍左掃，使棍向前、向左上掃，當棍運行到左側時，左腰卸力反彈（圖5－776）。

(6)右手向右上運棍，使棍向前、向右上、向後運行，棍在後側繼續向左下運行，當運行至左腰後時，左手在左腰側接棍，成背棍姿勢收棍（圖5－777）。

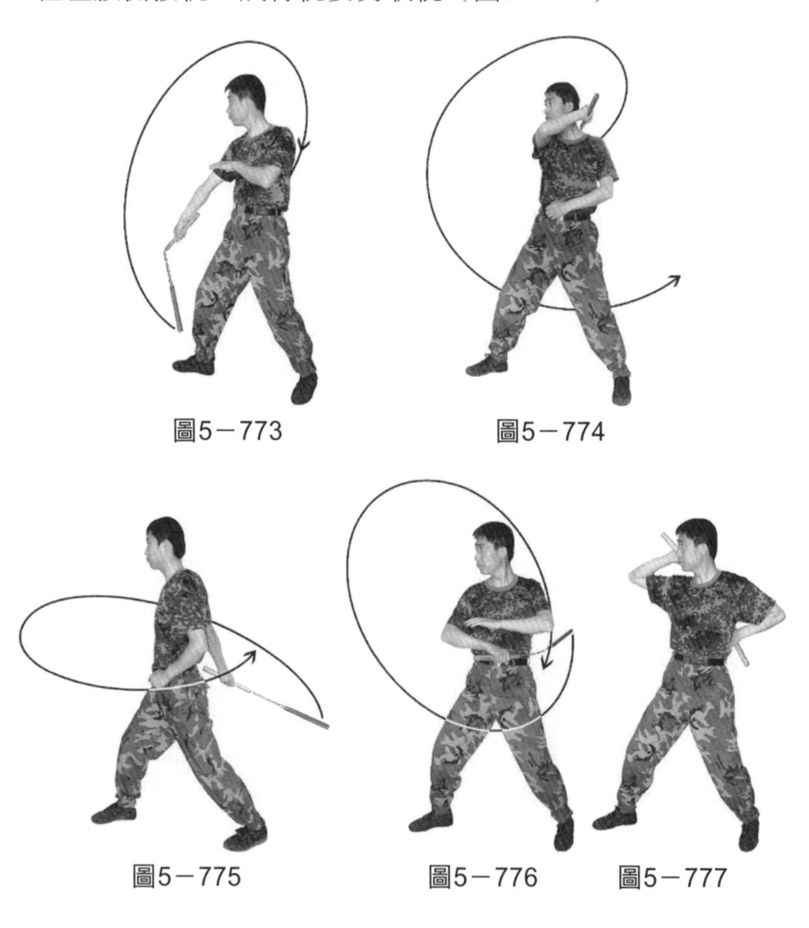

圖5－773　圖5－774

圖5－775　圖5－776　圖5－777

107.諸葛搖扇

懸棍。向前擺棍，至正前方，左下擺棍，自然回行，反覆。

【技法特色】此技法主要訓練體前斜面內的運棍動作，簡單實用，可用於對敵進行正面攻擊。

【動作要領】注意與「撥打雕翎」相區別，「諸葛搖扇」正對運行坡面，「撥打雕翎」側對運行坡面。兩技法在視覺效果上也有很大差異。

【圖譜詳解】

(1)右腳在前，右手陽把握棍，成右側懸棍姿勢（圖5－778）。

(2)右手運棍前擺，使棍向前運行至前上方（圖5－779）。

(3)棍向左下、向後繼續運行至左後（圖5－780）。

(4)自然停棍，右手運棍前擺，使棍向前運行至前上方（圖5－781）。

圖5－778　　圖5－779

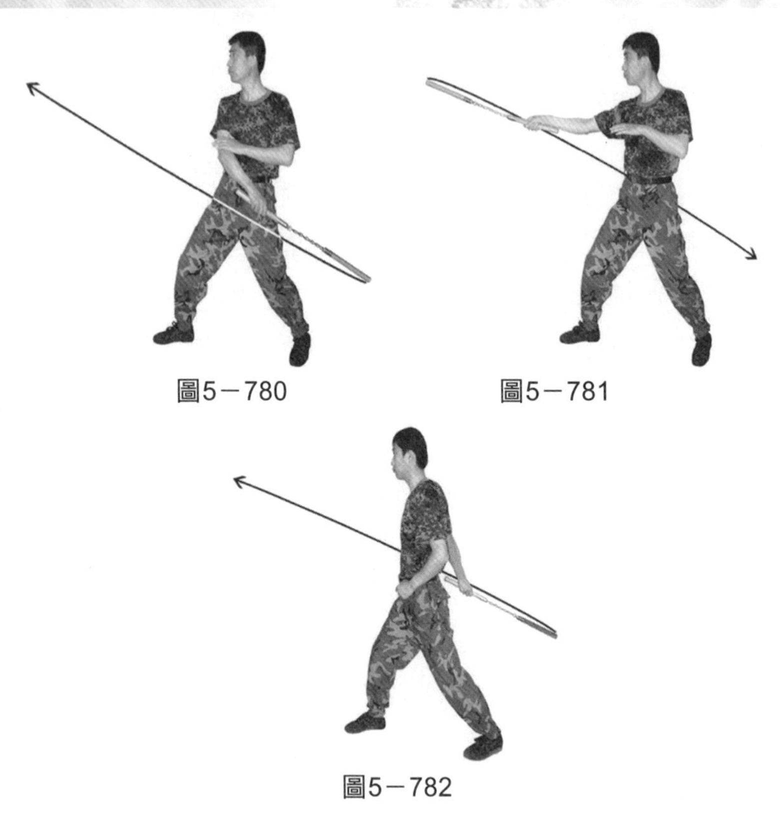

圖5－780　圖5－781

圖5－782

(5)棍向右下、向後繼續運行至右後（圖5－782）。可繼續前擺，也可自然停棍成懸棍的姿勢收棍。

108.追命索魂

疊棍。前衝跑跳，空中將棍射出，順勢收棍。

【技法特色】正面主動攻擊的技法，用於直接攻擊距離較遠的危險敵人。

【動作要領】射棍要快速有力。

【圖譜詳解】

(1)右手陽把握住雙棍，成疊棍姿勢（圖5－783）。

(2)持棍姿勢保持不變，向前快速助跑，起跳，在空中鬆開一棍並向前將棍射出（圖5－784）。雙腳落地後可順勢以各種姿勢收棍。

109.縱橫捭闔

搭棍。前劈，右前上處繞弧，左掃，上臂停棍，右掃，右前上處繞弧，上撩，搭棍（圖5－785～圖5－789）。

懸棍。上撩，右前上處繞弧，左掃，上臂停棍，右掃，右前上處繞弧，下劈，懸棍（圖5－790～圖5－794）。

搭棍。前劈，右前下處繞弧，左掃，腰停棍，右掃，右前下處繞弧，上撩，搭棍（圖5－795～圖5－799）。

懸棍。上撩，右前下處立圓繞弧，左掃，腰停棍，右掃，右前下處立圓繞弧，下劈，懸棍（圖5－800～圖5－804）。

懸棍。上撩，搭棍，左掃，上臂停棍，右掃，右上臂停棍，下劈，懸棍（圖5－805～圖5－809）。

圖5－783

圖5－784

圖5－785

【技法特色】

這是一個專門訓練橫豎變換的技法。

【動作要領】儘量保持棍在水平面或垂直的矢狀面內運行。

【圖譜詳解】

(1)右腳在前，右手陽把持棍，成右搭棍姿勢（圖5－785）。

(2)右手向前下運棍，使棍從後側向上、向前運行至右前方（圖5－786）。

(3)右手運棍在右前繞弧，改變棍運行的平面，使棍向左平掃，當棍運行到左側時，左上臂外側卸力反彈（圖5－787）。

(4)棍向右平掃，當棍運行至右前時，右手運棍繞弧，改變棍運行的平面，使棍向上撩，棍運行到右前方

圖5－786

圖5－787

（圖5－788）。

(5)棍繼續向上、向後運行，當運行至右臂後側時，右上臂卸力停棍，成右搭棍的姿勢收棍（圖5－789）。

(6)右腳在前，右手陽把持棍，成右側懸棍姿勢（圖5－790）。

(7)右手向前上運棍，使棍從右側的下方向前、向上運行至右前方（圖5－791）。

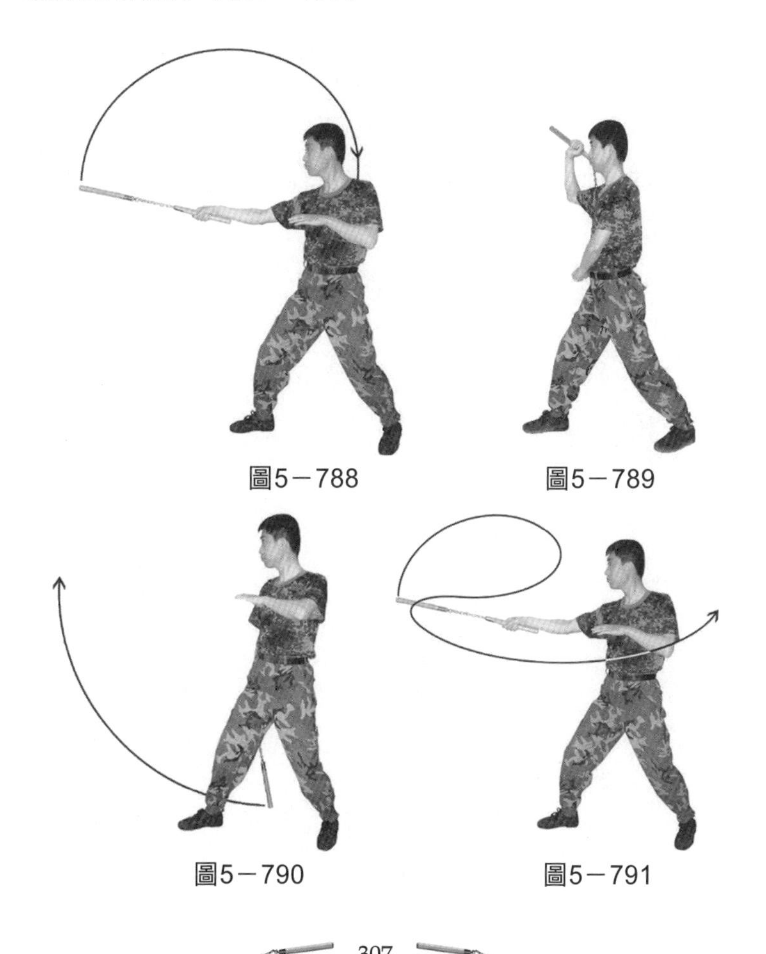

圖5－788　圖5－789

圖5－790　圖5－791

圖5－792

(8) 右手運棍在右前繞弧，改變棍運行的平面，使棍向左平掃，當棍運行到左側時，左上臂外側卸力反彈（圖5－792）。

(9) 棍向右平掃，當棍運行至右前時，右手運棍繞弧，改變棍運行的平面，使棍向下劈，棍運行到右前方（圖5－793）。

(10) 棍繼續向下、向後運行至右後時自然停棍，成懸棍姿勢收棍（圖5－794）。

(11) 右腳在前，右手陽把持棍，成右搭棍姿勢（圖5－795）。

(12) 向前下運棍，使棍從後側向上、向前、向下運行至右前下方（圖5－796）。

圖5－793

圖5－794

(13)右手運棍在右前下處繞弧，改變棍運行的平面，使棍向左上掃，當棍運行到左側時，左腰卸力反彈（圖5－797）。

(14)棍向右下掃，當棍運行至右前下方時，右手運棍繞弧，改變棍運行的平面，使棍向上撩，棍運行到右前下方（圖5－798）。

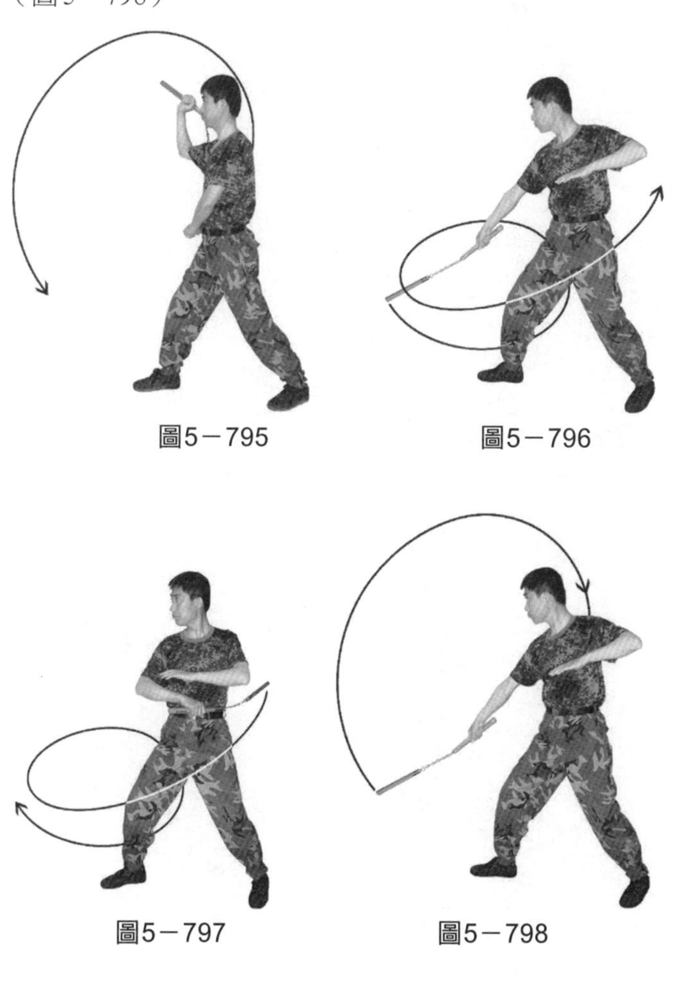

圖5－795　圖5－796

圖5－797　圖5－798

圖5－799

(15)棍繼續向上、向後運行，當運行至右臂後側時，右上臂卸力停棍，成右搭棍的姿勢收棍（圖5－799）。

(16)右腳在前，右手陽把持棍，成右側懸棍的姿勢（圖5－800）。

(17)右手向前運棍，使棍從後向前運行至右前下方（圖5－801）。

(18)右手運棍在右前下處繞弧，改變棍運行的平面，使棍向左上掃，當棍運行至左側時，左腰卸力反彈（圖5－802）。

(19)棍向右下掃，當棍運行至右前時，右手運棍繞弧，改變棍運行的平面，使棍向下劈，棍運行到右前下方（圖5－803）。

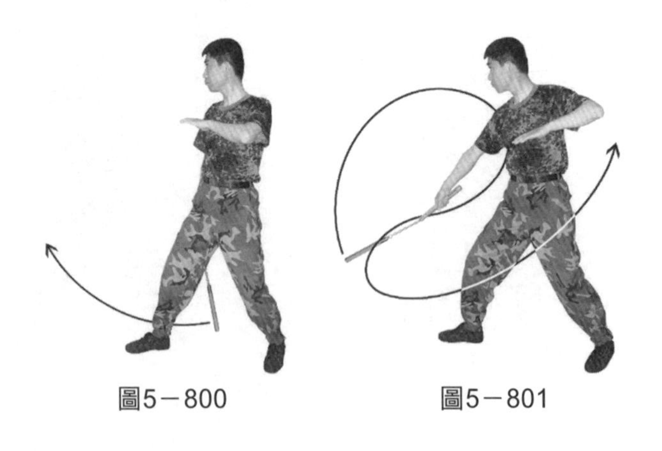
圖5－800　圖5－801

(20)棍繼續向下、向後運行至右後時自然停棍，成懸棍姿勢收棍（圖5－804）。

(21)右腳在前，右手陽把持棍，成右懸棍姿勢（圖5－805）。

(22)右手向前上運棍，使棍從後側向前、向上、向後運行，當棍運行到右後時，右上臂卸力停棍，瞬間成右搭棍的姿勢（圖5－806）。

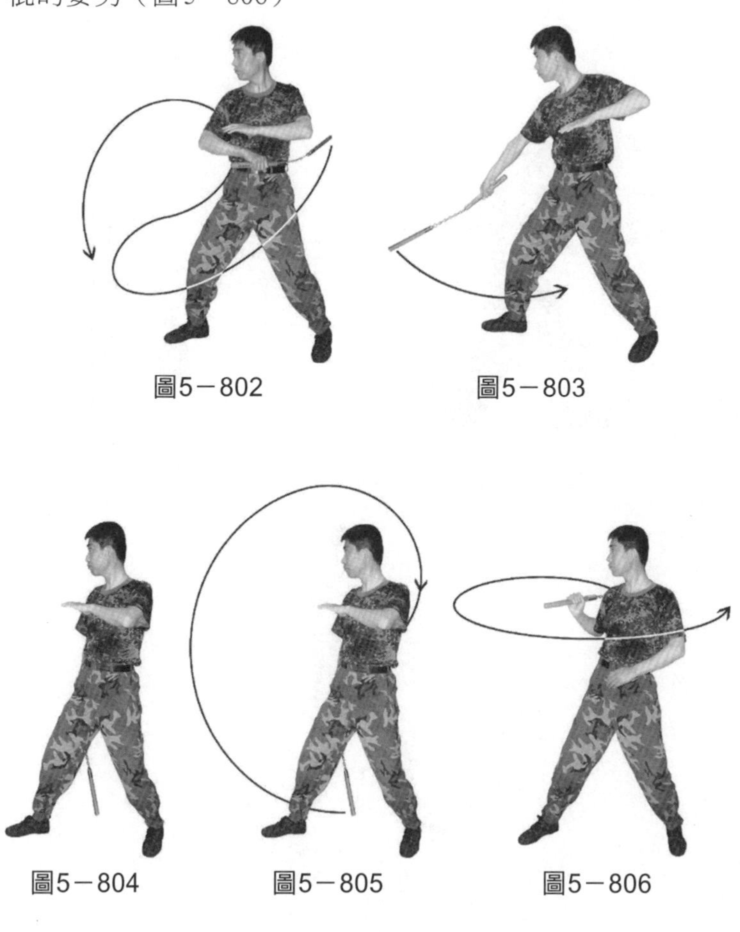

圖5－802　圖5－803

圖5－804　圖5－805　圖5－806

(23)右手運棍向左掃，當棍運行到左側時，左上臂外側卸力反彈（圖5－807）。

(24)運棍向右掃，使棍向前、向右運行至右側，右上臂卸力停棍（圖5－808）。

(25)右手向前下運棍，使棍從後側向上、向前、向下、向後運行至右後下方，自然停棍，成右側懸棍的姿勢停棍（圖5－809）。

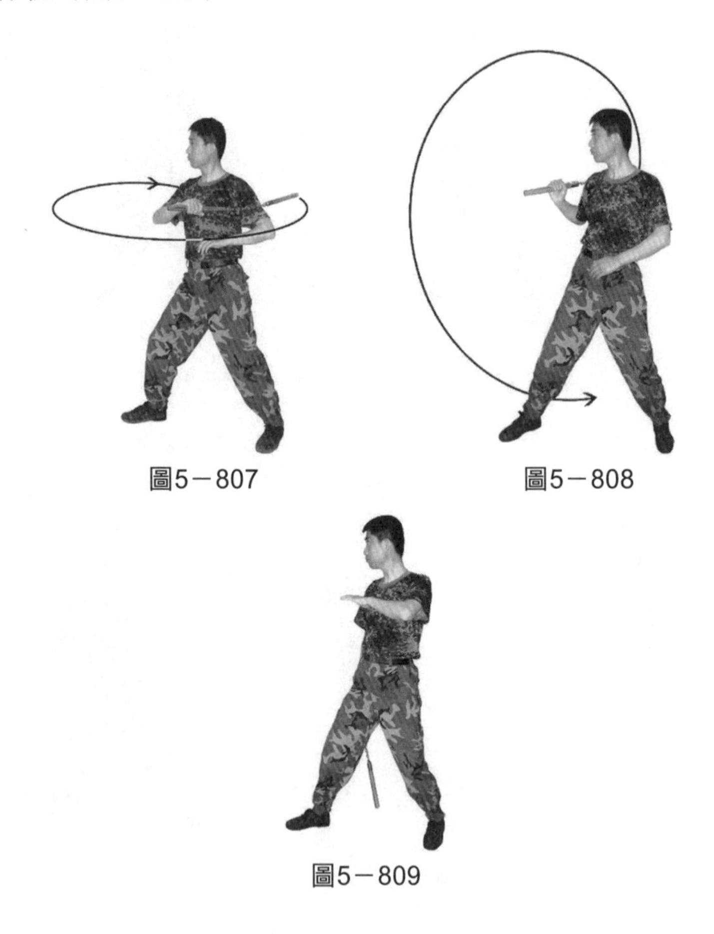

圖5－807　圖5－808

圖5－809

110.走馬換將

右挎棍。右腳右前上步，左腳右前上步同時左挎棍，同時右旋步下掃，右後繞弧上撩，右挎棍。

【技法特色】這是一個躲避防守後進行反擊的技法，右前上步是為了躲避敵人的進攻，轉身掃棍是主動出擊。

【動作要領】上步躲避要快，轉動身體帶動掃棍，要快速有力。

【圖譜詳解】

(1)右腳在前，雙手陽把握棍，成右挎棍姿勢（圖5－810）。

(2)右腳右前上步，保持挎棍的持棍姿勢不變（圖5－811）。

(3)左腳右前上步，同時鬆開右手，左手向左上運棍，使棍從後側向下、向前、向左上、向後運行至左後，棍鏈挎在左臂上，右手在左腋下陽把接棍，瞬間成左挎棍姿勢（圖5－812）。

圖5－810

圖5－811

(4)右腳向左後插步，同時身體向右轉大約90度，保持左挎棍的持棍姿勢不變（圖5－813）。

(5)身體右轉大約90度，同時鬆開左手，右手運棍向右下掃棍，棍運行至右前下方（圖5－814）。

(6)棍繼續向右、向後運行，當棍運行到右後時，右手運棍繞弧，改變棍的運行平面，使棍向上撩，棍向前、向上、向後運行至右後，棍鏈挎在右臂上，左手在右腋下陽把接棍，成右挎棍的姿勢收棍（圖5－815）。

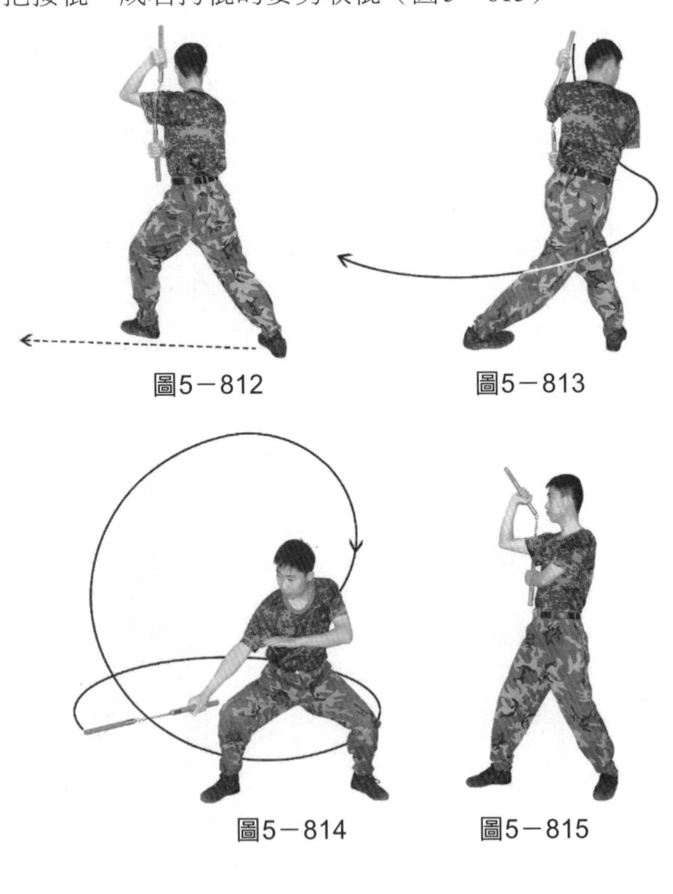

圖5－812　圖5－813

圖5－814　圖5－815

111.左顧右盼

左右開立搭棍。右側正「∞」舞花，左轉身，左手左腰後接棍，後拉棍，搭棍，左側正「∞」舞花，右轉身，右手右腰後接棍，後拉棍，搭棍，重複。

【技法特色】這是一基礎技法，有很大的訓練價值，可訓練運棍能力。此技法也可用於阻擊兩個方向的敵人。

【動作要領】棍的運行與身體要協調，身體要穩，動作快而不亂。

【圖譜詳解】

(1)右腳在前，右手陽把持棍，成右搭棍姿勢（圖5－816）。

(2)右手向前下運棍，使棍從後側向上、向前運行至前上方（圖5－817）。

(3)繼續成正「∞」運棍，使棍運行回到前上方（圖5－818）。

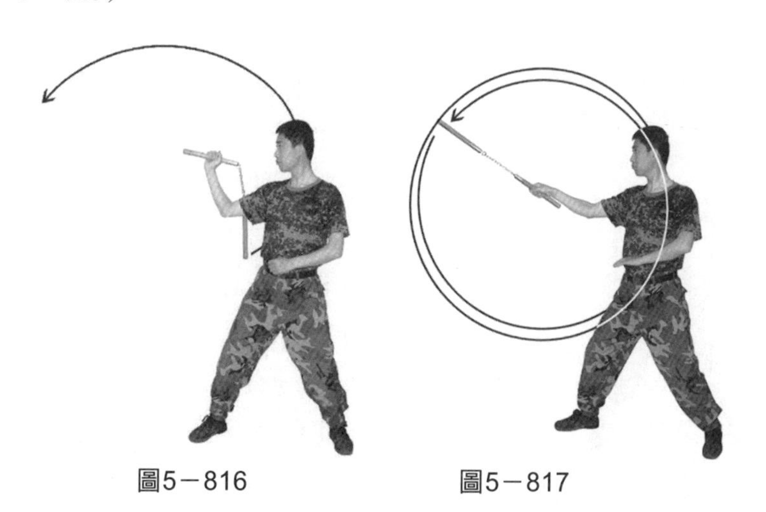

圖5－816　　圖5－817

圖5－818

圖5－819

(4)棍在右側繼續走立圓一周，上身左轉成左右開立勢，棍在身後繼續向下、向左運行至左後側，左手在左腰側陽把接棍，瞬間成後拉棍姿勢（圖5－819）。

(5)上身左轉，同時鬆開右手，左手持棍向前上運棍，使棍向前、向上、向後運行，當棍運行到左臂後側時，左上臂卸力反彈（圖5－820）。

圖5－820

(6)左手向前下運棍，使棍從後側向上、向前運行至前上方（圖5－821）。

(7)繼續成正「∞」運棍，使棍運行回到前上方（圖5－822）。

(8) 棍在左側繼續走立圓一周，上身右轉成左右開立勢，棍在身後繼續向下、向右運行至右後側，右手在右腰側陽把接棍，瞬間成後拉棍姿勢（圖5－823）。

(9)上身右轉，同時鬆左手，右手持棍向前上運棍，使棍向前、向上、向後運行，當棍運行到右臂後側時，右上臂卸力停棍，成右搭棍姿勢收棍（圖5－824）。

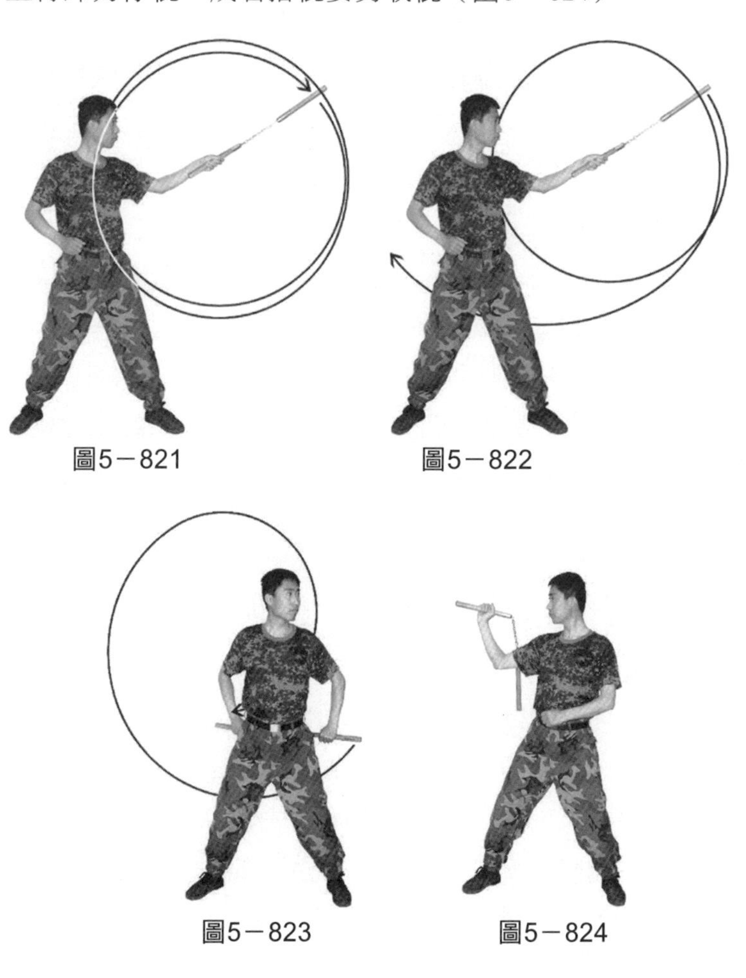

圖5－821　圖5－822

圖5－823　圖5－824

第六部分　功力訓練

一、實戰心態的修練

平時的假想訓練和對抗訓練中，要把實戰心態的修練放在重要位置，因為在實戰中，實戰心態相當重要。如果只注重技術訓練而忽略實戰心態的修練，容易在實戰時心神迷亂反被敵人所制。

實戰心態修練的目標：與敵交手能夠沉著應戰，攻防自如。實戰心態修練主要包括兩方面，一是指保持內心鎮定的修練，二是指進攻之心和防守之心不分家的修練。

實戰心態的訓練一般要經歷一個有意到無意的過程，起初訓練時要有意調整心態，最後達到無意的自然而然狀態。

二、洞察力的訓練

洞察力體現了一個人對客觀世界的敏銳程度，洞察力訓練的主要目的就是使武者對事對物要做到明察秋毫。洞察力的訓練不僅要在平時的對抗訓練中進行，更應該在生活中的每時每刻進行，生活中明察秋毫的本領將無形體現在實戰中利弊因素的把握上。要對周圍的事物明察秋毫，勤拭心智，做到廣通諸藝，不被世人所騙。

在實戰中，洞察力包括以下一些方面：明辨形勢；明查敵人的強項和弱點；察知敵人進攻意圖；洞察敵人神情的變化；把握環境因素給自己帶來的利弊。

總之，生活中不斷提高洞悉事物的本領，結合對抗訓練，以達到實戰中擁有綜合把握利弊的能力。

三、反應能力的訓練

反應能力是指快速做出判斷並迅速採取正確措施的能力。值得注意的是反映能力強並不意味著肢體動作上的快速。當發現對方進攻意圖時可根據具體情況選擇搶先進攻，也可選擇敵人攻擊的同時進攻，還可以選擇敵人攻擊完的瞬間進攻。

反映能力的訓練要達到的目標是：在實戰攻防中總能準確把握最佳的攻擊時機。這就要求在平時的假想訓練和對抗訓練中，注意攻擊時機的訓練。比如對方用腿攻擊，如果雙節棍的持棍姿勢有利，可直接迎擊其腿，如持棍姿勢不利，則避開其攻擊的同時變換持棍姿勢，待其腿落空回撤的瞬間攻擊其腿或身體。所強調的「反應能力」在本戰例中不是指攻擊的速度，也不是指躲避的速度，而是在兩種情形下迅速做出抉擇並採取行動的能力。

四、打擊威力的訓練

打擊威力的三大要素是：打擊速度、打擊力量與打擊準確性。

打擊威力的訓練可以採取以下手段：打樹樁、打腳靶、打沙袋、打模擬人、打紙靶、打蠟燭、打沙包、打拋向空中的物體。

採用各種技法擊打目標，進行速度、力量、準確性的練習，而且訓練時最好選用重棍。

訓練過程中，不要用雙節棍正面擊打硬物，要有一種連打帶銼的感覺，這樣做主要是防止棍速與硬物表面垂直而造成反彈自傷。

五、氣勢的鍛鍊

氣勢的鍛鍊包括神態的訓練和吼聲的訓練。平時訓練時注意神態要麼兇狠無比（內心冷靜），要嘛鎮定自若，切不可留漏出畏懼的神情（除非使用欺騙戰術）。比如眼神的訓練，眼神厲害者能令敵手不寒而慄。吼聲包括助力用的「哈」、「啊」等聲，也包括各種各樣的怪聲嘯叫。氣勢上的強勢能干擾對手的思維與破壞對手精神的平和狀態，儘快瓦解其戰鬥力。

另外能洞察敵意，始終不使其目的得逞，也能提高自己的氣勢，這當然要求武者具有良好的技術水準和明察秋毫的本領。

六、假想訓練

假想在不同的場合，面對各種對手，進行攻擊或防禦。比如模擬單人的、多人的，徒手的、持械的，模擬街道上、室內、樓梯上、山坡上等等訓練。假想訓練一定要有身臨其境的感覺。

七、對抗訓練

手持泡棉雙節棍身穿防護服進行實際的模擬對抗訓練，陪練也必須身穿防護服，可模擬各種場景，比如模擬單人的、多人的，徒手的、持械的，模擬街道上、室內、樓梯上、山坡上等等。

八、輔助訓練

筷子功。雙手抓握一把筷子，進行各種情況下的扭轉練習。

矮步功。兩腿屈膝全蹲或半蹲，兩腳交替向前走動，走動時兩腿不得伸直。

壁虎功。俯臥（或仰臥），雙手拳面或掌面撐地，腰部用力，四肢撐勁，向上躍起，落地。落地過程中可調整身體向任何一方向前進，也可在空中旋轉一個角度。

鼠竄功。在跑的過程中儘量變換速度，變換路線，並假想行進的路上有各種各樣的障礙物。也可在樹林等有障礙物的地方訓練。

柔功。進行壓肩、繞肩、壓腿、劈腿、俯腰、下腰、甩腰等各種柔韌素質的鍛鍊，但要注意不可蠻練，以免身體受到傷害。

第七部分　雙節棍戰術

運用雙節棍戰術就是為了更好地保存自己，有效地給敵人以打擊，甚至消滅敵人。雙節棍研習者不應空有一身武技而不懂戰術，技法再嫺熟，棍的威力再大，如不能有效地對敵人實施也是沒用的，在敵人深暗戰術時甚至還會反被其所制。因此，實戰中戰術要放在首位，並做到熟記於心，靈活運用，隨機應變，但不要拘泥於固有的戰術形式，避免弄巧成拙。

為了技法而技法說明技法不熟練，同樣，為了戰術而戰術就是戰術的應用還比較生疏，戰術的運用也要達到「忘法」，也就是運用時自然而然，了無痕跡。

書本上的戰術是一種思路，不可能完全解決實戰中的各種問題。學習者應該在生活中、在模擬訓練中、在對抗訓練中不斷總結提高，避免教條地學習雙節棍戰術。

一、實戰心態

一是不論遇到什麼情形，內心都要保持冷靜和鎮定，心神不亂，不為榮辱、勝負等所累。冷靜則心不妄動而處之裕如，變幻莫測，神化無窮。不能為實戰過程中的失誤或能力上的欠缺而迷亂心神，也不能為強大的敵人所嚇倒。善戰的人不暴躁發怒，不因受到傷害而失去理智。保

持鎮定有利於技術水準的發揮，保持鎮定就能更好地洞悉敵情，以便採取準確的進攻和防守策略。在暴躁發怒和心神迷亂的情況下，很容易失去理智，造成進攻不得法反被敵人所制。忘卻成敗勝負，沉著應戰，只管將自己的技戰術發揮到淋漓盡致。

二是指進攻之心和防守之心不分家，防守時要心存攻擊之心，攻擊時要心存防守之心。防守時沒有攻擊之心可能錯過制服敵人的良機；攻擊時沒有防守之心可能反被敵人所制，攻擊敵人不成反被敵人利用是實戰中的大忌。

二、明察秋毫

1.明辨形勢

敏銳覺察周圍的威脅並發現可利用的事物，綜合判斷出整體形勢對自己是否有利，以便採取有效措施避免個人受到傷害。

從不利中能夠看到有利因素，轉換被動為主動。在不利的形勢下，思考出作戰時針對自己一方的不利條件應該避免什麼，以及為了挫敗敵人應當爭奪什麼。

2.明查敵人的強項與弱點

明查敵人的強項與弱點，就是在打鬥時避開敵人的強項，讓敵人的技能發揮不出來，同時攻其弱點，使其始終處於劣勢地位。針對不同特點的敵人，雙節棍技擊的方法和策略應該是不同的。

在實戰中可由挑逗和試探性的交手來查看敵人的強項與弱點，當然也可在交手前事先探知。

3.察知敵人進攻意圖

在敵人即將開始行動之前的瞬間，準確感覺對手心裡的隱秘活動並覺察對手進攻動作的前奏，迅速採取措施不讓敵人的意圖得逞，同時充分利用對方的行動達到自己的目的。

4.洞察敵人神情的變化

洞察敵人神情的變化，有利於更好地把握進攻時機和選擇進攻的策略。放鬆的表情，防範的表情，急於攻擊的表情等等都可以被觀察到。

比如敵人放鬆的瞬間就是進攻的很好時機；敵人防範的表情留露出來時，完全可以採用類似「潛龍出水」、「驚鳥離剿」這類迷惑性的技法，讓對方的防守落空而隨後遭受嚴重的打擊；敵人急於攻擊的表情留露出來時，就可以故意給敵人以可乘之機，使敵人上當。

5.掌握環境因素給自己帶來的利弊

這裡的環境因素主要指氣候條件和地物特徵，一定要掌握環境中有利的因素和不利的因素。

三、搶佔最佳位置和有利地勢

實戰時一定要盡可能站在敵人最佳攻擊範圍之外。比如敵人使用長兵時，要嘛距離敵人遠一點使其夠不到自己，要嘛就近身攻擊而使其施展不開。

敵人使用短兵時，盡可能距離敵人遠一點使其兇器夠不到自己，而自己的雙節棍長度卻可以夠到對方，這就避免了貼身糾纏。

遇到對作戰有利的地形，應當搶先佔據它。比如居於上風頭，背光而立，不會水的情況下遠離河岸，避開空間狹小的地方，甚至選擇便於逃跑的地形，以便於脫身。

四、正面主動攻擊

正面主動連續進攻，屬於先發制人，有致敵喪魂破膽的作用。實戰時，把握有利戰機，出敵不意，攻其不備。可趁敵人遲疑，放鬆，愣神的一瞬間果斷出擊。也可在敵人要出手時，搶先攻擊，彼微動，己先動，搶在敵人要攻未攻之時攻擊。

當然也可用各種手段創造主動進攻的戰機。比如連續慢節奏進行某一種舞花，突然伸長手臂，或撩或劈或掃。

實戰中，不可輕易主動攻擊，一定要尋求或創造有利戰機。不能尋求到有利戰機，寧可躲避和撤退也不可貿然攻擊。

隱蔽自己的進攻意圖，外表留露出來的應該是為了迷惑敵人所要刻意表現的。對敵人要探心探虛實，對深暗戰術的人不可輕舉妄動，防止落入敵人的圈套。

五、攻擊代替防守

敵人來攻，不招不架，迎機直進，但要防範此次進攻後敵人可能要發出的反擊。

1.縮身攻擊

向下縮身的同時攻擊，縮身攻擊可對付長兵橫掃及長短兵的正面刺。

2.進身攻擊

對付長兵橫掃，視距離可直接進身擊之。近身時長兵的打擊力小，不會造成傷害。

3.斜形攻擊

側前方移動，避開敵人攻擊的同時進行攻擊。

4.直接迎擊

直接迎擊可對付短兵。在敵進攻時，可直接打敵拿兵器的手腕。

六、防守後的反擊

1.退身攻擊

等待敵人士氣衰落時再攻擊它，凡他打來，我退避，他抽退，我急隨殺。退身攻擊就是乘敵舊力略過新力未發之時進行攻擊。

2.格擋攻擊

(1)右格劈擊。

(2)右格戳擊。

(3)右格右轉身攻擊。

(4)左格劈擊。

(5)左格戳擊。

(6)左格左轉身攻擊。

(7)上架側推劈擊。

(8)上架側推戳擊。

(9)上架側推轉身攻擊。

七、利用假象進行攻擊

在實戰中，用製造虛形假象之法使對方形成錯覺，誘使敵人做出錯誤判斷以暴露弱點，而把我方的真實情況隱蔽起來不為敵人所知以取得優勢和主動。

雙節棍的特點特別便於發揮欺敵之術，製造假象是雙節棍實戰中造成優勢和奪取主動的方法，而且是重要的方法。所以在雙節棍的戰術中應採取真中有假，假中有真，或虛則虛之，實則實之，以達到出奇制勝。

1.技法上的欺騙

雙節棍的兩個棍節之間在進攻上經常反客為主，這就造成了雙節棍技擊中的極大迷惑性。

技法上的欺騙多體現在佯攻上，如「潛龍出水」、「驚鳥離巢」等技法就屬於佯攻技法。

2.語言和神態上的欺騙

(1)感染

人與人之間的情緒是相互影響的，好的精神狀態和不好的精神狀態能像傳染病一樣傳染給敵人，我們可以利用這一現象控制敵人的情緒。敵人情緒很壞且具有很強的攻擊傾向，我就表情溫和，一旦敵人的情緒被控制，立刻轉變狀態，果斷出擊。

(2)走神

目光從敵人身上突然移向別處，流露出吃驚的眼神，餘光注意敵人動靜，如果敵人跟著走神則果斷出擊。

(3)偽裝

遇到強敵有時要神態自若，顯現出目中無人，再配合雙節棍舞花等高難動作，使敵人不敢輕易與我交戰，以達到保全自身的目的；自己實力強時，有時要裝怯懦，流露出可憐的眼神，使敵放鬆警惕，使自己處於主動地位。

另外，遇到強敵，也可先假裝「求饒」，待敵麻痹大意時再實施攻擊。

(4)聲戰

「聲戰」就是用虛張聲勢的戰法來迷惑敵人或用各種吼叫聲擾亂敵人。

聲言攻其東而實擊其西，聲言攻其彼而實擊其此。這樣，便可迫使敵人不知道究竟從哪裡進行防守，而我真正所要進攻的，恰是敵人沒有防備的地方。比如虛張聲勢的一聲「打腦袋！」可能更容易讓敵人的中下盤暴露在攻擊之下。

採用各種吼叫可以提高自己的聲勢，同時擾亂敵人的正常思維，使敵人心神不寧，如果能抓住敵人驚惶的瞬間，就取得了獲勝的有利條件。

3.故意給敵人以可乘之機

主動露出破綻和空檔，讓敵人有機可乘，當敵人忙於進攻時，有時會疏於防守，此時就是攻擊的好時機。

八、攜棍情況下的出棍攻擊

以迅雷不及掩耳之勢出棍為佳，致使敵人措手不及。其方法有：

(1)脖架棍攻擊。

(2)腰藏棍攻擊。

(3)衣袋藏棍攻擊。

(4)袖內藏棍攻擊。

(5)手臂藏棍攻擊。

(6)背藏棍攻擊。

九、實戰中外界條件的利用

要善於利用外界的各種條件為自己創造良好戰機。聲與光，雨雪和風沙，晝與夜，障礙物，河流等等，如果善於把握皆可為己所用。比如夜間作戰，可利用燈光擾亂敵人的視覺。背對強光站立，遮住光線再突然閃開，待敵無法睜眼時擊之。

十、利用節奏變化進行攻擊

突然的變化可制敵於措手不及之間，這主要是利用人慣性思維的特點。乍動乍靜，變換不定，突發突變，靈動莫測。

靜止不動，不露聲色，突然出棍會令對手來不及躲閃和防範。節奏舒緩的倒棍，突然手臂暴長，以快速凌厲的組合棍法連續進行攻擊會令敵應接不暇。

十一、運動戰術的應用

借助身體不停地移動來尋找和創造戰機，主要目的是避免貼身糾纏，尤其對付使用短兵的群敵。

十二、以逸待勞戰術的應用

你打你的，我打我的，不被敵人牽制。一來可以保持體力，二來可尋找進攻機會。彼自忙，我自閑，總是以靜待動，以逸待勞。彼欲我動，我反不動，而退身以避之。

十三、亂敵戰術的運用

亂敵戰術主要是讓敵緊張不安，心神變幻不定，不能保持良好的狀態。對敵人施加壓力或讓其感到出乎意料都能使其心神迷亂。

比如揭露其罪惡的面目，在敵高度防範的情況下挑逗敵人，由出其不意的移動來嚇唬敵人，各種各樣的吼聲等等都可以使敵人心神迷亂。

十四、貼身戰術

盡可能避免被敵人尤其是持刀暴徒近身糾纏，一旦糾纏就要採用非揮舞式的絞、擺擊、戳擊等棍法。

敵抓住雙節棍的一節，我用棍的另一節打其手或頭等部位或戳其眼、脖頸等部位。敵人抓握棍鏈，絞其手腕。敵人抱我腰腿，我勒其脖頸或敲其頭部。

敵人如果一手持刀，一手抓住我糾纏，就要時刻注意刀的位置。用鏈絞其拿刀的手腕，使其丟刀，或用棍節打掉刀子，或用棍節格擋刀子。

十五、群戰

1.擒賊擒王

以閃電般的速度重創為首的敵人，可使群敵作鳥獸散。

2.殺一儆百

自己明顯處於弱勢，必須選一個最易打的敵人來打，進行重創，給群敵以震懾。有時候擊打眼睛餘光中的敵人比擊打眼前的敵人要容易，因他覺得你構不成威脅，「打人不看人」所說的就是這層意思。

3.聲東擊西

前後受敵、左右受敵時可採用聲東擊西的戰術。

十六、特別防範

1.防飛器

磚頭、飛刀、槍支、濃硫酸等特殊的東西，都是雙節棍使用者不希望碰到的，覺察時要採取先發制人的策略，制敵於未實施進攻之前，這要求雙節棍的修練者要有相當強的洞察能力。投擲過來的東西有時是能用雙節棍打落的，經過訓練，擊打飛器成功率是相當高的。

2.防暗算

示軟的敵人隨時可能反撲，所以當敵人服軟後，你的雙節棍也要能隨時給以強烈的反擊。

導引養生功

全系列為彩色圖解附教學光碟

張廣德養生著作　每冊定價 350 元

輕鬆學武術

太極跤

彩色圖解太極武術

太極功夫扇

武當太極劍 49式

楊式太極劍 56式
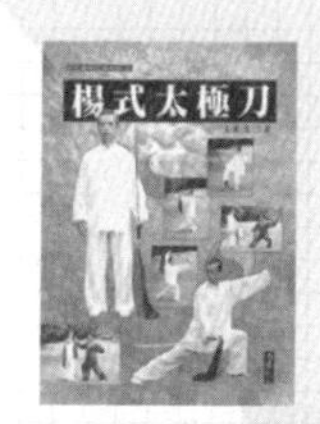
楊式太極刀

二十四式太極拳

四十二式太極劍

四十二式太極拳

楊氏二十八式太極拳

楊式太極拳

陳式太極拳

吳式太極拳

陳式太極拳

吳式太極拳

夕陽美
功夫扇56式

四十八式太極拳

楊氏三十七式太極拳

楊氏五十一式太極劍

太極劍五十一式

太極刀十三式

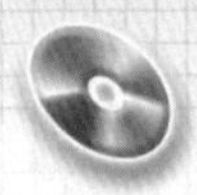

太極武術教學光碟

太極功夫扇
五十二式太極扇
演示：李德印 等
(2VCD)中國

夕陽美太極功夫扇
五十六式太極扇
演示：李德印 等
(2VCD)中國

陳氏太極拳及其技擊法
演示：馬虹(10VCD)中國
陳氏太極拳勁道釋秘
拆拳講勁
演示：馬虹(8DVD)中國
推手技巧及功力訓練
演示：馬虹(4VCD)中國

陳氏太極拳新架一路
演示：陳正雷(1DVD)中國
陳氏太極拳新架二路
演示：陳正雷(1DVD)中國
陳氏太極拳老架一路
演示：陳正雷(1DVD)中國
陳氏太極拳老架二路
演示：陳正雷(1DVD)中國
陳氏太極推手
演示：陳正雷(1DVD)中國
陳氏太極單刀・雙刀
演示：陳正雷(1DVD)中國

郭林新氣功
(8DVD)中國

本公司還有其他武術光碟
歡迎來電詢問或至網站查詢
電話：02-28236031
網址：www.dah-jaan.com.tw

原版教學光碟

歡迎至本公司購買書籍

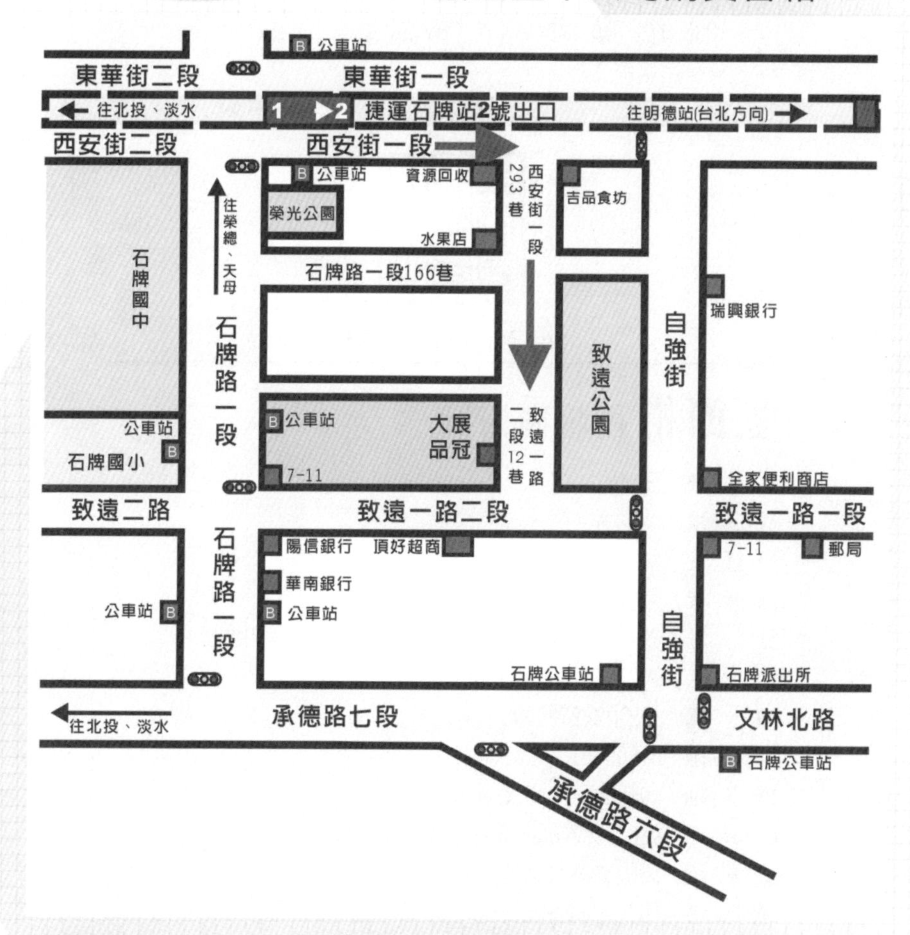

建議路線

1.搭乘捷運．公車

淡水線石牌站下車，由石牌捷運站２號出口出站(出站後靠右邊)，沿著捷運高架往台北方向走(往明德站方向)，其街名為西安街，約走100公尺(勿超過紅綠燈)，由西安街一段293巷進來(巷口有一公車站牌，站名為自強街口)，本公司位於致遠公園對面。搭公車者請於石牌站(石牌派出所)下車，走進自強街，遇致遠路口左轉，右手邊第一條巷子即為本社位置。

2.自行開車或騎車

由承德路接石牌路，看到陽信銀行右轉，此條即為致遠一路二段，在遇到自強街(紅綠燈)前的巷子(致遠公園)左轉，即可看到本公司招牌。

國家圖書館出版品預行編目資料

雙節棍技戰術修練／王俊龍　編著
——初版——臺北市，大展，2015[民104.12]
面；21公分——（武術武道技術；8）
ISBN 978-986-346-094-7（平裝）
1.器械武術
528.974　　104020583

【版權所有・翻印必究】

雙節棍技戰術修練

編　　著／王　俊　龍
責任編輯／楊　丙　德
發 行 人／蔡　森　明
出 版 者／大展出版社有限公司
社　　址／台北市北投區（石牌）致遠一路2段12巷1號
電　　話／（02）28236031・28236033・28233123
傳　　真／（02）28272069
郵政劃撥／01669551
網　　址／www.dah-jaan.com.tw
E-mail／service@dah-jaan.com.tw
登 記 證／局版臺業字第2171號
承 印 者／傳興印刷有限公司
裝　　訂／眾友企業公司
排 版 者／千兵企業有限公司
授 權 者／山西科學技術出版社
初版1刷／2015年（民104年）12月

定　價／350元

●本書若有破損、缺頁請寄回本社更換●

大展好書　好書大展
品嘗好書　冠群可期

大展好書　好書大展
品嘗好書　冠群可期